MÁS LEYENDAS URBANAS DEL ROCK

JOSÉ LUIS MARTÍN

MA
NON
TROPPO

© 2020, José Luis Martín Caperote
© 2020, Redbook Ediciones, s. l., Barcelona

Diseño de cubierta: Regina Richling
Diseño de interior: Amanda Martínez
Fotografías interiores: Creative Commons / APG imágenes

ISBN: 978-84-122311-7-5
Depósito legal: B-20.800-2020
Impreso por Ulzama, Pol.Ind. Areta, calle A-33, 31620 Huarte (Navarra)
Impreso en España - *Printed in Spain*

«No todo tiene una explicación. No siempre existe una respuesta. No debes encontrar el sentido a todo. Porque no todo es justo y lógico. Aprende a vivir con ello.»
Proverbio chino

Dedicado a Mónica Fernández y Manuel López Poy, porque sigo sin entender su apoyo impertérrito.

Índice

I. PRÓLOGO

De nuevo me encuentro sentado en un tren que se dirige al apasionante mundo del rock and roll, donde las estaciones irán marcando a grandes rasgos la falta de valores, ética y veracidad de lo que irá reflejado en el diario de a bordo.

No se trata de una ruta que busca el *glamour*, las chispeantes burbujas del champán o las luces deslumbrantes y cegadoras de la pista del circo del rock. Aquella por la que acróbatas, contorsionistas, equilibristas, forzudos, hombres bala, magos, malabaristas, mimos, payasos, trapecistas, ventrílocuos y domadores, nos ofrecen su particular arte, carisma y mejor semblanza.

El billete indicaba perfectamente que vamos a la trastienda, donde no se escuchan las fanfarrias de trompetas ni el júbilo del público.

En esa zona del circo se entrelazan las mentiras y la realidad, los gladiadores se acuchillan por la espalda, los payasos son pervertidos violadores de menores, el forzudo se inyecta esteroides y drogas de diseño, los malabaristas hacen sus trucos con royalties ajenos, mientras que el mimo vocifera teorías de la conspiración que encandilan y doblegan la ecuanimidad de los equilibristas y amansa a las fieras, que se han zampado al domador en un festín patrocinado por la dirección.

Todo ello en una maravillosa barahúnda que se empaqueta convenientemente, se envuelve en papel de regalo y se pone a la venta como suvenir de la memoria y nostalgia de lo que pudo ser y no fue. Porque en este circo se aprovecha todo, no hay ni desperdicios, ni inmundicia que no pueda triturarse y envasarse en cápsulas antidepresivas, caramelos ansiolíticos y píldoras de la felicidad que algún día creímos haber conseguido.

Comenzaremos nuestro viaje, con un recorrido por el universo de las conspiraciones, que si bien es cierto que la totalidad son musicales, comprobaremos cómo se escapan de la fina línea que las separa de la paranoia social e incluso política. Compartiremos las dudas vertidas en las versiones oficiales y sin desdeñar ninguna conclusión, dejaremos entrar el fantasma de la incertidumbre. Los muertos irán pasando sin previo aviso del suicidio al asesinato, de la borrachera a la mala praxis o por qué no, de la drogadicción al maltrato paterno o la pederastia.

La segunda estación posee una vía muerta por la cual circulan relatos de un magnetismo maravilloso. Músicos que juegan a ser dioses o dioses que bajaron al mundo para ser simples músicos, guitarras legendarias que podrían en ocasiones terminar en un amasijo de astillas sin perder la compostura, amores que no lo fueron, pero que la obsesión los transformó en neurosis y asesinos que elevaron a la categoría de leyenda a su víctima.

No deberemos perder de vista en ningún momento donde nos encontramos, en el maravilloso circo del rock'n'roll, ese que nos regala obras musicales prodigiosas, con la misma pomposidad que nos muestra comportamientos esperpénticos y rastreros. Contratos con letra pequeña para protagonistas ignorantes, managers que chupan la sangre de sus protegidos, promociones surrealistas y cuentos fantasmagóricos, es lo que encontraremos en este aquelarre caótico.

Cuando el trayecto llegue a su destino, habremos dejado pasar pequeños rumores en formato mentiras, blasfemias y quizás nos encontremos con el Diablo sin saberlo, ni pretenderlo, en una colección de leyendas que intentan escapar de los consabidos chismes de portería y que entre líneas, nos dejaran una buena dosis de adrenalina rock.

II. EL GRAN MITO DE LAS TEORÍAS DE CONSPIRACIÓN

En el campo de las leyendas urbanas del rock, el mayor caldo de cultivo son las llamadas teorías de la conspiración, que aunque se las trata en un tono peyorativo, en ocasiones han arrojado más luz sobre ciertos asuntos que la verdad oficial manipulada.

Una teoría de la conspiración es una versión alternativa a la oficial, que normalmente viene acompañada de una cadena de acontecimientos, llevados a cabo por una serie de personas o grupos, que terminan en secreto y ocultos a la opinión pública.

Algo que debe quedar claro desde el principio es que se trata de teorías que no se han podido demostrar, o bien por ser imposibles de verificar o porque poderes ocultos han sabido enterrar los hechos de forma impermeable. Una teoría conspiranoica que se pueda demostrar deja automáticamente de ser teoría y pasa a ser un delito, con responsabilidad penal o al menos escarnio popular. Sin embargo, han existido teorías de la conspiración desde siempre, utilizadas por los poderes fácticos para apoyar sus intereses de forma sibilina y engañosa. Hitler construyó una teoría conspirativa en torno a los judíos, que fue aceptada por la gran mayoría de sus seguidores y desencadenó el Holocausto.

En Estados Unidos, el proyecto MK Ultra, conocido como el Programa de Control mental de la CIA, se consideró durante muchos años como una teoría de la conspiración, sin embargo terminó demostrándose que era cierto que el gobierno experimentó con seres humanos, probando nuevas sustancias químicas destinadas a ser utilizadas en interrogatorios y torturas. Incluso podríamos determinar que la Iglesia creó su propia teoría en la manipulación del mal y la existencia del Diablo, con el objetivo de controlar la conciencia de los feligreses, o ir más lejos y considerar su propia existencia como la mayor de las teorías conspiranoicas que han existido.

El porqué se creen las teorías de la conspiración, lo podría explicar mejor un psicólogo, pero probablemente el ser humano necesita creer en historias que le enfrentan a lo establecido, al poder, para sentirse poseedor de ciertas dosis de libertad, lo que de por sí es toda una teoría imposible de demostrar. El mundo de la música y del rock en particular está abonado para plantar teorías de la conspiración, porque además de la voluntad popular de creerlas, está el interés de la industria en fomentarlas y exprimirlas como parte de un gran negocio lucrativo.

Por qué ponemos en duda que haya quién piense que Elvis está vivo, que Paul McCartney falleció en los sesenta, que a Lennon lo asesinó la CIA, todas ellas leyendas explicadas en el libro *Leyendas urbanas del rock* de esta misma editorial; por qué dudamos que se les dé credibilidad en un mundo donde hay quien sigue pensando que la Tierra es plana o que el hombre no pisó la Luna sino un decorado de Hollywood; por qué no vamos a creer la conspiración de Sam Cooke o Bon Scott, si el presidente de Brasil, el bizarro Bolsonaro, divulgó que la Covid-19 era un simple resfriado y millones de personas lo creyeron, o si el descerebrado de Trump inventó una conspiración china para acabar con el mundo occidental con un virus de laboratorio y le creyeron. ¡Cómo no vamos a creer en teorías de la conspiración como las que os vamos a contar en este capítulo, si llevamos siglos creyendo que somos libres y está demostrado que es una auténtica falacia!

Así que lo creas o no, estas son algunas de las teorías de la conspiración que han crecido alrededor del rock.

¿Quién asesinó a Kurt Cobain?

El 8 de abril de 1994, el planeta se convulsionó por un macabro suceso, Kurt Cobain, guitarra y cantante de Nirvana y líder sin pretenderlo de la llamada Generación X, se había volado la tapa de los sesos con una escopeta de caza. El cadáver lo descubrió Gary Smith, técnico de equipos de seguridad que acudió al 171 del Boulevard Lake Washington en Seattle para colocar un sistema que alertara de la presencia de extraños, sobre todo periodistas y curiosos.

Cuando la policía llegó, encontró el cadáver del vocalista y a su alrededor toda una parafernalia que parecía dispuesta a modo de escenografía de un suicidio. Los utensilios imprescindibles para inyectarse una última dosis de heroína, un juego de ordenador del que era jugador asiduo, un peluche al que le tenía mucho aprecio, residuos de tabaco y un casete con el álbum *In Utero*, no sabemos si a modo de última promoción o como aviso a navegantes, ya que el disco pretendía llamarlo *I Hate Myself And Want To Die* (Me odio y quiero morir), pero la compañía no se lo permitió. También encontraron una maceta con flores, en la que había clavada una nota de suicidio dirigida a su mujer Courtney Love y a su hija Frances. Junto al difunto se encontró una escopeta Remington M 11 de calibre 20, con la cual se había pegado

El 8 de abril de 1994 se suicidaba Kurt Cobain, símbolo de la Generación X y líder de la banda Nirvana surgida en Seattle.

un tiro en la cabeza. El veredicto fue inapelable, muerte por lesión mortal de bala autoinfligida, es decir suicidio.

Apenas un mes antes, el 3 de marzo, en la habitación 541 del hotel Excelsior de Roma, había intentado dejar este mundo administrándose sesenta cápsulas de Rohypnol, un fármaco de la familia de las benzodiacepinas que se administra como ansiolítico y para combatir el insomnio.

En aquella ocasión se intentó vestir el incidente como un mero accidente a consecuencia del cansancio y la falta de sueño, pero a todas luces fue un intento claro de suicidio y de llamar la atención de su mujer. Al parecer una discusión o un rechazo por parte de Courtney, quien acababa de llegar de Londres donde estaba promocionado el segundo álbum de Hole, *Live Through This*, disparó la reacción drástica de Cobain, quien estaba ahogándose en un mar de celos, pensando que su mujer tenía un *affaire* con Billy Corgan de Smashing Pumpkins.

Cuando Cobain salió del coma y se recuperó, se recomendó a la pareja seguir un tratamiento de desintoxicación, ante el peligro de perder la custodia de su hija. Courtney aceptó recibir ayuda de inmediato e ingresó en una clínica, mientras que Cobain se negó y marchó a

Las constantes peleas de Kurt Cobain con Courtney Love y la adicción de ambos a la heroína sumió a la pareja en un rol autodestructivo.

Seattle, donde le pidió a su amigo Dylan Carlson, líder de Earth, que le comprara la escopeta Remington. La inestabilidad mental de Kurt se demuestra al comprobar que tras una reacción violenta contra su mánager Danny Goldberg, su mujer y algunos amigos, y la negativa de hospitalizarse, terminó por ingresar en el Centro de Recuperación Exodus de Los Ángeles.

Cuando el tratamiento parecía que producía los efectos necesarios, Kurt Cobain se escapó del Exodus en modo presidiario, saltando la valla. Según su mujer, le llamó y le dijo «Pase lo que pase, recuerda que te quiero. Que sepas que has hecho un álbum buenísimo». Love que se encontraba de promoción en Los Ángeles, contrató al detective privado Tom Grant para que encontrara a Kurt, ante la sospecha de que pudiera suicidarse, algo que terminó pasando el 5 de abril, tres días antes de que Gary Smith lo encontrara.

Courtney Love, la mano que mece la cuna

Desde el primer minuto, cuando se supo la muerte del líder de Nirvana, hubo voces que apuntaron a un posible asesinato y todas ellas señalaban con el dedo a su mujer.

El primero y más acérrimo defensor de la teoría de la conspiración fue Tom Grant, el detective contratado por Love que diseñó un relato que sigue manteniendo como veraz 26 años después de su muerte. Según Grant, en la autopsia se encontró una enorme cantidad de heroína en sangre, suficiente para haberle matado si hubiera errado el tiro, pero al mismo tiempo la cantidad idónea para no dejarle ni apretar el gatillo. Según Grant, la nota de suicidio no era una despedida a Courtney y su hija, sino más bien a Nirvana, pues es muy posible que quisiera abandonar la banda abrumado por el éxito y las consecuencias que este le reportaban y que no le dejaban ser feliz.

El día 4 de abril la policía de Seattle recibió una llamada supuestamente realizada por Wendy O'Connor, madre de Kurt, donde avisaba que su hijo estaba armado y tenía intención de suicidarse. Posteriormente Wendy negó saber que su hijo estuviera armado y mucho menos sus intenciones. Para Grant, la llamada fue de Courtney para preparar el terreno. Jackie Farry, niñera de Frances, declaró que la pareja se pe-

leaba en numerosas ocasiones y que
Kurt estaba pensando en el divorcio
como escapatoria a una situación de
maltrato psicológico por parte de su
mujer. En la teoría de Grant existía
un móvil económico claro, si se producía el divorcio, Love se quedaría
fuera del testamento, mientras que
si fallecía Kurt se quedaría con el
100% del patrimonio y gestionaría
los derechos de autor.

Uno de los que creyeron a pies
juntillas las teorías de Tom Grant
fue el director cinematográfico Nick Broomfield, prestigioso docu-
mentalista británico que grabó el film *Kurt & Courtney*, donde realiza
un ejercicio de «cine directo» sobre la muerte de Cobain. En el documental aparecen personajes que niegan la teoría del asesinato y otros
que la apoyan, como el propio Grant, el padre de Courtney, quien
acusa directamente a su hija del asesinato o de inducir a cometerlo y un
personaje bastante bizarro llamado el Duce, músico mediocre que asegura que Courtney le ofreció 50.000 dólares por asesinar a su marido.
El documental sufrió amenazas de Courtney Love, quien consiguió
que se le retirara el presupuesto por parte de la productora. Broomfield lo terminó autoproduciendo, pero se vio obligado a autocensu-
rarse para evitar demandas judiciales de Love.

El 13 de abril de 1994 el periodista independiente de Seattle Richard Lee emitió el primer capítulo del nuevo programa de documentales de la cadena CBS, *Now See It Person to Person*, al que llamó *¿Quién
ha asesinado a Kurt Cobain?* Desde entonces no ha parado de investigar
sobre el posible asesinato de Cobain de una forma obsesiva, que para
muchos es carroñera. En el año 2000 se cursó una orden de alejamiento pedida por el bajista de Nirvana Krist Novoselic y en 2004 fue
arrestado en Los Ángeles al presentarse en una causa judicial contra
Courtney e intentar hacer preguntas sobre el asesinato de su esposo
desde el público. En 2018 Love, su hija Frances Bean Cobain y el Departamento de Policía de Seattle ganaron una batalla judicial contra

Lee para impedir que se publicaran fotos forenses de la escena del crimen, realizadas por la policía y filtradas a Lee.

Kurt Cobain y Krist Novoselic en el escenario

En 2015 se publicó *Soaked In Bleach*, un documental dramatizado y dirigido por Benjamin Statler, que se centra en las investigaciones de Tom Grant, apostando por la teoría del asesinato y señala como culpable a Courtney Love, de quien realiza un retrato de pervertida y psicópata enfermiza que resulta poco creíble. Pero si hablamos de credibilidad, quien la ha perdido totalmente es Tom Grant, que se ofrece a conversar sobre la muerte de Kurt bajo la modesta tarifa de 45 dólares la media hora.

Defendiendo a Love

Por poner una nota discordante en este turbulento relato, diremos que también hubo voces que defendieron a Courtney Love, pocas para ser sincero, porque ni siquiera el mánager

de Nirvana y amigo de Kurt, Danny Goldberg, lo hace de forma entusiasta en su libro *Serving The Servant. Recordando a Kurt Cobain*, publicado en 2020, aunque niega categóricamente la teoría del asesinato.

Lucy O'Brien, periodista musical británica que ha ejercido durante décadas en publicaciones como *New Musical Express*, *The Guardian* y *The Observer* entre otras, además de ser autora de varios libros sobre mujeres en la música, entre los que destacan los dos volúmenes de *She Bop: The definitive history of women in rock, pop, and soul*, argumenta: «Es parte de la narrativa del rock que eleva al músico al estatus de héroe romántico. Cuando muere o se desmorona, no es su culpa, sino que se debe al súcubo que lo robó, como Yoko Ono, a la que culpan por romper los Beatles, y a Courtney Love, por no cuidar bien a Kurt».

La periodista de *This Magazine* Lisa Whittington-Hill es de una opinión parecida: «Las mujeres a menudo son vilipendiadas y condenadas por la muerte de sus parejas masculinas. Se suponía que el amor, como todas las mujeres, salvaría a su pareja de la muerte y la adicción. Los fanáticos de Cobain proyectaron toda su ira y resentimiento por la pérdida del líder de Nirvana en Love, y pronto fue culpada no solo de su adicción sino también de su muerte».

Como en casi todas las teorías de la conspiración, es muy complicado conseguir un cambio de opinión entre admiradores y difamadores, pero en el caso de un líder generacional como Kurt Cobain, esa tarea es poco más o menos que una quimera. ¿Quién tiene la razón? No se sabe y seguramente no se sabrá jamás. Lo cierto es que se ha convertido en un negocio, porque nunca se han realizado tantas películas, documentales, libros, artículos, podcast, programas de radio y televisión, etc.

El asesinato de Sam Cooke

De todas las teorías de conspiración que existen en torno a la música, la más indignante es la de Sam Cooke. Jamás ha existido una versión oficial más kafkiana y chapucera que en este caso. Ninguna de las personas que conocieron a Sam Cooke, tanto a nivel profesional o personal, creyeron ni una sola línea de lo esgrimido por la administración. Todas las explicaciones expuestas por la maquinaria del estado para justificar su asesinato como un caso evidente de defensa personal, estuvieron manipuladas y fueron poco a poco desmontándose a lo largo de los siguientes años, dando la razón a los que pensaron desde un principio que fue un asesinato programado o al menos no fue en defensa propia.

Un 11 de diciembre de 1964, una serie de catastróficos acontecimientos desencadenaron el asesinato de Sam Cooke, la estrella del soul más emergente en aquellos momentos.

El porqué después de más de medio siglo sigue siendo un crimen sin esclarecer, sólo se puede contestar contemplando la posibilidad verídica de que la administración de justicia americana sigue estando regida por postulados altamente segregacionistas y aposentados en profundas raíces racistas. El crimen de Sam Cooke lo debemos enmarcar en el mismo lienzo sobre el que están suspendidos los crímenes de

Martin Luther King, Malcom X, Medgar Evers o las cuatro niñas de la iglesia de Birmingham, Alabama, Denise McNair, Carole Robertson, Cynthia Wesley y Addie Mae Collins, que fueron asesinadas un año antes en un atentado con bomba, los miles de linchamientos que se produjeron con total impunidad o los asesinatos de afroamericanos en manos de la policía americana (tan sólo en 2018 casi 500 personas), que siguen siendo habituales en la actualidad.

Samuel Cook nació el 22 de enero de 1931 en Clarksdale, Misisipi, siendo el quinto de ocho hermanos de una familia marcada por la religión. Sus padres, Annie Mae y Charles Cook, pertenecían a la Iglesia de Cristo, congregación baptista de la que Charles era predicador. La familia emigró a Chicago escapando de las leyes Jim Crow y del segregacionismo brutal que conllevaban.

En Chicago los pequeños Cook asistieron al Wendell Phillips Academy High School, institución que aportaba un valor especial a la música y por la que ya había pasado Nat King Cole. A los 14 años ya estaba involucrado en coros de góspel y alcanzó a ser solista principal de Highway QC, pero aún siendo una agrupación de prestigio, en 1950 fichó con los legendarios Soul Stirrers, formación con una carrera de más de 80 años creada por RH Harris, vocalista pionero en el góspel de cuarteto y una de las figuras que influyó en el soul, doo wop y el sonido Motown. Cuando Harris abandonó Soul Stirrers en 1953, Cook pasó a liderar el grupo, pero tras varias giras y grabaciones exitosas, decidió que era momento de lanzar su carrera en solitario alejado de la música

En 1950, con tan sólo 19 años, Sam Cooke entró como miembro de The Soul Stirrers.

de carácter religioso, sin embargo su primer single, «Lovable» era un plagio del clásico del góspel «Wonderful», que firmó como Dale Cook por miedo a las represalias del entorno religioso que lo podía considerar como una profanación del legado sagrado. La congregación religiosa tenía un sentimiento de rechazo absoluto para los cantantes negros que se dedicaban a la música secular, no había medias tintas, o cantabas música religiosa o la música del Diablo.

Fue su padre, el reverendo Cook quien le dio la bendición para alejarse del góspel y adentrarse en la música comercial: «Mi padre me dijo que lo importante no era lo que cantaba, sino que Dios me dio una voz y talento musical y lo esencial era compartirlo y hacer felices a las personas» como declaró en un programa de radio el ya renombrado Sam Cooke, añadiendo la «e» a su apellido para marcar su cambio de vida y homenajear a su ídolo Nat King Cole.

The King of Soul

Desde el inicio de su carrera como solista, Cooke comprendió que lo realmente importante no era interpretar estándares de la música popular, sino hacer sus propias canciones. Otro de los detalles que Cooke quiso remarcar desde el principio era el reparto de los derechos de autor, donde los negros eran estafados sistemáticamente, por eso su primer single como Sam Cooke, el tema «You Send Me» era un tema propio, pero acreditó a su hermano LC como autor del mismo, para que el editor de la grabación no se agenciara los derechos de autor. Como era habitual, la compañía discográfica no confiaba en el tema de un primerizo vocalista, desconocido para el mercado laico y colocó como cara A el clásico «Summertime», relegando «You Send Me» a la cara B. Contrariamente a lo previs-to, los dj's de las emisoras de música negra comenzaron a pinchar la cara B del single, ignorando el tema principal y llevándole hasta el #1 de las listas de rhythm & blues del *Billboard*, donde se mantuvo durante dos semanas consecutivas, con unas ventas aproximadas de un millón y medio de copias. Rápidamente la maquinaria industrial buscó a una imagen blanca para grabar el tema y colocarlo en las listas de pop, negadas por rutina perversa a las voces de color, en un

Sam Cooke fue el primer afroamericano en dominar todos los aspectos del negocio musical.

comportamiento que era habitual. En este caso la cara escogida fue la cantante Teresa Brewer, una de las voces femeninas más populares de final de la década. La versión alcanzó el #8 del *Hot 100*, pero de nuevo el resultado no fue el deseado y se produjo un efecto llamada sobre el tema original, que volvió a colocarse en el #1 del *Hot 100* americano.

De esta forma nació la leyenda de The King Of Soul, el primer cantante afroamericano que copaba las dos listas de éxito americanas, que derribó con un sólo tema, del que era autor, el segregacionismo de la industria musical. Las audiencias de Sam Cooke pasaron a ser de blancos y negros, pobres y ricos, mujeres y hombres, jóvenes y viejos.

Las dos caras de Sam Cooke

El éxito de «You Send Me» y sobre todo el hecho de haber protegido sus derechos como autor, le proporcionó una estabilidad económica que no era habitual en los cantantes de color que conseguían un hit, pero Cooke aprovechó este nuevo estatus para controlar todo lo que podía su carrera profesional. Gestionaba sus giras, administraba los porcentajes de conciertos y colocaba empleados suyos controlando la venta de entradas para evitar estafas, se enfrentó en numerosas ocasiones a su sello discográfico Keen Records, hasta que tras dos años de trabajo conjunto consiguió la rescisión de contrato y firmó con la potente RCA Victor.

Cooke había sido aceptado por el público blanco por su melosidad pop y por una figura inteligentemente construida bajo la premisa del negro bueno y complaciente, lo que le granjeó más de una crítica de la comunidad afroamericana que le acusaba de ser un bufón del señor blanco. Sin embargo, desde el principio de su carrera mantuvo una dualidad perfectamente estudiada con la que poder moverse en los dos mundos. Había un Cooke comedido, experto en baladas, educado y complaciente para el mercado blanco y luego un Cooke descarnado, salvaje, sexual y orgullosamente negro. Esa dicotomía quedó reflejada de forma intachable en la grabación de dos directos completamente diferentes, uno para el público blanco y pudiente, grabado en el Club Copacabana de Times Square, local donde se reunía la clase alta neoyorquina y los magnates de la industria musical y donde Cooke despliega un repertorio de soul pop repleto de versiones y donde sólo aparecen tres temas propios. Una grabación espectacular editada en octubre de 1964 bajo el nombre de *Sam Cooke At The Copa*, en la cual muestra su cara afable y moderada.

Otra grabada el 12 de junio de 1963 en el Harlem Square Club de Miami, Florida, un local situado en un barrio negro y ante un público mayoritariamente afroamericano, donde Cooke interpreta un repertorio propio sin recurrir a ninguna versión. Se muestra chulesco, descarado, provocador, agitador y perturbador, con un registro más desgarrado y visceral que asustó a RCA y se negó a editarlo en su día, tardando 22 años en publicarlo. En junio de 1985 se publicó y está considerado como uno de los mejores directos de la historia.

Camino del infierno

Aunque Sam Cooke tenía un estatus consolidado en los estados del norte y no era necesario girar por el segregacionista sur, siempre se empeñó en embarcarse en giras por el Cinturón Bíblico, formado por los estados más racistas del país, aquellos donde las leyes Jim Crow regían los destinos de los afroamericanos, sin importarles si eran famosos cantantes de soul.

Durante sus giras sureñas sufrieron todo tipo de vejaciones, ataques y agresiones, pero Cooke nunca quiso abandonar ese terreno y lejos de achicarse, comenzó a cultivar una conciencia política muy marcada y enraizada en la lucha por los Derechos Civiles. La *troupe* llegó a dormir en tanatorios porque los negros tenían prohibido el acceso a hoteles, tuvieron problemas para abastecerse pues en muchos locales de carretera no servían a negros. Sam Cooke fue gestando una personalidad beligerante con el racismo y los comportamientos intolerantes y en más de una ocasión se negó a actuar en sitios donde los negros eran relegados al gallinero y se les cobraba una entrada más cara. A medida que su popularidad aumentaba, también lo hacía el odio de las autoridades y policía segregacionista, provocando incidentes como al paso de la gira de 1964 por Arkansas, donde una de las coristas se rio irónicamente cuando la empleada de una gasolinera se negó a servirle unas bebidas. Al cabo de unos kilómetros una patrulla de policías paró el autocar, subió al mismo y reclamó saber quién era la «negrata» que había insultado a la mujer blanca. Cuentan que Cooke montó en cólera con lo de «negrata» y se enfrentó a ellos: «Este es un autobús de mi propiedad y aquí nadie llama "negrata" a nadie. Si tienen una orden de detención ejecútenla, si no, bajen de mi autobús inmediatamente». Los policías sopesaron los pros y contras y les dejaron marchar, en un ejemplo más de lo peligroso que se estaba volviendo aquel negro.

Sembrando vientos, cosechando tempestades

Su música también se veía reflejada por esas experiencias, y su single de «Chain Gang» era un reflejo de una conversación con unos presos negros que trabajaban en la construcción de una carretera. El tema fue uno de los mayores éxitos de Cooke, alcanzando el #2 en las listas del *Billboard* de rhythm & blues y en el *Hot 100*, además de ser el primer éxito internacional con un #9 en las listas de singles británicos.

Éxitos como «Wonderful World», «Cupid», «Twistin' the Night Away», «Another Saturday Night» o «Bring it on Home to me», convirtieron a Sam Cooke en una persona poderosa y admirada entre la población afroamericana, que tenía al alcance de la mano el mundo blanco, en el que también había triunfado y esto, a principios de la década de los sesenta era muy peligroso.

En 1961 realizó un movimiento ante el que no estaba preparada la industria discográfica, crear su propio sello discográfico, SAR Records. No lo hizo para manejar sus asuntos musicales que estaban bien controlados con el contrato firmado con RCA Victor, posiblemente el mejor contrato que había conseguido un afroamericano en la historia. SAR Records surgió para apoyar a otros músicos y cantantes afroamericanos, como

Sam Cooke fue el primer cantante afroamericano en fundar su propia empresa discográfica, SAR Records.

un oasis de honestidad dentro del desértico panorama con el que se encontraban los negros. Comenzó rescatando sus amados Soul Stirrers y rescató de un contrato draconiano a Curtis & The Womack Brothers, coro de góspel formado por los cinco hermanos Womack, que había grabado un single evangélico llamado «Buffalo Bill»

Bobby Womack fue miembro de la banda de Ray Charles y llegó a tocar con Joe Tex, The Box Tops, Aretha Franklin y Elvis Presley.

para el sello Pennant Records, cuando Curtis y Bobby Womack tenían sólo diez años. Tras dos singles sin éxito, Cooke les convenció de abandonar el góspel y adentrarse en la música del Diablo, la música secular, el soul. Cambiaron el nombre por el de The Valentinos y publicaron el single «Lookin' for a Love» del que vendieron más de dos millones de copias y se posicionaron en el #8 del *Billboard Rhythm & Blues* y el #72 de *Hot 100*. Bobby Womack pasó a ser el guitarrista de la banda de Sam Cooke y colaboró en la composición de varios de sus temas. Entre Cooke y él nació una estupenda amistad, en la que el primero jugaba el papel de hermano mayor protector, relación que muchos vieron traicionada tras el asesinato del vocalista, tal y como veremos. The Valentinos tuvieron un enorme éxito hasta la muerte de Cooke y el cierre de SAR Records, aunque tras un periodo oscuro su carrera siguió en Chess Records, obteniendo un notable éxito hasta que el 9 de marzo de 1974 Harry Womack fue asesinado a tiros por su novia, tras mantener una discusión en casa de Bobby. La historia de la familia Womack es turbulenta y rocambolesca, digna de una telenovela de enredos amorosos y violencia. Tan sólo decir por el momento que uno de los hermanos, Cecil, se casó con la hija de Sam Cooke y triunfó con el grupo Womack & Womack, pero como ya veremos al final, el relato no es tan sencillo.

El catálogo de SAR Records se amplió con Billy Preston, Mel Carter, The Simms Twins, Johnnie Morisette, Johnnie Taylor y LC Cooke, hermano menor de Cooke.

Trabajar con el Diablo

Sam Cooke firmó un contrato por cinco años con Allen Klein, ejecutivo norteamericano que se había hecho popular por renegociar los contratos discográficos de Buddy Knox y Jimmy Bowen, dos músicos de rock and roll que nada más habían tenido un éxito. El contrato aseguraba que Klein administraría SAR Records y Kags Music, editorial que se creó para cuidar los derechos de autor de Cooke. Klein negoció un nuevo contrato con RCA Victor, por el que en cinco años RCA tendría los derechos exclusivos de distribución y venta de los trabajos de Sam Cooke, pero él sería el propietario de las grabacio-

Allen Klein, un hombre de negocios poco escrupuloso que trabajó para buena parte de los grandes grupos musicales a finales de los años sesenta.

nes y la editorial, por lo que obtendría un 6% en concepto de regalías. Se trataba del trato más ventajoso que existía a principios de los sesenta para un músico, y presentaba a Sam Cooke como el músico mejor tratado de la industria y el primer afroamericano que controlaba toda su carrera musical, sin depender de nadie.

Desgraciadamente eso no era cierto. Allen Klein creó una empresa intermediaria para gestionar todos los derechos de autor y regalías llamada Tracey Ltd., en honor a la hija de Cooke, pero de la que él era único propietario, con lo cual gestionaba todos los beneficios obtenidos y sacaba una buena tajada por ello.

El éxito de las negociaciones de Sam Cooke le trajo una cartera de clientes importantes, pero con la invasión británica fue cuando Klein construyó su imperio, pasando a ser una de las personas más poderosas del negocio. Por su máquina de hacer dinero pasaron The Animals, The Kinks, The Who, Donovan y los más lucrativos, The Beatles y The Rolling Stones. En todas las ocasiones los músicos pudieron renegociar contratos que les eran ventajosos, pero Klein se colocaba como intermediario entre músicos y sellos, llevándose la mejor tajada y no siempre con conocimiento de sus clientes.

El caso de The Rolling Stones es el más significativo, puesto que la banda tardó décadas en conseguir que se les pagaran los dividendos de sus derechos de autor, pero jamás recuperaron la total propiedad de sus canciones entre 1965 y 1972, que siguen siendo de ABKCO Music & Records Incorporated, empresa creada por Klein y que es hoy en día una de las más grandes del mundo.

Un negro listo, un negro conflictivo

Sam Cooke, tal y como hemos visto, fue el primer afroamericano en dominar las listas del éxito del rhythm & blues y de pop, ambas con un #1, también fue el primer afroamericano en fundar su propia compañía discográfica y en gestionar su carrera con total independencia. Una carrera dividida en una doble dualidad, la amable de intérprete de baladas y elegante romántico que agrada al público blanco y la del salvaje *frontman* que ensalza los poderes de la música negra. No debemos ignorar que la carrera de Sam Cooke despegó al mismo tiempo que emergió el Movimiento por los Derechos Civiles, y aunque durante un tiempo caminaron de forma paralela, Cooke tardó poco en comenzar a inclinarse hacia la reivindicación de igualdad de su raza.

El boicot de los autobuses de Montgomery, que durante 381 días indujo a miles de afroamericanos a no utilizar el transporte público, tras la detención y condena de la joven Rosa Parks por negarse a ceder su asiento a un blanco, hasta que se abolió la ley local de segregación en el transporte, fue el primer gran logro del movimiento y coincidía con la publicación del primer single de Sam Cooke, «You Send Me».

Rosa Parks, la mujer afroamericana que, con su actitud, desafió las leyes segregacionistas.

Cuando el 28 de agosto de 1963, Martin Luther King ofreció su famoso discurso «Yo tengo un sueño» ante más de 200.000 personas frente al Monumento de Lincoln, Sam Cooke estaba plenamente integrado en la lucha por la igualdad racial. Nunca militó en el Movimiento de los Derechos Civiles, pero en numerosas ocasiones mostró su simpatía y apoyo. Entabló una gran amistad con tres pilares importantes de la lucha racial, el boxeador Cassius Clay (Muhammad Ali), el activista Malcolm X y el jugador de fútbol americano Jim Brown. De hecho con Cooke y Clay llegaron a componer juntos el tema «The Gang's All Here» que el boxeador incluyó en un disco llamado *I Am the Greatest* y juntos interpretaron parte de el tema en una entrevista para el programa Grandstand de la BBC.

El 25 de febrero de 1964 en el Convention Hall de Miami Beach, Florida, el joven boxeador afroamericano Cassius Clay se enfrentaba como aspirante al también afroamericano Sonny Liston, actual Campeón Mundial de los Pesos Pesados. Cassius Clay se proclamó campeón mundial tras el abandono de Liston al final del sexto asalto, dejando para la historia los gritos histéricos de Clay a los periodistas que cubrían el combate: «Tragaos vuestras palabras. Soy el mejor. Pateé el mundo», tras lo cual se baja del ring y camina entre la multitud hasta abrazarse con Sam Cooke al que proclama como mejor cantante de la historia.

Muhammad Ali, gran defensor de los derechos
civiles, al igual que su amigo Sam Cooke.

Las amistades peligrosas

La amistad de Cooke con Clay se rea-
firma esa misma noche cuando el nuevo Campeón Mundial se niega a salir
a celebrar el título, ignorando las ceremonias oficiales y dejando plantada
a la prensa y la organización. Por el
contrario el título se celebró en la habitación de su hotel junto a Malcolm
X, Jim Brown y Sam Cooke, en una
noche que precedió a una noticia que
convulsionó al mundo del deporte y la
sociedad americana. Al día siguiente el
boxeador anunció en rueda de prensa
que abandonaba el cristianismo y abra-
zaba el Islam, «Creo en Alá y en la paz.

Malcolm X fue uno de los más
influyentes líderes del movimiento
por la igualdad de derechos civiles.

No trato de mudarme a barrios blancos. No quiero casarme con una
mujer blanca. Me bauticé cuando tenía 12 años, pero no sabía lo que
estaba haciendo. Ya no soy cristiano. Sé a dónde voy y sé la verdad. No
tengo que ser lo que quieres que sea. Soy libre de ser lo que quiero».
Días después cambiaba su nombre al de Muhammad Ali.

La CIA vigilaba de cerca Jim
Brown, uno de los mejores
jugadores de fútbol americano
de todos los tiempos.

El hecho de que Malcolm X y Jim
Brown pertenecieran a la organización
político religiosa Nation of Islam, más
la incorporación de Ali, colocó en una
posición delicada a Sam Cooke. Es sabido que el FBI y la CIA mantuvieron
vigilados a X, Brown y Ali durante mucho tiempo, ya que los consideraban
peligrosos para los intereses de Estados
Unidos, por lo que es más que evidente
que Cooke pasó a ser objetivo de las dos
agencias y declarado persona conflictiva.

Cooke también estaba impresionado
por la labor de Martin Luther King y su

lucha por los Derechos Civiles, pero además en la gira de 1964 los incidentes racistas se recrudecieron, debido a una respuesta violenta a la presión de las movilizaciones. En Louisville, Kentucky, la policía suspendió el concierto cuando dos adolescentes blancas del público se levantaron de sus butacas y comenzaron a bailar; en Charlotte, Carolina del Norte, un grupo de jóvenes blancos agredieron al personal de la gira en el *backstage* con la pasividad de la policía que sólo vigilaba a la banda, por si les ofrecían una excusa para suspender; en Shreveport, Luisiana, no les dejaron alojarse en un hotel donde tenían las habitaciones reservadas y pagadas de antemano, alegando que no tenían habitaciones, pero en realidad fue al ver que eran negros, la policía intervino y los detuvo por crear disturbios. Tras estar varias horas encerrados pudieron salir pagando una multa de 9.989 dólares que debieron sacar de la caja recolectada de anteriores actuaciones y por lo que no les extendieron recibo ni acuse de cobro de ninguna sanción. En otras ocasiones los pararon y obligaron a desnudarse a miembros del séquito, tanto mujeres como hombres, con la excusa de registrarlos, pero era simplemente un acto de humillación.

La canción de la esperanza negra

En esa época incorpora en su repertorio el tema «Blowin' In The Wind» de Bob Dylan y lo interpreta en su concierto del Club Copacabana de Nueva York, junto con «If I Had a Hammer» del cantante

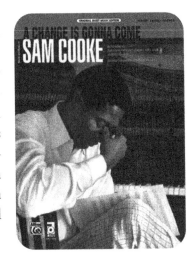

activista Pete Seeger. Algo está cambiando en Cooke que necesita añadir a su música un componente de lucha y protesta por todo lo que está ocurriendo. Por otro lado le frustraba que fuera un blanco, Dylan, quien hubiera escrito un tema que entre otros reivindicaba los derechos de su pueblo. Por eso se propuso escribir un himno negro, inspirado en el tema de Dylan, y el 7 de enero de 1964 graba en los estudios de RCA en Hollywood el tema «A Change Is Gonna Come».

«A Change Is Gonna Come»

I was born by the river
In a little tent
Oh, and just like the river, I've been runnin'
Ever since
It's been a long
A long time comin', but I know
A change gon' come
Oh, yes it will
It's been too hard livin'
But I'm afraid to die
'Cause I don't know what's up there
Beyond the sky
It's been a long
A long time comin', but I know
A change gon' come
Oh, yes it will
I go to the movie
And I go downtown
Somebody keep tellin' me "don't hang around"
It's been a long
A long time comin', but I know
A change gon' come
Oh, yes it will
Then I go to my brother
And I say, "Brother, help me please"
But he winds up
Knockin' me
Back down on my knees
Lor', there been time that I thought
I couldn't last for long
But now I think I'm able to
Carry on

«Nací junto al río en una pequeña carpa
Ah, y al igual que el río que he estado corriendo desde entonces
Desde hace mucho tiempo viene llegando
Pero un cambio va a llegar, oh sí, lo hará
Ha sido muy difícil vivir, pero tengo miedo de morir, no
Porque no sé qué hay allá, más allá del cielo
Desde hace mucho tiempo viene llegando
Pero un cambio va a llegar, oh sí, lo hará
Voy al cine y voy al centro
Alguien sigue diciéndome que no te puedes quedar
Desde hace mucho tiempo viene llegando
Pero un cambio va a llegar, oh sí, lo hará
Entonces voy a mi hermano
Y digo: hermano ayúdame por favor
Pero él termina empujándome
Hasta que estoy de rodillas, oh
Hubo momentos que pensé que no podía aguantar más
Pero ahora creo que puedo continuar
Desde hace mucho tiempo viene llegando
Pero un cambio va a llegar, oh sí, lo hará»

El tema iba incluido en el álbum *Ain't That Good News* que se publicó en febrero de 1964, tratándose del primer material grabado por Cooke desde la muerte de su hijo Vincent de dos años, ahogado en la piscina de su casa mientras que estaba con su mujer Barbara Campbell. Sam y Barbara habían tenido tres hijos: Linda (1953), Tracy (1960) y Vincent (1961–1963), pero su matrimonio no pasaba por un buen momento por culpa de numerosas infidelidades mutuas y terminó de dinamitarse con la muerte del pequeño. Cooke entró en una grave depresión regada en grandes cantidades de alcohol y drogas, aunque la grabación de *Ain't That Good News* indicaba que había conseguido salir del bache y plasmar su nuevo espíritu de cambio a nivel profesional, personal y social en el disco más optimista y vital de su carrera.

La compañía RCA lanzó como single el tema «Another Saturday Night» que alcanzó directamente el #1 de las listas de rhythm & blues el *Billboard* y el 10 del *Hot 100*, pero no quisieron apostar por un tema que pensaban problemático como «A Change Is Gonna Come». Por el contrario, decidieron publicar la grabación realizada el 8 de julio en la sala Copacabana, por lo que *Sam Cooke At The Copa* vino a cubrir el hueco dejado por la negativa a publicar *Live At The Harlem* y eclipsó al nuevo disco de estudio que se conformó con un modesto #34 en la lista de álbumes de ese año.

Se ha escrito un crimen

Ya poseemos casi todos los datos necesarios para obtener nuestra propia conclusión al final del capítulo. Estoy convencido que la gran mayoría de lectores de este libro llegarán a una misma deducción, el asesinato de Sam Cooke no fue una serie de catastróficas desdichas, si bien cada cual escogerá su propia conspiración.

El 10 de diciembre de 1964 se reunieron para cenar en el restaurante Martoni de Los Ángeles, Sam Cooke, su productor musical Al Schmitt y Joan, la esposa de este. Tenían mucho de lo que hablar esa noche, primero de todo celebrar que *At The Copa* estaba subiendo en las listas de forma rápida y sorprendente, dándole la oportunidad de convertirse en la estrella negra más importante de la historia, por delante de Nat King Cole o Sammy Davis Jr. También hablaron del próximo despido de Allen Klein pues Cooke sabía que le había engañado y quería recuperar los derechos sobre todas sus canciones. Según el matrimonio Schmitt, Cooke estaba pletórico y radiante de felicidad ante los cambios que se avecinaban y posiblemente bebió más de la cuenta.

Los tres tenían intención de salir a tomar una copa al club de música negra PJ's para finalizar la noche, pero Sam Cooke se quedó un momento con unos fans tomando algo en la barra indicando que luego les alcanzaría en el club. Al Schmitt le advirtió que no enseñara el dinero de una forma tan alegre, pues llevaba un fajo con algo más de 3.000 dólares que había cobrado esa misma tarde por anticipo de conciertos, a lo que Cooke replicó: «Soy Sam Cooke, quién me va a hacer algo».

Cooke llegó al PJ's sobre la una de la madrugada y acompañado de una joven llamada Elisa Boyer. Mientras que Cooke buscaba a los Schmitt infructuosamente, pues se habían marchado, Boyer se enzarzó en una discusión acalorada con un tipo blanco que la empujaba hacia fuera del local y con el que Cooke tuvo algo más que palabras. Al parecer la joven le pidió marcharse del local para evitar males mayores y juntos fueron al Hacienda Motel en South Figueroa. Sobre las 2.35 de la madrugada un hombre de color se registró como Sam Cooke y señora, pagó los tres dólares que costaba la habitación, mientras una chica lo esperaba en el coche.

Escasamente media hora después del registro, a las 3.08 horas, el Departamento de Policía de Los Ángeles recibió una llamada de socorro de una joven que decía que había sido secuestrada y sufrido un intento de violación. La llamada se realizó desde una cabina de teléfono cercana al Hacienda Motel. Cuando las patrullas llegaron al motel, encontraron el cadáver de un varón negro, prácticamente desnudo y con sólo una chaqueta y un zapato, apoyado en el quicio de la puerta de la oficina de recepción del motel, con un tiro en el pecho y señales de violencia en la cara y manos. Le tomaron declaración a la encargada del motel y a Lisa Boyer, «empaquetaron» el fiambre y caso cerrado: «Un negrata menos».

Las artimañas del embuste

La declaración de Boyer, una mujer asiática de 22 años, indicaba que una vez salieron del club PJ's, él se ofreció a acompañarla a su casa, pero no lo hizo ante las súplicas de la joven. Terminó por traerla al motel y desde ese momento ella pensó que su intención era violarla. Cuando la encerró en la habitación la obligó a quitarse la ropa y él se desnudó, pero en un momento en el que entró en el lavabo, ella cogió toda la ropa y se marchó corriendo. En su huida lanzó la ropa de Cooke a la calle y se dirigió a la cabina, donde llamó a la policía y se vistió, para esperar que llegaran a rescatarla.

La recepcionista, una afroamericana llamada Bertha Lee Franklin de 55 años, declaró que Cooke apareció desnudo aporreando la puerta y preguntando por la chica que le acompañaba. Ante la respuesta de la encargada, que negó que la muchacha estuviera allí, Cooke la golpeó y se precipitó hacia el interior. Franklin pudo coger su pistola y hacer tres disparos a bocajarro, fallando dos e impactando en el pecho del sujeto que sólo acertó a decir «mujer, me has disparado», mientras que Cooke se tambaleaba, Franklin le partió un palo de escoba en la cabeza.

La policía creyó las versiones de las dos mujeres y no presentaron denuncias sobre ellas, es más, en el informe presentado en el juicio, catalogaban a Franklin de heroína por haber impedido una violación. Tampoco demostraron mucho interés en un caso donde el cadáver era un negro, no tenían ni idea de quién era, pero tampoco les importaba.

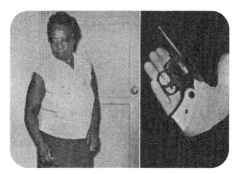

Bertha Franklin regentaba el motel donde Sam Cooke y la joven Lisa Boyer se hospedaron tras conocerse en una fiesta.

Desmontando coartadas

El juicio, que fue muy mediático, se celebró rápidamente, ante la evidencia de las dos declaraciones. Se corroboraron sus declaraciones y apenas se dejó interponer preguntas al abogado de la familia, que comprobó cómo Franklin había cambiado su declaración hasta cuatro veces, siendo la aportada en el juicio totalmente distinta al informe policial. Según la encargada del motel, estaba hablando por teléfono con la dueña del establecimiento, Evelyn Carr, quien pudo escuchar la discusión, la pelea y los disparos. El jurado, mayoritariamente blanco, deliberó menos de quince minutos y resolvió que las dos mujeres eran inocentes, por lo que la justicia dictaminó muerte en defensa propia.

Bertha Lee Franklin fue despedida del Hacienda Motel al poco tiempo del juicio, mientras que un investigador privado que trabajó para la familia de Cooke demostró que era propietaria de un revólver del calibre 32, pero a Cooke se le disparó con un calibre 22. Franklin fue asesinada 18 meses después de la muerte de Cooke, en un caso que no se resolvió jamás.

Elisa Boyer fue detenida a las pocas semanas por ejercer la prostitución en Los Ángeles y se comprobó que ejercía esa profesión desde hacía años y que el Hacienda Motel era el lugar donde llevaba a los clientes que captaba en los locales nocturnos. También se descubrió que en más de una ocasión habían interpuesto contra ella acusaciones de robo, al parecer con la complicidad de Franklin, pero habían sido retiradas por miedo al escándalo familiar que supondría para los robados. Fue condenada 15 años después, acusada del asesinato a tiros de su amante, quien ejercía de proxeneta. Jamás se supo el paradero del fajo de 3000 dólares que Cooke llevaba encima, ni de las tarjetas de crédito que desaparecieron de su cartera de forma milagrosa.

Las teorías de la conspiración

La primera teoría de conspiración nos lleva a su mujer. Barbara Cooke, que se negó a interponer una apelación al juicio de Sam Cooke. Se casó dos meses después de la muerte de su marido con Bobby Womack, amigo, músico y protegido de Sam Cooke. Bobby fue al funeral de Cooke con ropa, un reloj y unos gemelos del cantante, lo que desató una discusión acalorada con los padres y hermanos. Bobby Womack, al cabo de los años se divorció de Barbara al descubrir esta que tenía un romance con su hija Linda, quien a su vez terminó casándose con Cecil, hermano de Bobby, con quien creó el dúo Womack & Womack. Barbara, repudiada por la familia Cooke, vendió todos los derechos de las canciones de su marido a Allen Klein.

Otro candidato a conspirar fue Allen Klein, quien montó un imperio con el dinero ganado al gestionar los derechos de Cooke. Iba a ser despedido por el cantante y se hubiera enzarzado en una lucha legal en la que ambos hubieran perdido, pero no estaba claro hacia qué lado se decantaría la balanza. Compró los derechos que le faltaban a su única heredera, Barbara Cooke, por un precio muy inferior a su valor real. Inmediatamente mandó la publicación de un álbum póstumo con temas inéditos y algunas versiones rescatadas de grabaciones de estudio. *A Change Is Gonna Come* fue publicado en enero de 1965, antes de cumplir un mes del asesinato e inmediatamente se alzó al #1 de las listas de álbumes más vendidos, desbancando a *Sam Cooke At The Copa* y coronando el ranking durante cuatro semanas. Se estiman en más de diez millones de dólares los beneficios obtenidos por Allen Klein con la edición de estos dos últimos discos de Sam Cooke, pero es incalculable el beneficio que han podido generar las grabaciones de Cooke desde entonces.

En el caso de Klein también entró la mafia, que a principios de los sesenta intentó invertir en el negocio musical, tras la beneficiosa incursión que supuso el mundo del celuloide. Sam Cooke había rechazado la participación de la mafia cuando creó SAR Records, e incluso había recibido consejos de Sammy Davis Jr. avisándole de lo peligroso que era enfrentarse a ellos. Klein estaba predispuesto a escuchar ofertas, vinieran de donde vinieran, siempre que ofrecieran beneficios.

Otros integrantes del paquete conspiranoico era la Nación Islámica, que querían atraer a Cooke a sus filas por la repercusión mediática que ello supondría. Cooke, simpatizante de la lucha por los Derechos Civiles, siempre se negó a ingresar en la Nación Islámica y jamás renunció a sus creencias religiosas familiares. De todos es sabido que no estaban muy dispuestos a recibir rechazos, como lo demostraron el 21 de febrero de 1965, cuando murió asesinado Malcolm X, quien había abandonado la organización y se había enfrentado a ellos.

Por último tenemos la conspiración estatal, ese rodillo que en tantas ocasiones ha pasado por encima de los derechos de cualquiera que significara o creyeran un peligro para su concepto de nación. A la larga lista de sospechas de conspiración gubernamental, los hermanos Kennedy, Martin Luther King, Malcolm X o John Lennon entre otros, debemos añadir a Sam Cooke. Un afroamericano que a principios de los sesenta se creyó con derecho de sentirse importante y pasar por encima del régimen establecido, enfrentándose a la industria, a la policía, a la justicia y aliándose con sospechosos musulmanes, peligrosos líderes negros y esgrimiendo ideas que no se podían permitir en esos momentos y mucho menos de un «negro».

Conspiración o simplemente desidia

Quizás es todo más sencillo, una prostituta, su chulo y la encargada de un motel, tenían un negocio montado para desplumar necios que cayeran en sus redes y que no iban a denunciarlos por la vergüenza que supondría hacerlo. Por lo que fuera, no esperaban que Sam Cooke no se comportara como uno de sus lelos habituales y se les fue la mano, hurgando una coartada que hacía aguas por todos lados, pero que la policía de Los Ángeles compró de inmediato. Quizás fuera todo tan sencillo y trágico como eso, pero la maquinaria racista de la justicia lo derrumbó todo, la desidia demostrada ante lo que para ellos fue un «negrata menos» y la imposibilidad de mover pieza para su esclarecimiento durante estos 56 años transcurridos, tras las evidencias de caso chapucero y racista, han generado una de las teorías de la conspiración más extensas de la historia de la música de estos dos últimos siglos.

Etta James, vocalista amiga y admiradora de Sam Cooke, escribió en sus memorias, *Rabia por Sobrevivir*, publicadas en 1995, que cuando

asistió al funeral y vio el cadáver no tuvo duda de que todo fue una enorme mentira: «La cabeza estaba casi despegada del cuerpo, las manos estaban descoyuntadas, la nariz estaba hundida y tenía dos cicatrices tremendas en la cabeza».

Etta James contó en su autobiografía que al ver a Cooke en el ataúd, pudo ver las marcas de una paliza, con la cabeza casi separada del cuerpo y profundas cicatrices.

Muhammad Ali, al salir del juicio de Sam Cooke, celebrado sólo cinco días después de su asesinato, declaró: «Si se hubiera terminado con la vida de algún Beatle, Frank Sinatra o Ricky Nelson, se habría desarrollado una investigación monumental, pero era un negro que a nadie le importaba». Se equivocó, a John Lennon lo asesinaron 16 años más tarde y todavía hay lagunas sobre la investigación.

Lo único realmente cierto de todo este caso es que la policía actuó bajo la premisa de «Un negrata menos».

La trágica muerte de Brian Jones

La cronología de la muerte de Brian Jones está muy definida y difundida, siendo una de las historias trágicas que más veces se han contando. No en vano tiene hasta el romanticismo literario que le otorga el famoso Club de los 27, donde comparte púlpito con Jimi Hendrix, Jim Morrison y Janis Joplin entre otros, siempre vigilados de cerca por Robert Johnson.

Con el nombre de "Club de los 27" se conoce a una serie de músicos, artistas, y actores que fallecieron trágicamente a la edad de 27 años.

Brian fue uno de esos diamantes en bruto que surgieron de la Inglaterra que descubrió el blues, joven inquieto e insatisfecho que removió los cimientos de la cultura musical británica y por correlación del resto del globo. De su mente bulliciosa surgió la idea de montar una banda de rock, fue el encargado de reclutar a todos sus miembros, de darle un nombre reconocible al mismo tiempo que homenajea a uno de sus ídolos, Muddy Waters. Brian fue el cerebro y el corazón de The Rolling Stones, el timón que marcaba el rumbo de la embarcación y cohete que elevó la banda al Olimpo. Sin embargo, en la ascensión fue extraviando la lucidez y dejándose embaucar por las drogas que mostraron la cara más horrible del personaje, su decadencia y deterioro mental, mientras florecía el monstruo que llevaba dentro.

Un personaje oscuro con las mujeres

Brian era un maltratador falócrata que fue dejando un rastro de mujeres maltratadas, abandonadas y embarazadas. Con 17 años fue padre, pero abandonó a su novia Valerie Corbett antes del alumbramiento, el mismo año que dejaba embarazada a una mujer casada. Otra de sus numerosas novias, Pat Andrews, dio a luz antes de que se desentendiera de ella, al igual que con Linda Lawrence, quien terminaría casándose con el cantautor Donovan. La mayoría de ellas lo acusaron de malos tratos, tanto físicos como psicológicos, en especial Dawn Molloy quien consiguió una orden de alejamiento y una indemnización de 700 libras en 1962. Pero quien se llevó la peor parte fue Anita Pallenberg, manteniendo una relación tóxica

Anita Pallenberg con Brian Jones.

Anita Pallenberg con Keith Richards.

durante años que terminó con un conflicto interno en The Rolling Stones, tras un cambio de pareja con Keith Richards. Brian maltrató sistemáticamente a Anita en su última época juntos, y si bien es cierto que ella tampoco era un ángel caído del cielo, fue la que recibió una tremenda paliza que rompió su relación, para caer en brazos de Richards, que nunca pudo perdonar a Jones el haberle puesto la mano encima y le profesó un odio profundo hasta el final de sus días. El deterioro de Jones fue cada vez más visible y para la banda era insoportable trabajar con él. En directo era imprevisible y errático, mientras que en estudio se anulaba y apenas participaba, generando conflictos continuamente en una espiral de autodestrucción imparable.

Allen Klein, personaje oscuro que ya hemos conocido en este libro y que se convirtió en el mánager de la banda, les comunicó que Brian

tendría problemas para actuar en Estados Unidos, pues le habían denegado el visado tras dos condenas por drogas, hecho que era un tre-
mebundo problema para el grupo.

El 8 de junio de 1969, Mick Jagger, Keith Richards y Charlie Watts
fueron en visita profesional a la nueva casa de Brian en Cotchford
Farm en Sussex, para comunicarle su despido inmediato del grupo.
Según cuentan, Mick Jagger no sabía cómo exponer la decisión y Richards estalló en cólera gritando: «Estás despedido. No le des más
vueltas. Estás muerto. Ya nunca volverás a ser un Rolling Stone», tras
lo que se levantaron y marcharon.

Brian Jones, a la derecha, está considerado el líder de la banda
durante el periodo de formación de los Stones.

Brian, en un arrebato de orgullo, convocó una rueda de prensa para
hacer la siguiente declaración: «Ya no me veo mirando a la cara a los
demás por los discos que estamos haciendo. Quiero tocar mi propia
música, que ya no es la música de los Rolling Stones».

La banda le ofreció una compensación a modo de finiquito de
100.000 libras, más 20.000 libras anuales mientras el grupo continuara.

Lejos de los Stones

Brian por su parte tenía planes de formar un supergrupo junto a John Lennon y en el que participaba Ian Stewart, siempre considerado como el quinto Stone y Mitch Mitchell, batería de Jimi Hendrix Experience. Otro de los planes futuros era grabar con su amigo Hendrix, a quien había presentado en Estados Unidos en el Monterrey Pop Festival. Jimmy Miller, productor de los Stones por aquella época, aseguró que al menos había grabado dos temas nuevos de Jones: «Has Anybody Seen My Baby?» y «Chow Time», temas que permanecen inéditos a día de hoy.

Al día siguiente del despido de Jones, The Rolling Stones anunciaron oficialmente la marcha de su compañero y antiguo líder, así como el fichaje de Mick Taylor, un joven guitarrista que llegaba bregado de John Mayall & The Bluesbreakers. Se anunció un concierto gratuito en Hyde Park para el 5 de julio, que contaría con las actuaciones de Third Ear Band, King Crimson, Screw, Alexis Korner's New Church y Family and the Battered Ornaments, sirviendo de presentación de Mick Taylor a todos sus fans.

La madrugada del 2 al 3 de julio, Anna Wohlin, bailarina sueca que era la última novia de Jones, lo encontró en el fondo de la piscina de Cotchford Farm. Al parecer en la casa estaban esa noche tres personas acompañando a Jones, la mencionada Anna, el constructor Frank Thorogood que realizaba las obras de reforma y Janet Lawson, enfermera y novia de Tom Keylock, mánager personal de Jones. Cuando llegó la ambulancia, tan sólo pudo corroborar la muerte del músico. La causa certificada por el forense fue «muerte accidental por ahogamiento, con consumo excesivo de drogas y alcohol».

El concierto de Hyde Park se convirtió en un homenaje póstumo a Brian Jones, con una parafernalia que a día de hoy se muestra hipócrita e indigna, por parte de unos músicos que le despidieron y en algún caso odiaban al difunto. Mick Jagger leyó un fragmento del poema «Adonais», de Percy Bysshe Shelley que dedicó a la muerte de su amigo John Keats. Se soltaron más de 2.000 mariposas blancas que la banda había importado del extranjero a modo de epílogo de una amistad, pero la realidad les devolvió una metáfora cruel, pues al abrir las cajas de los lepidópteros, estos cayeron muertos al escenario ya que se habían asfixiado por el calor.

¿Quién mató a Brian?

Brian Jones tenía fama de buen nadador, por consiguiente, desde el momento en el que se conoció la noticia hubo voces que pusieron en duda la versión oficial y de ahí, a crear una teoría de la conspiración hay un paso. En el caso de Brian Jones, como en tantos otros, podemos descubrir diferentes hipótesis, pero todas coinciden que se trató de un asesinato en toda regla.

El 10 de julio, Brian Jones fue enterrado en el cementerio de Cheltenham, se dice que a cuatro metros de profundidad para evitar la profanación del cuerpo por fans

Jones era un buen nadador, de ahí que su ahogamiento en la piscina se considerara más un asesinato que no un suicidio.

del músico. Se le encerró en un ataúd de bronce y plata que pagó íntegramente Bob Dylan, que no pudo asistir, pero sí lo hicieron numerosos músicos británicos, así como una multitud de seguidores. Entre el séquito funerario estaban Charlie Watts y Bill Wyman, pero sorprendió la ausencia de Mick Jagger y Marianne Faithfull que volaban a Australia para que Mick participara en el rodaje del film *Ned Kelly*, así como Keith Richards y Anita Pallenberg, que simplemente se negaron a asistir.

Un cúmulo de conspiraciones

Según un informe policial, Jagger y Richards volvieron a visitar a Jones el día 2 de julio, mismo día de su muerte. El motivo era tratar la propiedad del nombre de la banda, que estaba a nombre de los tres, y era evidente que Jagger y Richards querían poseerlo en solitario. Se desconoce la oferta que le pusieron delante de la mesa, pero obtuvieron una rotunda negativa de Jones para renunciar a sus derechos. Según la versión de Anna Wohlin, Richards perdió los nervios y amenazó con un cuchillo a Brian, viéndose obligado Frank Thorogood a calmarlo. Cierto es que el litigio del nombre podría haber supuesto un perjuicio irreparable para The Rolling Stones, pero quizás fue desproporcionada la suposición de incriminar a la pareja Stone en el posible asesinato, pero se convirtió en la primera de las teorías esgrimidas, argumentando que el valor económico de su muerte era incalculable para las arcas de la empresa Rolling Stones.

La versión que tomó más fuerza y ha perdurado durante décadas es la que acusa al constructor Frank Thorogood de cometer el asesinato de Brian Jones. Frank trabajó con su cuadrilla en las reformas de la casa de Keith Richards, que terminó expulsando al equipo de su casa sin finalizar las mismas, debido a su mal comportamiento, exceso de confianza y conductas poco decorosas.

Brian compró la casa de Cotchford Farm en 1968, una edificación que había sido el hogar del escritor británico Alan Alexander Milne, creador de Winnie The Pooh y el universo infantil de Christopher Robin. Frank fue contratado para llevar a cabo las reformas en la casa de Jones, reproduciendo su equipo los mismos problemas que habían desquiciado a Richards. Según Wohlin, la cuadrilla de Frank trabajaba poco y mal, prácticamente se habían instalado a vivir en la mansión, además de gastar todo lo que la pareja tenía en la nevera. En más de una ocasión Brian había montado en cólera y discutido acaloradamente con ellos, pero tras comprobar que el estado físico del ex Stone no era precisamente muy óptimo, pasaron a ofenderle, menospreciarle e insultarle a menudo, actuando como una especie de mafia en un semi secuestro. En especial dos de los operarios, Mo Tucker y Johnny Betchworth eran extremadamente belicosos y ofensivos. Tucker era un informador de la policía y había sido el soplón que provocó la famosa redada de la casa de Keith Richards en 1967, cuando Marianne Faithfull fue detenida desnuda y tan sólo tapada con una alfombra, la misma redada que les trajo serios problemas judiciales y provocó el despido del mánager Andrew Oldham.

Brian despidió a Frank y su cuadrilla el día anterior a su muerte. Había pagado hasta la fecha 18.000 libras, cifra más que suficiente por las reformas encargadas, pero Frank le exigía el pago de 6.000 libras más, y una compensación por ser despedido sin haber terminado el trabajo. Que Frank estuviera el día de la muerte en casa de Jones, sólo se entiende por su intención de cobrar la supuesta deuda.

Manual del asesinato

Una de las versiones que se barajan es que esa noche además de las tres personas mencionadas con anterioridad, también se encontraban en casa Mo Tucker y Johnny Betchworth. Bebieron y consumieron drogas. Como era habitual los obreros menospreciaron a Brian y las bravuconadas se les fueron de las manos y ahogaron al músico.

La versión ofrecida situaba a Brian, Anna, Frank y Janet, disfrutando de una reunión distendida y amigable. Decidieron zambullirse en la piscina, pero Janet declinó la oferta por considerar que habían bebido con exceso. Se recibe una llamada de teléfono y Janet llama a Anna. Frank aprovecha para salir de la piscina y fumarse un cigarro en la cocina y es cuando Anna ve por la ventana de su habitación el cuerpo de Jones en el fondo de la piscina. Toda esta escena ocurre a las 21:30 horas, pero no se llama a la ambulancia hasta 00:30 de la madrugada, tres horas después. Mientras, Janet intenta reanimarlo sin éxito y Frank deambulaba tembloroso, excitado y sin rumbo.

Otra variante de la versión sitúa en la casa a Tom Keylock, y le adjudica el papel de instigador del crimen. Keylock había estado robando dinero a Jones repetidamente, reclamando royalties a la oficina de Rolling Stones y recibiendo unas cantidades que no llegaban a su propietario. Esta versión está argumentada en el film *Stoned*, del cineasta Stephen Wooley. Para aumentar la incertidumbre sobre un complot para asesinar a Jones por parte de Keylock, se añadió a la tesis el hecho de que su hermano

Frank era un oficial superior de
Scotland Yard, y podría haber
encubierto las pruebas.

Tras la muerte de Brian Jones, su novia Anna desapareció
inmediatamente de Inglaterra y
se refugió en su casa de Suecia
por miedo a represalias. Permaneció en silencio hasta 1999,
cuando editó el libro *The Murder*

Anna Wohlin dijo desde el
primer momento que la muerte
de Jones no era natural.

*of Brian Jones: The Secret Story of My Love Affair with the Murdered Roll-
ing Stone*, seguido en 2005 por *Wild and Wycked World of Brian Jones:
The True Story of My Love Affair with the Rolling Stone*. Anna Wohlin
afirma: «No sé si Frank tenía intención de matar a Brian. Tal vez fue
una discusión en la piscina que salió mal. Pero supe todo el tiempo que
él no murió de muerte natural. Todavía estoy segura de ello».

El análisis clínico practicado al cadáver refleja que no contenía tanto alcohol en sangre, ni drogas, que le impidieran nadar perfectamente. A los pocos días de su muerte, la casa de Brian Jones fue asaltada
y desvalijaron efectos personales, maquetas con nuevas grabaciones,
instrumentos y muebles de elevado valor, al mismo tiempo que en el
jardín se encontraron restos de una hoguera donde se habían quemado
básicamente documentos de papel. Tom Keylock declaró que, poco
antes de morir Frank Thorogood en 1993, le confesó que él asesinó a
Brian Jones. Si bien es cierto que siempre fue el principal sospechoso,
también lo era Keylock, quien falleció en 2009.

Lo cierto es que cuando ha pasado medio siglo de la muerte del
hombre que creó The Rolling Stones, todavía sigue generando polémica y versiones contradictorias. Quizás la única persona que tuvo razón en todo este asunto fue Shirley Arnold, secretaria de The Rolling
Stones, quien dijo: «La tristeza de su muerte no fue tan grave como la
tristeza de verlo tratando de vivir».

AC/DC y Bon Scott:
el crepúsculo de los dioses

AC/DC es una de las bandas más legendarias de la música rock, venerada por millones de fans en todo el mundo, su música es imprescindible para comprender la historia de estos dos últimos siglos. Castigada por las desgracias, siempre ha sido sinónimo de superación y sacrificio, dignificando el significado de banda de rock como nexo de unión de varios individuos, semejante a una familia. Esa unión es la que han percibido sus seguidores durante su dilatada trayectoria, elevando al grupo al estatus de icono de hermandad, buen rollo y fraternidad, envueltos en una simbiosis casi perfecta de honestidad y buenas vibraciones.

Actualmente no goza de una estela similar, porque una serie de hechos precipitaron la caída de su reputación y salvando la calidad musical que atesora y que no es cuestionable, más bien parece que al final de su carrera se nos presenta como un latifundio donde la familia Young ejerce su tiranía de terratenientes omnipresentes.

Desmontando la leyenda

En marzo de 2016 la banda australiana suspendía precipitadamente más de una veintena de conciertos en América y Europa, enmarcados en Rock Or Bust Tour. El motivo de la anulación fueron los problemas auditivos del vocalista Brian Johnson, quien padecía desde hacía tiempo de tinnitus o acúfenos, que contrariamente a lo que se divulga desde algunos medios de comunicación, no se trata de una enfermedad sino es un síntoma de que la cóclea o el nervio auditivo han sufrido daños, casi siempre irreparables. Se presenta como un zumbido, chasquido o ruido que sólo puede percibir el protagonista y que los especialistas aseguran que la exposición a ruidos, además de la enfermedad de Menière, el estrés, las infecciones del oído medio, la edad, el tabaco y el alcohol pueden contribuir a la aparición y al desarrollo del tinnitus.

A Johnson se le diagnosticó que se encontraba en un estado de deterioro profundo y que si no abandonaba los grandes escenarios de inmediato, podría perder la audición por completo. El volumen brutal que desprenden los espectáculos de AC/DC, superando con creces los

130 decibelios sobre el escenario, más la inclusión de equipo pirotécnico en cada show, hacían imposible que Johnson continuase, entre otras cosas porque reconoció que «estaba teniendo dificultades para escuchar las guitarras en el escenario y debido a que no podía escuchar claramente a los otros músicos, temía que la calidad de mi interpretación pudiera verse comprometida. Honestamente, esto era algo que no podía permitir en buena conciencia. Nuestros fans merecen que esté al más alto nivel, y si por alguna razón no puedo ofrecer ese nivel, no decepcionaré ni avergonzaré a los otros miembros de AC/DC. No renuncio y me gusta terminar lo que empiezo, sin embargo, los médicos nos dejaron en claro a mí y a mis compañeros de banda que no tenía más remedio que dejar de actuar en el escenario para los shows restantes y posiblemente más allá».

Todo un mazazo para los fans de la banda, sobre todo los miles de seguidores que tenían una entrada en el bolsillo.

Johnson aseguró que era muy probable regresar antes de lo previsto, pues el diagnóstico no parecía tan grave como en un principio se aseguró, pero entonces se encontró con la desagradable noticia que AC/DC, o más bien Angus Young, había decidido continuar el tour con Axl Rose como sustituto, una vez que concluyera la gira Not In This Lifetime de Guns'n'Roses.

Conocido por ser el guitarrista y líder de AC/DC, Angus Young es además el único miembro original que sigue en la formación australiana.

Axl Rose en AC/DC

La noticia hizo saltar por los aires esa imagen de unidad y hermandad que había gestionado tan bien la banda y muchos de los fans devolvieron las entradas, aunque para ser sinceros, ganaron un sector de público de Guns'n'Roses que compensó las posibles escapadas. Los rifirrafes que mantuvieron en la prensa Johnson y la banda no ayudaron a mejorar la situación de una formación que para muchos pecaba de no saber envejecer en condiciones, acercándose a un final poco deseado y siendo una parodia de lo que fue.

Malcolm Young, quien siempre había sido el motor de AC/DC, abandonó la banda en abril de 2014 debido a una grave enfermedad, justo antes de entrar a grabar el álbum *Rock Or Bust*, siendo sustituido por su sobrino Stevie Young, que ya lo había reemplazado de forma momentánea en 1988. En septiembre de ese mismo año se supo que Malcolm padecía demencia y que era incapaz de recordar las caras de sus familiares y olvidaba todo al instante. Ahí saltaron las primeras críticas sobre si AC/DC debía continuar sin Malcolm, pero se acallaron rápidamente porque el sustituto era parte la familia. Angus y Johnson dejaban claro que su hermano había querido que la banda continuara al decirles: «Estoy muy cansado para continuar, pero tienen que seguir haciendo música, porque se cumplen 40 años de la banda». Malcolm falleció el 18 de noviembre de 2017.

Pese a estar siempre a la sombra de su hermano menor Angus,
Malcolm Young fue el responsable de la composición de la mayoría de
las letras y la producción del material discográfico del grupo.

Los problemas nunca llegan solos

En noviembre de 2014, unas semanas antes de que fuera editado el álbum *Rock Or Bust*, Phil Rudd, batería de la banda, fue acusado de dos delitos importantes: Contratar a unos sicarios para asesinar a una tercera persona, posesión de marihuana y metanfetaminas. Según la acusación, Rudd estaba muy descontento con la edición de su primer

disco en solitario llamado Head Job,
como la banda que lo acompañaba.
Se trata de un disco mediocre de
rock'n'roll, donde Rudd se atreve a
cantar con un registro de borracho
arrabalero que incita al desequili-
brio mental y bajo un sonido pobre
que posiblemente sería consecuencia de estar grabado bajo los efectos
del alcohol y la falta de originalidad.

Phil Rudd, batería de AC/DC, fue
acusado de contratar a unos sicarios
para matar a otra persona.

Rudd culpaba de todos su males a su guardaespaldas y gestor de los
temas logísticos de la grabación. El tribunal declaró nulo ese delito por
falta de pruebas, pero lo condenó a ocho meses de libertad vigilada por
posesión de drogas.

Al poco tiempo, Rudd arremetió a puñetazos contra otro de sus
guardaespaldas por detenerle en una pelea con otro tipo en las puertas
de un restaurante de Tauranga, Nueva Zelanda. En esta ocasión, delante de testigos amenazó a su propio empleado y a su hija cuando se
lo llevaban detenido, aseveró: «Nunca hagas pactos con la mafia». El
juez dejó todo reducido al estado mental de Rudd por el consumo de
drogas y le retiró la libertad vigilada, confinándole en su casa durante
el resto de la condena y obligándole a seguir terapias de desintoxicación de drogas y alcohol.

Por todo este lío judicial no pudo engancharse con la banda en el
tour de presentación de *Rock Or Bust* y fue sustituido por Chris Slade,
músico que ha colaborado con bandas como Manfred Mann, Uriah
Heep o The Firm con Jimmy Page y Paul Rodgers.

Para finalizar la descomposición de AC/DC, al finalizar la gira de
Rock Or Bust, Cliff Williams, mítico bajista del grupo decide abandonar por motivos personales. Era de la opinión que la banda había sufrido demasiados cambios últimamente y no se encontraba con fuerzas
para continuar. La muerte de Malcolm fue decisiva para él, pues prácticamente le quitó el sentido a continuar con la banda, pero sustituir a
Brian Johnson por Axl Rose fue la gota que desbordó el vaso.

Pero AC/DC no para jamás, a lo largo de su historia ha demostrado que el grupo pasa por encima de todo y de todos, como un caballo desbocado que no puede parar de correr hasta morir de agotamiento o despeñarse por un barranco.

Buscando un nuevo hogar

La familia Young (curiosamente el apellido de la madre) se marchó de Escocia, huyendo de la precariedad laboral, incrementada en enero de 1963 por sucumbir las Islas Británicas a la peor nevada de su historia, con temperaturas que sobrepasaban los 19 grados bajo cero, helándose el mar a cuatro millas de la costa. Su destino, al igual que el de miles de familias, era la tierra prometida de Australia, país que siempre se ha servido de la mano de obra barata procedente del Reino Unido. Se acogieron al plan Ten Pound Poms, programa migratorio entre el Reino Unido y los gobiernos de Australia y Nueva Zelanda, por el que sólo costaba diez libras el billete de ida para familias que pretendieran comenzar de nuevo y abandonar la pobreza. Dejaron atrás al mayor de los hermanos, Alexander Young de 25 años, que ya trabajaba como músico profesional, pero los cinco hermanos restantes viajaron con los progenitores, entre ellos estaban Malcolm y Angus.

Cinco años antes habían hecho lo propio la familia Belford Scott con sus dos hijos, el mayor de ellos Ronald, llamado en el colegio Bon por haber otro Ronald. Un muchacho problemático desde que llegó al nuevo país y un representante nato del estereotipo de escocés belicoso y cabezota, para el cual no se han escrito las normas sociales.

Para cuando los Young llegaron a Australia, Bob Scott ya había pasado una corta estancia con todos los gastos pagados en Fremantle Prison, por robar gasolina, usar documentación falsa, saltarse la custodia paterna y lo más curioso, el delito de «conocimiento carnal ilegal», un eufemismo para reflejar que había mantenido relaciones sexuales antes de cumplir la mayoría de edad y lo que es peor, le habían pillado.

A los cinco años de instalarse en Sidney, la familia Young vio cómo triunfaba musicalmente el hijo mayor George con su banda The Easybeast, sobre todo por el éxito del single «Friday on My Mind», lo que espoleó a sus hermanos a continuar profundizando en las tareas musicales, ya que aunque tenían capacidades futbolísticas, eran demasiado bajos para triunfar. Malcolm probaba suerte con bandas de blues como Beelzebub Blues y Velvet Underground, que nada tiene que ver con los americanos de Lou Reed. Angus, que era más pequeño, iba a la zaga de sus hermanos y tardó algo más en entrar en una banda, fue en los desconocidos Kantuckee, que cambiaron su nombre a Tantrum con igual pena y gloria.

Fue su hermano George quien los llamó a filas y les puso firmes en Marcus Hook Roll Band, banda que contaba con cuatro guitarristas, Harry Vanda como guitarra principal, más Malcolm, Angus y George Young, este último figuraba como vocalista principal. Editaron un sólo álbum en Australia, *Tales of Old Grand Daddy* en 1973, aunque más tarde se recopiló en diferentes formatos incluyendo algunos singles.

La fama le precede

Bon Scott por su parte, aceptaba cualquier trabajo que le diera suficiente dinero para poder correrse una buena juerga en los clubs, daba igual que fuera de camionero, estibador o camarero. Su primera banda reconocible fue The Spektors, donde tocaba la batería y realizaba coros, pasando a ser segunda voz principal al cambiar el nombre del grupo por The Valentines.

En 1970 le recluta una banda más profesional llamada The Fraternity como vocalista. Con ellos graba dos discos y ganan un concurso de bandas de rock que les permite ir al Reino Unido como premio, donde telonean algunos conciertos a Status Quo y Geordie, banda de rhythm & blues cervecero donde canta Brian Johnson, que terminaría ocupando su vacante en AC/DC. Al parecer, en aquellos conciertos Scott hizo cierta amistad con Johnson y al mismo tiempo se fijó en su forma de cantar, llevando siempre al límite la voz.

Al volver de Inglaterra la banda se separa momentáneamente y Scott regresa a sus trabajos disfuncionales que subvencionan las borracheras, militando en grupos de poco recorrido como Mount Lofty Rangers dirigidos por el músico Peter Head de la banda Headband. Cuentan que el 3 de mayo de 1974, durante un ensayo de la banda en el que Bon Scott se presentó completamente borracho, tuvo una pelea bastante dura con otro miembro del grupo, tras lo que se marchó en su motocicleta ignorando la ley de la gravedad que apunta que alcohol más velocidad es igual a desastre absoluto. Scott tuvo un brutal accidente que estuvo a punto de costarle la vida, pero que se saldó con tres días en coma y casi un mes hospitalizado de gravedad.

Vidas que se cruzan por casualidad

Cuando le dieron el alta médica su carrera como cantante prácticamente había terminado, pero su amigo Vince Lovegrove, con quien había compartido la voz principal en The Valentines y era el mánager de Mount Lofty Rangers, le ofreció trabajos de campo como pegar carteles, organizar los pedidos y conducir la furgoneta de la banda. Finalmente, Vince le consiguió un trabajo que le reportaría un cambio brusco en su vida, chofer de una nueva banda que se llamaría AC/DC.

Malcolm de 20 años y Angus dos años menor, marcharon de las faldas de su hermano mayor y en 1973 formaron AC/DC, apelativo que vieron en una chapa metálica en la parte trasera de la máquina de coser de su hermana Margaret y que reflejaba muy bien la música que pretendían hacer. Malcolm se quedó con la guitarra rítmica, mientras Angus se apoderó de la solista, completando la formación con Colin Burgess a la batería, Larry Van Kriedt al bajo y Dave Evans a la voz. Con esta formación la banda grabó un primer

Causa del fallecimiento de Bon Scott: asfixia provocada por una intoxicación etílica. Tenía 33 años.

sencillo llamado «Can I Sit Next to You Girl», que más tarde volverían a regrabar, pero la estabilidad de la banda se rompía en pedazos, sobre todo por las eternas discusiones entre Dave y Angus, que derivaron en que el clan Young despidiera a toda la compañía.

La nueva formación se reconstruyó con el bajista Mark Evans y el batería Phil Rudd, más la incorporación del cantante Bon Scott. La rumorología indica que el proceso para fichar a Scott fue muy diferente dependiendo de quién lo cuenta. Se dice que Scott conducía la furgoneta y cantaba las canciones de la banda en los traslados, por lo que cuando Evans fue despedido le ofrecieron el cargo a él. También hay una versión que apunta que su hermano George les presentó a Bon Scott cuando estaban buscando vocalista y que tras ver uno de sus conciertos instrumentales, porque ya no tenían cantante, Scott les dijo que eran buenos, pero demasiado jóvenes para poder seguirlo a él. Todo apunta que Malcolm le acusó de ser demasiado viejo para el rock y el pique terminó en una *jam* donde cada uno de los participantes jugaron a ver quién era el mejor dotado y de ahí surgió la química que los unió.

Otra versión muy diferente la ofrece Irene Thornton, esposa de Bon Scott, que apunta: «La primera vez que vio a AC/DC estaban tocando en el hotel Pooraka, no tenían un cantante esa noche y estaban tocando versiones instrumentales de viejos estándares de rock 'n' roll. Al final Vince Lovegrove presionó a Bon para que subiera al escenario. Se puso a cantar y hubo un vínculo instantáneo».

Puedes quedarte con la versión que más te agrade, al fin y al cabo aquí nació la leyenda y como todas las leyendas, tienen tanto de verdad como de mentira.

La autopista del infierno

Con esta formación AC/DC comenzó una carrera imparable a la cima del hard rock. Un par de discos exitosos en Australia y firmaron contrato de distribución con Atlantic, lo que supuso que en Estados Unidos se editaran compilaciones de sus primeros discos y que se les abriera el mayor mercado del planeta. Tras la edición de discos como *Let There Be Rock* y *Powerage*, AC/DC ya se habían convertido en una de las formaciones más importantes de hard rock del planeta, con ventas importantísimas y giras cada vez más multitudinarias, acompañando a bandas como Aerosmith, Ted Nugent, KISS, UFO, Blue Öyster Cult o Cheap Trick.

Pero la explosión de AC/DC y su transformación en una leyenda de la música rock se produjo con el álbum *Highway To Hell* de 1979 por varios motivos. El primero y más importante de todos se debe al fichaje de Robert John 'Mutt' Lange como productor. Hasta ese momento todos los discos de AC/DC habían estado producidos por Harry Vanda y su hermano George, pero el sudafricano Lange supo dotar al sonido del grupo de un empaque más contundente y convertir su música en un poderoso estallido de brillantez que lo acercaba más al hard rock.

La colección de canciones es soberbia y se puede ver la madurez alcanzada por Malcolm a la hora de fabricar riff contagiosos e imperecederos, sumada a la maestría de Bon Scott para lograr textos provocativos y belicosos de fácil asimilación como himnos, al mismo tiempo que en ese disco alcanza un registro vocal no logrado con anterioridad. Lange supo colocar la guitarra de Angus en un primer lugar omnipresente que configuró el sonido del grupo para la siguiente década. En definitiva, todo estaba diseñado para que el disco entrara bien lubricado en las radios de FM americanas, tal

Highway To Hell

y como hizo de forma espectacular. La controversia del título y la portada, acusada de satánica, no hizo otra cosa que avivar el éxito, siendo más oscura si cabe la portada destinada a la edición australiana, donde la banda está sumergida en un mar de llamas infernales, con el mismo Angus y sus cuernos de demonio.

Problemas en el estudio

El álbum fue el primero en entrar en el Top 100 americano alcanzando el #17 y teniendo ventas multimillonarias, al igual que en Australia y Europa. Sin embargo también produjo un desgaste que deterioraría en exceso las relaciones personales en el seno del grupo. En principio la decisión de cambiar de productor fue una resolución unilateral de la compañía que viendo las ventas de discos anteriores quería apostar por introducir al grupo en la radio norteamericana. El productor escogido fue el sudafricano Eddie Kramer, conocido por ser el ingeniero de sonido de los discos de Jimi Hendrix y dejar su imprenta con Led Zeppelin y KISS entre otros. La banda comenzó a trabajar con Kramer en los Criteria Studios de Miami, pero la química entre músicos y productor no parecía la adecuada, más bien se desplegó una alergia importante cuando Kramer rechazó trabajar sobre las maquetas que la banda había grabado en los Albert Studios de Sidney al mismo tiempo que pretendía que grabaran algunas versiones para el disco, como por ejemplo el clásico «Gimme Some Loving» de Spencer Davis Group. Kramer fue despedido y como recurso rápido se contrató a Lange y de esta forma no salir del presupuesto pactado y cubrir el timing exigido. El resultado fue brillante o al menos en opinión de los hermanos Young, que no de Bon Scott, que siempre manifestó que el sonido de la banda se había americanizado y perdido esencia. La relación personal entre Bon Scott y el clan Young nunca fue del todo buena, pero durante la gira de *Highway to Hell* se deterioró mucho más.

Camino a la autodestrucción

Bon Scott nunca había sido fácil de tratar, pues su carácter era complicado. Era una de esas personas que derrochan energía y consumen su vida como si no hubiera un mañana. Siempre estaba o buscando o predispuesto a la bronca, lo cual añadido a su afición desmesurada por la botella era una combinación explosiva y letal. Sus borracheras eran antológicas y en ocasiones podía desaparecer durante días. En más de una ocasión al finalizar un concierto se escabullía de fiesta y el resto de compañeros no sabían dónde localizarle, para aparecer justo antes de subir al escenario, en lo que seguro fue un calvario continuo para sus compañeros y que minó la relación con ellos, sobre todo con Angus.

Scott manifestó que no estaba de acuerdo con el giro que había tomado el sonido del grupo y pretendía que el siguiente disco fuera un retorno a las raíces, algo que no entraba en la planificación de los Young, más viendo el resultado obtenido por *Highway To Hell*.

La grabación de *Highway to Hell* fue un pequeño infierno por la irresponsabilidad del vocalista y no estaban dispuestos a pasar por el mismo calvario con el nuevo trabajo, sobre todo después de tener el mercado americano a sus pies. Esta es una posibilidad totalmente plausible y la única forma de entender cómo pudieron tener un recambio tan rápido tras la tragedia.

Por su parte Bon Scott había manifestado en alguna ocasión su intención de salir del grupo o al menos intentar hacer algo en solitario debido a que el sonido de la banda le ponía muchas limitaciones.

El 12 o 15 de febrero de 1980 se reunieron los hermanos Young con Bon Scott para comenzar la composición de los temas del nuevo disco, tal y como siempre trabajaban, se presentaban las ideas a guitarra y Scott tocando la batería para que más tarde el vocalista sacara los textos. Se sabe que se le presentaron a Scott dos temas, «Have a Drink On me» y «Let me put my love into you», pero resulta extraño que no hubiera más, puesto que en abril estaban apalabrados los estudios Compass Point Studios de Bahamas.

Durante esos días Scott estuvo en contacto con Bernard Bonvoisin, cantante del grupo francés Trust y gran amigo del escocés. Scott estaba trabajando en los textos de Bonvoisin para la grabación de un disco de cara al mercado anglófilo, mientras que la banda estaba grabando su nuevo disco en los estudios Scorpio Sound de Londres, un álbum que se llamaría *Repression* y en el cual se incluyo el tema «Ride On» donde colabora Bon Scott, siendo la última grabación de su vida, grabada el 14 de febrero.

El 19 de febrero Bon Scott fue encontrado muerto en un Renault 5 propiedad de su amigo Alistair Kinnear, configurando otra de las muertes más extrañas de la historia del rock. Se dijo que Bon Scott había muerto por una sobredosis de

Bon Scott fue hallado muerto dentro de un coche propiedad de su amigo Alistair Kinnear

alcohol y heroína, pero si bien es cierto que la probó, todos sus amigos y conocidos aseguran que odiaba la heroína. También se aseguró que murió ahogado en su propio vómito pero es rotundamente falso, por lo que todas las versiones coinciden en remarcar el fallecimiento por una ingesta desmesurada de alcohol, tal y como reza en su certificado de defunción, «muerte accidental por intoxicación aguda por alcohol».

A rey muerto, rey puesto

Según los hermanos Young, la banda estuvo valorando abandonar tras la muerte de Bon Scott, algo que a todas luces es más falso que una moneda de chocolate. La insistencia de la familia de Scott les convenció de continuar y en un alarde de rapidez, firmeza y lucidez extrema, bajo terribles circunstancia de duelo,

Bon Scott había forjado su propia leyenda al frente de los AC/DC.

fueron capaces de despedirse de su amigo, probar una larga serie de sustitutos como Stevie Wright de The Easybeats, Noddy Holder de Slade, Terry Slesser de Back Street Crawler, Allan Fryer de Fat Lip, Gary Pickford-Hopkins de Rick Wakeman y Brian Johnson de Geordie entre otros.

El 29 de marzo le comunicaban a Brian Johnson que era el nuevo cantante de AC/DC y el 1 de abril la banda presentaba oficialmente ante los medios a su nuevo vocalista, tan solo un poco más de un mes después del fallecimiento de su amigo Bon Scott.

La banda entró en estudio ese mismo mes y el 25 de julio se editaba *Back In Black* con una portada negra en homenaje a Bon Scott en señal de luto. El álbum entró directamente al #1 en el Reino Unido alojándose en esa posición durante dos semanas, mientras que en Estados Unidos se posicionaba en el #4 y permanecía en el Top 10 durante más de cinco meses. *Back In Black* se convirtió en el segundo álbum más vendido en Estados Unidos con más de 22 millones de copias, tan sólo superado por *Thriller* de Michael Jackson. En todo el mundo ha vendido más de 50 millones de discos.

El primer álbum de Brian Johnson como vocalista de AC/DC fue *Back In Black*.

El álbum de la polémica

Pero la edición del disco disparó la polémica. Todas las canciones estaban compuestas por Angus Young, Malcolm Young y Brian Johnson, sin acreditarse el trabajo de Bon Scott. Muchas opiniones del entorno del vocalista desaparecido aseguraron que al menos tres canciones eran de Bon Scott, «Have a Drink On me», «Let me put my love into you» y «You Shook Me All Night Long», tema este último que según asegura Silver Smith, su última novia conocida, Scott cantaba constantemente.

La leyenda asegura que existe una libreta verde donde Bon Scott iba apuntando ideas y escribiendo las futuras canciones, que jamás fue entregada a sus padres como parte de las posesiones de su hijo. La libreta si existía, desapareció misteriosamente y nunca más se supo.

Anna Baba, una de sus últimas novias conocidas, aseguró a la prensa que algunas de las canciones de *Back In Black* narraban experiencias que habían vivido juntos, que era literalmente imposible que otra persona las hubiera descrito de forma tan puntual y exacta. Para ella no cabe duda que los temas «Shake a Leg» o «Rock'n'roll ain't noise pollution» son obra de Bon Scott.

La revisión del estado económico del fallecido desveló que en su cuenta tenía 31.000 dólares, una cifra muy modesta para el compositor de los textos de *Highway to Hell*. En octubre de 1997 se puso en circulación la caja *Bonfire* en homenaje a Bon Scott, conteniendo dos discos en directo, *Live from the Atlantic Studios* y *Let There Be Rock: The Movie*, un tercero llamado *Volts* con rarezas y curiosamente una remasterización de *Back In Black*. El único sentido de incluir esta remasterización es el de rentabilizar en derechos de autor la edición del trabajo, pero no, desde luego, para homenajear a su compañero y teóricamente amigo.

Back in Black se considera el álbum-homenaje a Bon Scott que transformó a la banda en una leyenda.

El año 2020 se cumplieron los 40 años de la desaparición de Bon Scott y el mundo de la música se volcó en un profundo homenaje, internet se llenó de tributos, la radio expandió más su música, la televisión recogió sus vídeos y la prensa escrita, incluso la generalista y alejada de la música derramó ríos de tinta. Sin embargo se echó a faltar un detalle, AC/DC o lo que queda del grupo, no lanzó ni un triste comunicado al respecto.

Resulta curioso que Bon Scott estuvo en AC/DC algo más de cinco años, mientras que Brian Johnson ha sido el cantante principal durante más de 36 años, pero siempre ha tenido que pelear con la presencia omnipresente de Bon que lo relegó a ser el eterno «nuevo cantante» de AC/DC, respetado y querido, pero siempre con ese estigma adosado. Su personalidad o la falta de ella, su carácter y su forma de entender la vida, muy ceñida al clásico «Vive rápido, muere joven y tendrás un bonito cadáver», más la extraña forma de fenecer, elevaron la imagen de Bon Scott al Olimpo de los dioses del rock, desde donde mira todas las tribulaciones que se han escrito sobre él y seguro que se parte de risa.

La última borrachera de Bon Scott

Bon Scott es una de las figuras del rock más veneradas y respetadas, su imagen de rockero indomable, de gamberro impertérrito y borracho eterno, representan los esquemas de lo que para muchos es la esencia de esta música. Su tremenda y sórdida personalidad, aposentada por su gran voz rota y la colección de canciones irrepetibles que nos dejó, le han convertio en todo un mito, que muchos consideran más grande que el propio grupo que lo lanzó a la fama.

Su tumba del cementerio de Fremantle, ciudad que lo vio crecer, es uno de los puntos de peregrinación más importantes de Australia, obligando a las au-

La tumba de Bon Scott, lugar de peregrinación de los fans en Australia.

toridades de National Trust of Australia a incluirla en la lista de lugares patrimonio cultural del país. En su ciudad, la figura de Scott es aclamada como un semidios y se levantó una estatua en su nombre, tal y como tienen otros músicos a los largo de la geografía del planeta: Phil Lynott, Rory Gallagher, Jimi Hendrix, Stevie Ray Vaughan, Freddie Mercury y muchos más.

El 9 de julio de 2006, esa devoción desmedida y en ocasiones enfermiza, condujo a que unos fans, evidentemente trastornados, robaran la lápida de su ídolo, como recuerdo macabro del dios caído, justo el día que hubiera cumplido 60 años.

El 9 de febrero de 1980, Bon Scott de 33 años, fue encontrado muerto en el coche de un amigo, la causa certificada de su muerte fue intoxicación etílica y muerte accidental por broncoaspiración; es decir, se ahogó con su propio vómito.

La versión oficial de la muerte de Bon Scott sólo pareció convencer a sus compañeros de grupo, más preocupados por pasar el duelo lo antes posible y reiniciar su carrera profesional. Sin embargo hay demasiadas lagunas sobre lo que ocurrió la última noche de Scott, su última juerga

Estatua de Bon Scott en Fremantle, Western Australia.

se llevó demasiados secretos a la tumba y ha creado durante estos 40 años una de las teorías de la conspiración más controvertidas del rock.

Siguiendo el hilo que han dejado varias investigaciones a lo largo de estas cuatro décadas, intentaramos deshacer el ovillo y arrojar un poco de luz sobre su óbito o, por el contrario más incertidumbre, pero cumpliendo con la obligación de recordar que las teorías de conspiración son meras especulaciones, que las leyendas son una serie de elucubraciones imposibles de verificar, aunque en muchas ocasiones contengan más veracidad que las versiones oficiales.

Los últimos días de Bon Scott

Bon Scott había alquilado un apartamento de Ashley Court, cerca de Victoria Station en Westminster. El 18 de febrero de 1980 terminó de trabajar en algunas letras del nuevo disco de AC/DC y decidió que debía liberarse mentalmente. Llamó a Silver Smith, con quien mantenía una relación a medio camino entre amigable y sentimental, de hecho en la historia oficial de su muerte se dijo que eran expareja, pero no está del todo claro.

Bon Scott la invita a salir a tomar algo pero Smith le dice que no puede y le propone que acompañe a Alistair Kinnear, cosa que acepta y juntos se dirigen a The Music Machine en Camden Town, donde se presenta en concierto la banda Lonesome No More y The Only Ones, la nueva formación de Peter Pernett. Esa misma noche estaba en el club Billy Duffy, quien sería guitarrista de The Cult, pues había ido a estudiar la propuesta, que finalmente aceptó, de incorporarse a Lonesome No More. Al parecer tanto Bon Scott como Alistair Kinnear bebieron más de la cuenta, pero fue el vocalista de AC/DC quien se llevó la peor parte, por lo que Kinnear decidió llevarlo a su casa en su Renault 5. Aquí comienzan las incongruencias de la historia.

El extraño viaje hacia el final

En el trayecto desde The Music Machine al apartamento de Scott, este se desmayó por la borrachera. Siempre según Kinnear, le cogió las llaves del apartamento para ver si había alguien en él que le pudiera echar una mano para subir al borracho. Desgraciadamente, en el apartamento no había nadie y cuando Kinnear bajó a intentar subir a Scott se dio cuenta que había dejado las llaves dentro. Años más tarde Smith cambió esta versión explicando que Kinnear le había asegurado que no pudo abrir el apartamento porque las llaves se habían atascado en la cerradura y fue imposible sacarlas, pero el conserje del edificio dejó una nota que encontró la policía donde avisaba a Bon Scott que se habían encontrado las llaves tiradas en la escalera, la puerta del apartamento abierta y las luces y la radio encendidas. Kinnear llamó a Silver para explicarle la situación y pedirle consejo, siendo ella quien le propuso llevárselo a su casa, que Scott se marcharía al despertar la mona y no molestaría mucho. La versión de Silver apunta que cuando llamó Kinnear, estaba muy nervioso y alterado, proponiéndole llevar a Scott a su apartamento, pero ella se negó por estar con Joe Fury, amigo común y personaje que no existe o al menos como tal. Según Pete Way y Paul Chapman de UFO, Fury era un camello de heroína que deambulaba por la escena londinense, llegó a trabajar de *roadie* para UFO, Wild horses y Little River Band entre otros grupos, pero era un sujeto poco fiable. También se le conocía como Joe King, Joe Silver y Joe Furey entre otros seudónimos más.

Siguiendo el consejo de su amiga, Kinnear cruzó la ciudad y se llevó a Bon Scott a su casa, en el 67 de Overhill Road, pero al llegar comprobó que no podía con el cuerpo de Bon Scott y volvió a llamar a Smith, quien de nuevo le aconsejó que lo dejara durmiendo en el coche con una nota donde pusiera la dirección. Según ella, Bon Scott estaba acostumbrado a perder el control y el conocimiento por el alcohol y lo comprendería. Kinnear aseguro que subió a su apartamento y bajó unas mantas con las que arropó a Scott, dejó la nota y se fue a dormir tranquilo, pensando que cuando despertara subiría.

Según la declaración de Kinnear: «Debieron haber sido las cuatro o cinco de la mañana en ese momento, y dormí hasta las once cuando una amiga, Leslie Loads, me despertó. Tenía tanta resaca que le pedí a Leslie que me hiciera un favor, ir a ver a Bon. Lo hizo y regresó para decirme que mi auto estaba vacío, así que volví a dormir, suponiendo que Bon se había despertado y había tomado un taxi a casa». Alistair se despertó a media tarde y cuando bajó a su coche, aparcado en la misma puerta del apartamento, se encontró a Bon Scott dentro y sin respirar. Bon Scott fue trasladado al King's College Hospital en Camberwell, donde se certificó su defunción al ingresar el cadáver el 19 de febrero de 1980.

Los misterios de la historia

Alistair Kinnear desapareció misteriosamente al poco tiempo, en cuanto la investigación policial determinó que la causa de la muerte fue a consecuencia de la ingesta de alcohol. No se supo nada de él hasta 2005 cuando concedió algunas entrevistas ratificando su declaración de 1980.

Jon Fury también se esfumó de la escena londinense, pero en 2016 el periodista Jesse Fink lo encontró en Nueva Gales del Sur, Australia, dirigiendo un negocio de alquiler de automóviles. Fury fue señalado por el escritor australiano Clinton Walter en su libro de 1994 *Highway to Hell: The Life and Times of AC / DC Legend Bon Scott*, como camello del vocalista y personaje que le provocó una sobredosis de heroína. La misma acusación se esgrimió en un artículo publicado en la revista *Classic Rock* y firmado por el periodista Geoff Barton, basado en unas declaraciones de Paul Chapman de UFO. Chapman y su compañero Pete Way siempre han sido de la opinión que Bon Scott falleció a consecuencia de una sobredosis de heroína y de la reacción negligente de la gente que le acompañaba esa noche. Además apuntan sin nombrar a un compañero de AC/DC que horas después de la muerte de Bon, estaba comprando heroína de nuevo. Un compañero muy violento y peligroso, capaz de hacer cualquier cosa, en clara alusión al batería Phil Rudd.

En el año 2015, Zena Kakoulli, esposa de Peter Perrett de The Only Ones, banda que actuó en el The Music Machine la última noche de Bon Scott, le confesó a Jesse Fink que ella fue con Alistair y Scott al apartamento del primero, pero marchó pronto. Esta declaración de por sí tumba todas las admitidas en la investigación inicial, pero no se reabrió el caso.

Más extraño resulta que Paul Chapman recibiera una llamada de Joe Bloe, un australiano amigo de Chapman y Scott, a las diez de la mañana en la que le decía que Bon Scott había muerto. La llamada se produjo horas antes de que fuera encontrado el cadáver del vocalista. Al mismo tiempo, y para disparar la imaginación ante todo este caso, el apartamento de Alistair fue saqueado dos días después de la muerte de Bon Scott, en lo que para muchos fue el detonante de que desapareciera durante años.

Las lagunas existentes muestran muchas dudas. ¿Por qué Alistair no llevó a Bon Scott a casa de Silver, que estaba mucho más cerca que la suya? ¿Por qué Silver se negó y sin embargo permitió que estuvieran más de cuatro horas dando vueltas por Londres con Scott desmayado? ¿Por qué ante la gravedad no se lo llevó a un hospital? Si bien es cierto que pocos bebedores perdonarían un lavado de estómago por una borrachera habitual, ese día era evidente que no era como siempre. ¿Dónde estaba Leslie Loads, amiga de Alistair, que vio el coche vacío? Si hubiera estado en el apartamento podrían haberlo subido. Pero desapareció sin dejar rastro.

Las dos hipótesis más concluyentes que han aparecido en estos 40 años son las siguientes: Todo es tan locamente veraz como se contó, pero Bon Scott falleció a consecuencia de una hipotermia en el Renault 5. La ingesta desmesurada de alcohol produce una bajada de la temperatura corporal importante y la temperatura de madrugada en el interior de un automóvil pudo descender lo suficiente como para provocar una parada cardiaca. Aquí entra en juego la negligencia de los acompañantes y el hecho de que fuera mentira lo de taparle con mantas.

Pero quizás la más plausible y determinante es que la fiesta se les fue de las manos y Bon Scott falleció por el consumo excesivo de alcohol mezclado con la inhalación de heroína. Todos los personajes que estaban alrededor de él pertenecían al mundo del trapicheo con esa sustancia, sobre todo Kinnear y Fury, se asustaron y no supieron cómo reaccionar, construyendo una historia inverosímil, apoyada en unas coartadas insostenibles, pero que la fama de problemático y alcohólico del difunto les ayudó, ofreciendo una credibilidad añadida a la falta de interés por parte de la policía, ante un caso de fácil resolución.

Jamás terminaremos de saber qué ocurrió, porque la última persona que vio con vida a Bon Scott, Alistair Kinnear, fijó su residencia en la costa de Andalucía y justo un año después de su reaparición y de que comenzara a hablar del tema de nuevo, en junio de 2006, zarpó en un yate desde Marsella, Francia, hacia la Costa del Sol en Málaga, pero la embarcación desapareció en el Mediterráneo con dos personas más. Jamás se encontraron sus cuerpos y en 2015 fue declarado muerto oficialmente.

Amy Winehouse, cuidado con lo que deseas

El 23 de julio de 2011, el guardaespaldas Andrew Morris encontró muerta a Amy Winehouse en la cama de su piso de Camden, Londres. Había estado toda la tarde del día anterior con ella, y al parecer la había acompañado hasta las tres de la madrugada viendo vídeos y fotografías en internet. Cuando Morris se marchó, Amy se había quedado dormida en la misma postura que Morris la encontró por la mañana, más de siete horas después. Morris llamó a los servicios médicos que tan sólo pudieron testificar la defunción y poner el caso en manos de la policía metropolitana. Curiosamente la noticia del fallecimiento de Winehouse se filtró a la prensa, y para cuando llegaron los forenses ya había una muchedumbre de fans en las puertas del edificio.

Amy Winehouse falleció a los 27 años de edad, entrando en la zona VIP del Club de los 27, hecho que disparó la imaginación de los amantes de las conspiraciones, que comenzaron a realizar cábalas y especulaciones sobre su muerte. Lo que diferencia esta conspiración con otras de músicos ilustres que pertenecen a tan distinguido círculo,

Amy Winehouse conoció el éxito demasiado rápido y murió a los 27, como Joplin, Hendrix y Cobain.

como Jim Morrison, Brian Jones o Kurt Cobain, es que aquí no se dilucide sobre quién mató a Amy, o cómo se cometió el homicidio. Aunque veremos que también hay causas sospechosas en su muerte, parece ser que todos los implicados en la sociedad conspiranoica tenían claro que si no fue un suicidio premeditado, se trató de un largo camino de autodestrucción que desembocó en una conclusión que todos conocían de antemano y que ciertamente, pudo haber llegado con mucha anterioridad. En esta ocasión lo que había que dilucidar era quién arrastró a Amy al desenlace final, poner nombre al manipulador que embarrancó su vida y la arrojó por el precipicio, esclarecer quién era el verdadero culpable de su destrucción.

Un alma inconformista y débil

Para eso hay que indagar en la personalidad de Amy Winehouse, que lejos de ser sencilla, la componen una serie traumas emocionales que cimentaron un carisma y temperamento complicado. Nació al amparo de una familia judía que no consiguió inculcarle la religión, aunque sí le tenía un profundo respeto. Sus padres, Mitch y Janis Winehouse, se separaron cuando ella tenía 9 años y al igual que en el caso de Kurt Cobain, ese hecho traumático descolocó todo su universo. Dejó de ser la niña modélica y estudiosa, para convertirse en un *alter ego* contestatario y mal hablado. Su madre, una farmacéutica acomodada, se quedó con la custodia de los hijos, Amy y su hermano Alex, dos años mayor. Amy siempre sintió pasión por su padre, un

Mitch Winehouse, un padre ausente que no movió un dedo por salvar a su hija del abismo en el que se encontraba.

taxista amante de la música que le cantaba canciones de Frank Sinatra y otros estándares de jazz, pero que no entendió muy bien la complejidad de la paternidad y prácticamente desapareció de la vida de su hija, que no soportaba compartirlo con la lista de novias que le rondaban.

La rama familiar materna contaba con varios tíos músicos de jazz y su abuela disfrutó en su juventud de la embriaguez de los escenarios como vocalista profesional. Cada día fue perdiendo el poco interés que le quedaba por los estudios y reafirmando su mundo en torno a la música y los discos de Sarah Vaughan y Dinah Washington que escuchaba en el tocadiscos de su abuela. Pasó por la Escuela de Teatro Susi Earnshaw a instancias de su abuela Cynthia, quien vio en ella la llama del arte. Allí inició sus escarceos con la música formando parte de un grupo de rap, antes de ingresar en Sylvia Young Theatre School para perfeccionar sus conocimientos. A los 14 años abandonó los estudios para comenzar a componer su propia música, mientras que trabajaba en faenas dispares, incluso como periodista en *World Entertainment News Network*. En aquella época comenzó a tomar tranquilizantes para combatir problemas de ansiedad y agresividad, volcando una rabia excesiva sobre su madre, único progenitor que se preocupó siempre de ella, como si la culpara de la ausencia de la figura paterna.

Un nuevo talento que explotar

En 2000, con sólo 17 años, se convirtió en la vocalista principal de la prestigiosa National Youth Jazz Orchestra, con quien consiguió bregarse encima de un escenario y pulir su profesionalidad, al mismo tiempo que comenzaba a caer en el canto de sirenas del alcohol. Con 19 años su amigo, el cantautor Tyler James, le grabó una demo y se la presento a Simon Fuller, gerente artístico y empresario de cine y televisión que buscaba nuevos talentos para el reality show Idols, programa de formato concurso que años más tarde se ha puesto desgraciadamente de moda. James vio en Amy algo más que una futura concursante y la fichó para su agencia, pagándole 250 libras semanales en concepto de adelanto y con la condición de mantener en secreto su fichaje, pues Fuller quiso subastar la grabación que produjo con Winehouse entre el mundo discográfico, pero manteniendo el anonimato de la protagonista. Mientras que Fuller recorría pasillos en la ruta de los nudillos, Amy se recorría los pubs de Candem fogueándose como una voz habitual de la noche y una inquilina impertérrita de las barras de bar.

Finalmente firmó contrato con Island Records del grupo Universal y el 23 de octubre de 2003 se publicó su álbum debut, *Frank*, un rotundo éxito que la presentó como una de las voces más prometedoras de la escena británica. *Frank* alcanzó el #13 en la lista de discos británicos y el #61 en el *Billboard* americano. Con el disco llegó el entusiasmo crítico de la prensa anglosajona, la popularidad, los conciertos importantes y las giras, pasando del ostracismo a la triunfal popularidad, pero también regresó su desaparecido padre, Mitch, que se transformó en su sombra y poco a poco fue abarcando más territorio alrededor de Amy, hasta el punto de convertirse en una especie de mánager personal de la vocalista, disfrazado de padrazo amoroso y protector.

Del padre controlador al amante yonqui

Con las giras y conciertos multitudinarios aparecieron graves problemas de inseguridad, que se tradujeron en miedo escénico en las grandes citas, un trastorno conocido como enoclofobia o demofobia, que se traduce en un miedo irracional a presentarse delante de multitudes. Uno de los domofóbicos más conocidos fue Albert Einstein. El trastorno tiene diferentes tratamientos que pasan por la relajación o terapias cognitivas, pero para Mitch era un problema de falta de hábito que se solucionaría con el tiempo, cuando se tratara de una simple rutina profesional. Amy adoptó el remedio más fácil y peligroso, que encontró en el fondo de una botella. Su cura pasaba por recorrer los pubs de la ciudad donde realizaba el concierto y cerrarlos de madrugada, así como refugiarse en locales nocturnos de Londres donde participaba en jam sessions y consumía alcohol hasta caer desplomada.

En ese circuito conoció a Blake Fielder-Civil, un heroinómano de futuro incierto del que quedó prendada y en cierta manera prisionera. Su relación más tóxica de lo esperado, entró en una espiral de drogas y violencia desmesurada, con frecuentes peleas donde ambos eran receptores de palizas brutales. Circulan por internet unas fotografías de esa época donde aparecen los tortolitos con las ropas desgarradas y manchadas de sangre, como si se tratara de una película de terror de serie B.

Para muchos fans el caso de Amy y Blake es muy similar al de Kurt Cobain y Courtney Love, una relación venenosa donde ambos se retroalimentaban sus adicciones e inseguridades. En esta ocasión Mitch sí que se preocupó por su hija e intentó separarla del peligro que suponía su nueva pareja. Aunque no consiguió el efecto deseado, sí que blindó sus

Amy y Blake Fielder-Civil, una relación perniciosa llena de adicciones.

cuentas, siendo el único testaferro de la economía Winehouse, mientras que la salud de Amy se deterioraba a pasos agigantados y se negaba sistemáticamente a someterse a programas de desintoxicación que suponían de antemano separarse parcial y totalmente de una pésima influencia como era Blake.

En esa época Amy compuso el tema «Rehab», que alcanzaría un éxito espectacular, siendo uno de los temas más tristes y lamentables que se puedan escuchar, una devastadora apología de la autodestrucción:

«They tried to make me go to rehab
But I said, "No, no, no"
Yes, I've been black
But when I come back, you'll know, know, know
I ain't got the time
And if my daddy thinks I'm fine
He's tried to make me go to rehab
I won't go, go, go
I'd rather be at home with Ray
I ain't got seventy days.»

«Intentaron hacerme ir a rehabilitación
Pero dije: "No, no, no"
Sí, he estado puesta,
Pero cuando regrese, sabrás, sabrás, sabrás
No tengo tiempo

Y si mi papi piensa que estoy bien
Ha tratado de hacerme ir a rehabilitación
No voy a ir, ir, ir
Prefiero estar en casa con Ray
No tengo setenta días.»

El lado salvaje de la vida

La montaña rusa en la que viajaba se desplomó en 2006, primero por la muerte de su abuela materna Cynthia, que constituía el único pilar sólido de su identidad, más tarde al ser abandonada por Blake, quien regresó con su antigua novia.

Como suele pasar en el arte, el sufrimiento personal enaltece la creatividad al mismo tiempo que gangrena el alma. La mayoría de los temas de su siguiente disco están inspirados en estos dos hechos, que se presentaron como el choque de dos fallas geológicas que se tradujeron en un seísmo devastador. Amy adelgazó de forma sorprendente, posiblemente porque sus problemas de bulimia comenzaron ahí. Su comportamiento se hizo más errático y vagabundeaba entre las drogas y el alcohol.

Pero nada importaba, porque en octubre de 2006 se editó *Back to Black* y entró en el #1 de la lista de álbumes en el Reino Unido así como en numerosos países como España, Portugal, Escocia, Polonia, Noruega, Nueva Zelanda, Italia, Grecia, Alemania, Francia, Finlandia, Holanda, Dinamarca, Croacia, Bélgica, Austria y Australia, alcanzando el #2 del Billboard americano y misma posición para la lista yanqui de álbumes alternativos. Del álbum se han vendido 16 millones de copias en todo el mundo, más otro tanto de descargas digitales, obtuvo cinco Grammys,

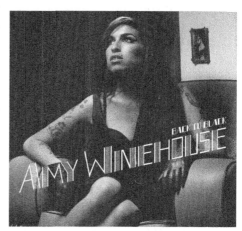

Back to Black es el segundo y último álbum de estudio de la cantante británica Amy Winehouse.

siendo la primera mujer en la historia en lograrlo. El disco fue grabado con la banda neoyorquina de Sharon Jones, los Dap-Kings, que
la acompañó en directo desde entonces. Se trata de un viaje a la música de los cincuenta y sesenta, cargado de blues, jazz y soul, marcado
por los grupos de féminas clásicos y un componente vital del sonido
Motown. Todo un decálogo de tristeza, traición, pena, incertidumbre,
desamor, infidelidad y soledad, marcado por la ruptura de su relación.
El ejemplo más cruel lo podemos encontrar en el último tema del disco, «Addicted».

«Tell your boyfriend next time he around
To buy his own weed and don't wear my shit down
I wouldn't care if brave would give me some more
I'd rather him leave you than leave him my draw
When you smoke all my weed man
You gots to call the green man
So I can get mine
And you get yours
Once is enough to make me attack
So bring me a bag and your man can come back
I'll check him at the door make sure he got green
I'm tighter than airport security team
When you smoke all my weed man
You gots to call the green man
So I can get mine and you get yours.»

«Dile a tu novio la próxima vez que venga
Para comprar su propia hierba y no gastar mi mierda
No me importaría si el valiente me diera un poco más
Prefiero que te deje que darle mi premio
Cuando fumas toda mi marihuana
Tienes que llamar al hombre verde
Entonces puedo conseguir lo mío y tú obtienes lo tuyo
Una vez es suficiente para hacerme rabiar
Así que tráeme una bolsa y tu hombre puede volver
Lo revisaré en la puerta para asegurarme de que se puso verde

Soy más estricto que el equipo de seguridad del aeropuerto.
Cuando fumas toda mi marihuana
Tienes que llamar al hombre verde
Entonces puedo obtener lo mío y tú obtienes lo tuyo
Soy mi propio hombre
Entonces, ¿cuándo aprenderás?
Que tienes un hombre pero yo tengo que quemar
No hagas ninguna diferencia si terminó sola
Prefiero tenerme y fumar mi cosecha propia
Me tiene adicta, hace más que cualquier polla
Sí, puedo obtener lo mío y tú obtienes lo tuyo
Sí, puedo obtener lo mío y tú obtienes lo tuyo.»

La presencia en escena de la banda Dap-Kings, dotó a Amy Winehouse de una solvencia poderosa en directo, realizando una serie
de conciertos antológicos donde pudo demostrar su valía y potencial,
pero la ruina interna que la carcomía floreció en la gira. Tras realizar
una primera parte de la gira británica y embarcarse en una tanda de
doce conciertos por EE.UU. y Canadá, donde la calidad fue la tónica
de la mayoría de los espectáculos, reapareció Blake Fielder-Civil en
su vida y justo terminar el último concierto del tour americano Amy
desapareció, casándose en secreto el 18 de mayo de 2007, en Miami
Beach, Florida, y dejando que la anarquía se instaurara de nuevo en su
vida. Blake, tal y como confesó varios años después de su muerte, fue
quien introdujo a Amy en las drogas ilegales y en esta ocasión, la utilizó para costearse todo tipo de adicciones, arrastrándola con él al vacío.

Los restos del naufragio

El 9 de junio comenzó en el festival de Isla de Wight una segunda
tanda de actuaciones británicas y en el interior del continente, donde
la actitud decayó bastante y la monotonía se instauró en ella. Por ejemplo, su actuación en el Festival Internacional de Benicàssim del 22 de
julio de 2007, que pasó con más pena que gloria. El 7 de noviembre
en el Hammersmith Apollo de Londres, ofreció un lamentable espectáculo, saliendo completamente ebria a escena sin poder terminar las

canciones, balbuceando estribillos irreconocibles y una postura desafiante ante el público que no dudó en abuchearla e insultarla. Una semana más tarde en el National Indoor Arena de Birmingham ocurrió más de lo mismo, pero ahí ya estaban los *paparazzis* en primera fila, como hienas esperando devorar la carroña y dar comienzo al linchamiento público al que se la sometió. Que posiblemente sea el más serio candidato a erigirse con la medalla de culpable de esta historia. La prensa amarilla y también la todopoderosa prensa musical británica, sometió a un tercer grado imperdonable a una chica de 24 años con problemas de inseguridad, adicciones varias y capacidad destructiva sobradamente demostrada. Todo ello derivó en que el 27 de noviembre se cancelaran todos los conciertos de ese año, un total de 17 fechas eliminadas del calendario, con un comunicado que afirmaba que había sido por prescripción médica, debido al agotamiento sufrido desde la edición del disco *Back to Black*.

Un día antes de la muerte de Amy Winehouse, su madre la encontró ebria y rodeada de botellas en su casa de Londres.

En ese periodo se inició una guerra entre los padres de Amy y los de Blake, con el objetivo de averiguar quién había inducido a quién al consumo de drogas y alcohol. Se vertieron acusaciones brutales y gravísimas, que la prensa recolectó orgullosa de su labor y sirvió en bandeja en el comedor de cada casa para la degustación popular del festín, el cual tenía un menú bien definido, la ignominia y oprobio de Amy Winehouse. La escalada de violencia de los progenitores fue tal, que ambos vaticinaron en la prensa el suicidio de su retoño por la criminal influencia del vástago contrario. Mientras los dos amartelados protagonistas reanudaron su maratón de estragos, con peleas cada vez más frecuentes, escándalos públicos e incluso automutilaciones para o bien llamar la atención del otro o en arrebatos de rencor, volcar acusaciones sobre el amante. Todo terminó cuando el 21 de julio de 2008, Blake entró en prisión condenado por agredir al dueño de un pub, al que le partió la mandíbula en julio de 2007, justo en la supuesta boda de miel, por lo que estuvo encerrado hasta febrero de 2009, por los cargos de agresión, intento de soborno y obstrucción a la justicia.

A principios de 2009 Amy se divorció de Blake y parecía que intentó retomar su vida, puesto que era una caricatura grotesca de lo que había sido. Vencida por las drogas, alcohólica, bulímica, envejecida, esquelética y cargada de cicatrices. Intentó rehabilitarse en una residencia de Santa Lucía, donde ofreció un mini concierto en el Sandals Resort de la pequeña nación caribeña, pero aquí entra de nuevo Mitch en acción, ahora como auténtico amo del corral. Mientras que Amy estaba en rehabilitación, se presentó en Santa Lucía acompañado de un equipo de televisión, con la sana intención de rodar un documental sobre la difícil situación que deben soportar los padres con hijos adictos. No vale la pena mencionar que dinamitó la rehabilitación como si hubiera echado un mechero encendido en la santabárbara de una toxicómana.

La ambición paterna que la destruyó

Mitch sacó antes de tiempo a su hija de rehabilitación, porque la necesitaba para que le ayudara a grabar y lanzar su primer disco, *Rush Of Love*, que se publicó en 2010. Un álbum mediocre con aires de crooner de jazz, que hubiera sido imposible que viera la luz, de no ser por la billetera y colaboración de Amy. Además con la osadía de proclamar en la prensa que con el disco ayudaría a su hija a salir del agujero: «El armario de mi camerino parece el armario de un lavadero y no hay Jack Daniels ni champán. Le enseñaré a Amy cómo hacerlo a lo grande».

Pero Mitch siempre ha gustado de ser el centro de atención, la guinda del pastel, el galán de cine que no pudo ser. También hizo sus pinitos en la televisión, presentando un programa en la cadena Living TV, donde él conducía un taxi por Londres y recogía como pasaje a famosos de todo tipo y les entrevistaba.

Desoyendo el consejo de los médicos, permitió que Amy reiniciara los conciertos en 2011 y lo peor de todo, es que comenzó en Brasil, con una mini gira por grandes estadios en la que aparecieron de nuevo todos sus miedos, cayendo de inmediato por un tobogán diabólico hacía en final de precipicio.

Tras terminar los cinco conciertos brasileños el 15 de enero en el Summer Soul de Sao Paulo, se tomó un descanso que no sirvió para otra cosa que para profundizar en sus fantasmas, reapareciendo el 11 de febrero en un concierto aislado y de caché multimillonario en el Gulf Bike Expo de Dubai, ofreciendo otro espectáculo bochornoso, completamente drogada y recibiendo el abucheo del público, por lo que cortó su actuación a media interpretación de «Rehab», con un set de sólo cinco canciones.

Pero lo peor está por venir y ocurrió en Kalemegdan Park de Belgrado el 11 de junio, delante de 20.000 personas salió al escenario con más de una hora de retraso, tambaleándose, sin apenas poder cantar, hablando con los músicos y abrazándose mientras estaban tocando; se intentó sentar en los monitores y terminó desplomada en el suelo. La respuesta del público fueron abucheos continuados e insultos, que además de impedir que se escuchara lo poco que balbuceaba, la puso más nerviosa, desentramando uno de los espectáculos más tristes y deprimentes que se han podido ver en un escenario, y digo podido ver, porque ese concierto fue retransmitido por miles de vídeos que se colgaron de inmediato en diferentes redes sociales y que rápidamente los noticiarios de medio planeta divulgaron igual que hubieran hecho con el inicio de la tercera guerra mundial. Se suspendió todo el resto de la gira programada que incluía Europa, Estados Unidos y Canadá, y fue el último concierto que ofreció y su funeral artístico, antesala del trágico final que se adivinaba estaba por venir.

El 23 de julio se encontró el cuerpo sin vida de Amy Winehouse. Se la enterró tres días más tarde sin conocer las causas de su muerte, realizándose pruebas toxicológicas post mortem que tardaron más de cuatro semanas en ver la luz. El informe de la forense Suzanne Greenaway reveló que Amy Winehouse había muerto debido a un fallo respiratorio tras caer en coma etílico. En su habitación se encontraron tres botellas vacías de vodka y en su organismo 416 miligramos por decilitro de sangre: 350 miligramos se considera un porcentaje letal.

La forense renunció a su cargo al cabo de unos años al descubrirse una serie de irregularidades cometidas, entre las que destacaba ser elegida a dedo por su marido, Andrew Reid, en 2009, además de conocerse que no tenía acreditada la experiencia necesaria para ejercer en el Reino Unido. Su renuncia reabrió una veintena de casos, entre los que se encontraba el de Amy, aunque el resultado fue el mismo.

Conclusiones abominables

Al año de fallecer, su padre publicó el libro *Amy, My Daughter*, donde narra su versión de la vida de su hija, cargando toda la responsabilidad sobre su exmarido Blake y adoptando el papel de padre redentor y salvador de almas. Desde entonces este taxista londinense ha editado otro álbum, igual de mediocre que el primero. Ha licenciado el uso del nombre de su hija para el grupo The Amy Winehouse Experience que desde 2005 realiza conciertos homenajeando a la desaparecida vocalista, con grandes giras por el Reino Unido. Preside y dirige los destinos de la Amy Winehouse Foundation, asociación creada en 2011 para ayudar a jóvenes con problemas de adicción. Al mismo tiempo controla todo el patrimonio de su hija y es el beneficiario de los derechos de autor y grabaciones. Parece que tiene planes para organizar una gira de conciertos con un holograma de Amy Winehouse al frente, tal y como se ha hecho con otros vocalistas como Dio o Maria Callas. En 2018 se supo que había firmado contrato con Monumental Pictures para la filmación de una película biográfica sobre Amy Winehouse, supuestamente basada en su libro y subvencionada por la fundación que dirige.

En 2015 el director de cine Asif Kapadia estrenó el documental *Amy*, premiado con numerosos galardones entre ellos el Oscar al mejor documental de 2016. En él, Asif argumenta que el verdadero culpable de la muerte de Amy es su padre.

Por su parte Blake Fielder-Civil ha pasado por la cárcel en varias ocasiones. Ha vendido exclusivas sobre su vida con Amy a la prensa sensacionalista, ha reclamado dinero a la familia Winehouse al mismo

tiempo que la ha estado vilipen-
diando desde la muerte de Amy.
En noviembre de 2019 fue detenido por quemar su propia casa e
intentar cobrar el seguro, actualmente está a la espera de juicio.
Ese mismo año el periódico sensacionalista *The Sun* denunció que
Blake les había pedido un millón
de libras por una serie de fotos ín-
timas que tiene junto a Amy; por
el momento no se han publicado,
pero no se descarta que termine
por hacer negocio. Pero lo que
más le quita el sueño a Mitch, padre de Amy, es que sabe de la exis-

La historia de Amy Winehouse
es uno de los relatos más tristes
de la historia de la música.

tencia de una pequeña libreta, donde Amy estaba trabajando en sus
nuevos temas, con canciones compuestas a guitarra y textos que probablemente estaban acabados. Esa libreta nunca apareció y es más que
evidente que podría estar en manos de Blake.

Ya tenéis todos los datos de esta conspiración, cada uno es libre
de sacar sus valoraciones, por mi parte creo que se trata de una de las
historias más tristes de la música. La trágica historia de una niña que
estaba perdida entre dos relaciones tóxicas, como sus tatuajes reflejan
perfectamente; en un pecho llevaba tatuado el nombre de su esposo
y en su hombro izquierdo The Daddy's Girl (La niña de papá). Una
estupenda voz que como ya ha pasado en otras ocasiones no supo gestionar su éxito, como ella misma explicó al periodista John Altman en
el *backstage* de un concierto, «Yo no quería todo esto. Sólo quería hacer
música con mis amigos».

Pero esta es una historia que refleja perfectamente el principio de
las leyes de atracción del universo: «Ten cuidado con lo que deseas
porque puedes llegar a conseguirlo».

El envenenamiento de B.B. King

El rey del blues, B.B. King, también sucumbió a las teorías de la conspiración, aunque la verdadera leyenda reside en cómo llegó a ser el monarca de un género menospreciado sistemáticamente, referente de guitarristas como Jimi Hendrix, Billy Gibbons o Eric Clapton, e ídolo de vocalistas tan dispares como Tracy Chapman, Van Morrison, Bono o Pavarotti.

Riley B. King nació el 16 de septiembre de 1925 en una choza de una aldea en las afueras de Indianola en el delta del Misisipi. Sus padres, Albert y Nora Ella King, trabajaban de aparceros en pleno dominio de las leyes de la segregación racial, que trataba a los esclavos peor que en la época de la esclavitud. De su infancia, recordaba el sonido de la música góspel, el scratch de los discos de blues a 78 rpm, la enorme depresión y el hambre que significaba, el sudor de trabajar de sol a sol, que se mezclaba con la sangre de las ampollas de sus manos y volver a casa viendo el cadáver de un negro linchado y colgado de un árbol por el Ku Klux Klan hasta que días más tarde se desmembró podrido por el sol.

B.B. King el auténtico The King Of The Blues

Separados sus padres, su madre y él recolectaban algodón para poder sobrevivir a un salario de 2,5 dólares la semana, por lo que cuando terminó la cosecha debían al terrateniente más de 15 dólares en concepto de alquiler de herramientas y el agua que gastaron. Fallecida su madre se trasladó a vivir con su abuela, quien le inculcó la religión y el amor por la música. Comenzó a cantar en un coro de góspel de la iglesia baptista y ahí tuvo su primera guitarra. Trabajó conduciendo un tractor al mismo tiempo que se ganaba algún extra tocando en el grupo eclesiástico Famous St. John's Quartet. La emisión del programa King Biscuit Time, presentado por Rice Miller en la KFFA Station de Helena, Arkansas, le descubrió el blues quedando atrapado por ese sonido.

El hombre que amaba el blues

Tras servir en el ejército durante la Segunda Guerra Mundial y casarse con Martha Demon a los 22 años, marchó a Memphis en busca de Rice Miller con la seguridad que su destreza musical se había ampliado en su periodo militar. Rice le ofrece el puesto de dj de su club por 12,5 dólares la sesión, por lo que abandonó el tractor que le aportaba 5 dólares semanales. Como dj comenzó a tener cierto prestigio y se le conocía como The Blues Boy from Beale Street (El Niño Blues de Beale Street), terminando de adoptar el seudónimo de Blues Boy King, mutando más tarde a B.B. King.

Su popularidad le facilitó tener su propio programa de radio, Before Blues, en la *WDI* de Memphis, que además le sirvió para empaparse

de todos los sonidos del blues y jazz que estaban a su alcance. En 1951 lanzó su primer sencillo «Three O'Clock Blues», que fue todo un éxito consiguiendo el #1 en las listas de race music y manteniendo la misma posición durante 15 semanas, ofreciendo la posibilidad de comenzar a actuar en directo, cosa que no desaprovechó e inició una rutina que mantuvo de por vida, cargar su

B.B. King inició su andadura en la música como disc-jockey en una importante emisora de radio de Memphis.

agenda de actuaciones de forma casi enfermiza, alcanzando los 275 conciertos en un año dentro del Chitlin Circuit, destinado sólo a negros. Esta devoción por el trabajo propició que su primera esposa no le aguantara más y se divorciara de él después de ocho años de relación. B.B. King se cimentó una gran reputación como músico de blues, sobre todo en directo, aunque editó cinco álbumes en la década y numerosos singles de éxito que le valieron el apelativo de Rey del Blues.

El año que publicó su primera grabación se produjo un hecho que ha pasado a formar parte de la leyenda del Rey del Blues. Estaba actuando en un local de Arkansas, típico del Chitlin Circuit, en el cual había un barril de queroseno en el centro de la pista, que a modo de estufa mantenía la temperatura de la gélida cochiquera, cuando una pelea entre dos varones cargados de testosterona, volcó el tonel y expandió el fuego rápidamente por todo el recinto, construido con material inflamable. Todo el personal salió despavorido, entre ellos King, que una vez en la calle se fijó que había dejado su guitarra dentro, por lo que volvió a por ella y justo cuando se consumó el rescate el techo del local se derrumbó. Al cabo del tiempo se enteró que la pelea era por disputarse la atención y caricias de una trabajadora del club llamada Lucille, por lo que decidió bautizar a su instrumento con su nombre para que le recordara que jamás volvería a hacer algo tan estúpido como lo realizado aquella noche.

Lucille es el nombre que B. B. King dio a su guitarra.

Codeándose con los grandes

Los sesenta trajeron una devaluación paulatina del blues entre la gente de color, que preferían los nuevos sonidos del soul, alejándose de una música que les recordaba al pasado, que para ellos era la banda sonora de la esclavitud y la resignación. En sus memorias recuerda que fue abucheado y expulsado del escenario en una ocasión, por jóvenes afroamericanos que querían que saliera Sam Cooke.

Sin embargo fue en esa década donde consiguió sus mayores éxitos, primero en 1962, cuando firmó con el sello ABC Records y publicó uno de los discos en directo más importantes del blues, *Live At The Regal*; más tarde en 1969 cuando alcanzó su mayor éxito comercial con «Thrill is Gone». Los sesenta, una década donde se casó y divorció por segunda vez, con Sue Hall, quien también pidió el divorcio por la gran cantidad de conciertos que King tenía al cabo del año y que la obligaba a vivir como una groupie o no verle en meses.

B.B. King comenzó a codearse con músicos de rock, que en la mayoría de los casos lo trataban como si fuera un auténtico Dios. Artistas como Eric Clapton, Elton John, Sheryl Crow, Van Morrison o Bonnie Raitt, sentían veneración por el guitarrista. Fue el primer músico de blues que realizó una gira por la antigua Unión Soviética en 1979 y el primero en hacer incursiones en el pop.

En 1987 fue incluido en el Rock and Roll Hall Of Fame, siendo uno de los músicos más respetados por la profesión. Ha conseguido un total de 15 premios Grammy a lo largo de su carrera y el presidente George W. Bush le concedió la Medalla Presidencial de la Libertad, reconocimiento que pocos artistas poseen. Creó su propio museo y el Centro de Interpretación del Delta, dedicado a preservar la memoria del blues albergando miles de grabaciones de todas las épocas.

King, que padecía desde hacía décadas de diabetes, comenzó a tener problemas serios de salud en 2014, realizando algunos conciertos donde el

George W. Bush y su esposa concediendo la Medalla Presidencial de la Libertad a B.B.King.

cansancio se notaba excesivamente y en algún caso su actuación fue algo errática. En abril de este año debió cancelar algunas fechas tras sufrir una crisis por agotamiento. El 3 de octubre de 2014 B.B. King se desplomó durante su actuación en el House of Blues de Chicago y se le diagnosticó deshidratación y agotamiento severo. Se canceló el resto de la gira de ocho shows y esta pasó a ser la última vez que B.B. King se subió al escenario. Un músico que estuvo más de sesenta años realizando una media de entre 250 y 360 conciertos, porque era un adicto al trabajo, a la música, al público y al blues.

Falleció el 14 de mayo de 2015 mientras dormía, a consecuencia de una demencia vascular, consistente en una serie de accidentes cerebrovasculares menores que un ictus, pero que conducen al deterioro cognitivo por la falta de flujo sanguíneo en el cerebro. Las causas fueron la diabetes y la hipertensión que padecía. B.B. King tenía 89 años y fue enterrado en el museo que lleva su nombre, en su ciudad natal Indianola. A su funeral acudieron miles de personas, configurando una de las procesiones fúnebres más multitudinarias realizadas a un músico de blues.

Sus dos matrimonios no le dieron ningún hijo, pero sin embargo cuenta con 15 hijos reconocidos de diferentes mujeres y a la hora de cerrar este libro hay interpuestas tres demandas por la posible paternidad de otros tres. King reconoció a todos ellos y se encargó de su manutención y educación, no en vano era un gran amante de los niños y realizaba una labor filantrópica importante en su educación. Era uno de los mecenas más importantes de Little Kids Rock, desde que su amiga Bonnie Raitt le introdujo en la asociación sin ánimo de lucro, que se dedica a repartir instrumentos musicales entre las escuelas de los barrios más desfavorecidos, para que los alumnos puedan impartir clases de música. Importantes benefactores son Carlos Santana y Chad Smith, batería de Red Hot Chili Peppers. En sus últimos años también colaboró activamente en una campaña para promover la lucha contra la diabetes infantil.

El festín de las hienas

Diez días después del fallecimiento de B.B. King, dos de sus hijas, Patty King y Karen Williams, denunciaron en el juzgado que su padre fue envenenado por su mánager LaVerne Toney y por su asistente personal, Myron Johnson. LaVerne, mujer afroamericana llevaba casi 40 años trabajando con King y siempre hubo rumores de que mantenían una relación. Desde que el guitarrista entró en un estado irreversible, sus dos hijas vertieron numerosas acusaciones sobre la persona de LaVerne, más cuando se hizo público que el bluesman la nombraba albacea de su fortuna, con el objetivo primordial de preservar el Museo B.B. King y el Centro de Interpretación del Delta, su legado más pre-

ciado. LaVerne también controla todos los contratos y derechos de autor de B.B. King y es la encargada de licenciar todas las recopilaciones y discos póstumos que se han publicado tras su fallecimiento.

LaVerne Toney

Patty y Karen acusaron en el pasado a LaVerne de aislar al músico de su familia con el objetivo de controlar todo su patrimonio, pero un juez dictaminó que no había base para una investigación. Más tarde, cuando King entró en fase terminal, intentaron impedir que se le recluyera en su casa, retirando los cuidados médicos en el hospital, pero LaVerne presentó un documento notarial en el que B.B. King obligaba a retirar el tratamiento agresivo y medicalizarlo en casa con tan sólo tratamientos paliativos hasta su muerte. Se acusó también de secuestrarlo durante los últimos días e impedir que las hijas pudieran despedirse, pero también era una voluntad designada por King. Finalmente se denunció en el juzgado que King había sido envenenado por LaVerne y su asistente Myron Johnson. Las dos hijas declararon que «la familia se mantiene unida para expulsar a la Sra. Toney por su conducta ilegal, sus conflictos de intereses y sus malos tratos, por mala conducta y no atender adecuadamente sus necesidades médicas». También hicieron pública su opinión en la Associated Press: «Creo que mi padre fue envenenado y que le administraron sustancias extrañas. Creo que mi padre fue asesinado».

Dichas acusaciones abrieron una investigación criminal que finalizó al cabo de un mes con la conclusión de John Fudenberg, juez instructor de Las Vegas de que no había ningún indicio de envenenamiento: «En este punto podemos afirmar que B.B. King falleció de causas naturales».

En la segunda causa, la jueza de distrito del condado de Clark, Gloria Sturman, afirmó el papel de LaVerne Toney como administrador único de los activos, bienes y fideicomisos de King. El abogado de B.B. King Eric Brent Bryson declaró: «Esto es extremadamente irrespetuoso con B.B. King. No quería procedimientos médicos invasivos. Tomó la decisión de regresar a su hogar para recibir cuidados paliativos en lugar de quedarse en un hospital. Estas acusaciones infundadas han llevado a King a someterse a una autopsia, que es exactamente lo que no quería».

Triste final para una gran historia, que terminó vapuleada por la codicia humana, aunque en este caso no se rompió el saco.

Chris Cornell y la mano que mece la cuna

Dentro de las teorías de la conspiración, como ya hemos dicho, a veces es más complicado creer la veracidad de la versión original. Con ello no quiero decir que todas las teorías posean un fondo de certeza, o que sea un feroz defensor de la conspiración como método ordinario de operar, pero el libre albedrío nos otorga la particularidad de poseer mentes retorcidas, cerebros pervertidos y temperamentos criminales, que pueden recrear las pesadillas más salvajes, las atrocidades más indignas y los desenlaces más facinerosos y cruentos que podamos maquinar.

Chris Cornell murió a los 52 años en la habitación de un
hotel de Detroit. Los forenses determinaron que se suicidó.

Un claro ejemplo de lo expuesto es la conspiración de Chris Cornell, vocalista de Soundgarden y Audioslave. Una de las voces más imponentes que ha tenido el rock y cuya muerte deja abiertas numerosas incógnitas, que además ha ofreció un giro dramático en junio de 2020, y que aporta una nueva perspectiva, con la obligación de revisar lo andado y construir un nuevo camino.

La última noche de Cornell

El 17 de mayo de 2017 Soundgarden ofrecía uno de los conciertos de la gira americana, en el Fox Theater de Detroit. Al finalizar la actuación, los compañeros del grupo Kim Thayil, Matt Cameron y Ben Shephard, junto con el resto del equipo técnico, se desplazaron en autocar de gira hacia Columbus, siguiente destino del tour; mientras Cornell se quedaba en un hotel de Detroit como era habitual, pues no podía dormir en los autocares y tenía previsto desplazarse en avión por la mañana. Junto con Chris Cornell se quedaba su guardaespaldas Martin Kirsten, contratado por Vicky Cornell, esposa del cantante.

Vicky habló esa noche con Chris y lo encontró muy raro, como adormilado, por lo que preocupada telefoneó a Kirsten para que acudiera a la habitación a comprobar cómo se encontraba. La habitación estaba cerrada y no contestaba nadie, Kirsten intentó que los empleados del hotel abrieran la puerta a lo que se negaron. El guardaespaldas volvió a comunicar con Vicky, quien le pidió que derribara la puerta y entrara en la habitación, cosa que hizo y se encontró con Chris Cornell ahorcado en el baño. Le quitó una cinta deportiva de su cuello e intentó reanimarlo sin éxito, al igual

Chris y Vicky Cornell

que el servicio de urgencias, que llegó solo para certificar su muerte.

Todo ese relato tiene un pequeño desfase de tiempo o error de raccord como dirían en lenguaje cinematográfico, una serie de conexiones incorrectas en la línea de tiempo de la narración. Kirsten declaró a la policía que el personal del hotel *MGM Grand Detroit* se negó a abrir la habitación 1136 alrededor de las 12:15 a.m del 18 de mayo, pero no fue hasta las 12:56 a.m que un empleado del establecimiento

avisó a la policía de que un cliente no respondía en el interior de
su habitación. ¿Cómo es posible
que se tardara casi media hora en
avisar a las autoridades en un caso
de un posible suicidio? Al parecer
pasaron más de cuarenta minutos
entre que se descubrió el cuerpo
de Cornell y llegó la ambulancia,
un tiempo extremadamente largo

Chris Cornell descansa en el cementerio
de celebridades de Hollywood.

si se entiende que a esas horas no hay tráfico, un tiempo sólo comprensible si se tardó demasiado en llamar a urgencias. Pero más inquietante es que un empleado de seguridad profesional, que tiene a su cargo a una persona con posible comportamiento suicida, no reaccione rápidamente y necesite la confirmación de la esposa de su protegido para entrar por la fuerza en la habitación.

Chris Cornell fue declarado muerto a la 1:30 a.m del 18 de mayo, una hora y media después de que Vicky llamara a Kirsten preocupada.

Diagnósticos y denuncias

El 1 de noviembre de 2018, Vicky Cornell presentó una demanda en el Tribunal Superior de Los Ángeles contra el Dr. Robert Koblin, médico de Chris Cornell, por mala praxis. Según Vicky, desde hacía año y medio, Koblin recetó grandes dosis de Lorazepam y Oxicodona a su marido, sin examinarle ni tener contacto con él. La demanda alega que hubo negligencia médica al no preocuparse por la tendencia del paciente a las adicciones, cosa que se produjo provocando una dependencia excesiva de Cornell hacia el Lorazepam. Según la denuncia «el uso sin supervisión de grandes cantidades de Lorazepam, aumenta el riesgo de suicidio al menoscabar gravemente el juicio, pensamiento y control de impulsos, así como disminuir ostensiblemente la capacidad de pensar y discernir con claridad».

El Dr. Richard Cote, presidente del departamento de patología de la Facultad de medicina Miller de la Universidad de Miami, contratado por Vicky Cornell para asegurar una segunda opinión independiente, aseguró que «los medicamentos que se encontraron, y sus niveles, indican dosis que perjudicarán la función mental y motora individual, pero que tienen efectos mucho más poderosos cuando se encuentran en combinación. Dadas las circunstancias, llegó a la conclusión de que los eventos terminales ocurrieron bajo un deterioro mental y motor significativo».

Además en el baño se encontró un frasco de Prednisona, esteroide que toman muchos cantantes en caso de tener laringitis y no poder cantar, pero que en combinación con el Lorazepam puede provocar cambios extremos de ánimo, depresión, confusión y pérdida de la realidad.

Es una evidencia que la autopsia realizada no fue del todo eficaz y se dictaminó rápida y erróneamente que la muerte fue por ahorcamiento sin que el consumo de drogas legales tuviera importancia. Tampoco se reflejó en el informe forense que Cornell presentaba una herida sangrante en la cabeza, que sí estaba ratificada en las cintas de audio de las comunicaciones entre la ambulancia y el hospital donde se trasladó el cadáver.

Con el ruido llegan las conspiraciones

En su contra siempre ha jugado la sospecha de que Vicky intentó evitar que la muerte de su marido fuera declarada suicidio para poder cobrar el seguro de vida, que queda exonerado de cualquier tipo de compensación económica en este caso.

Otro capítulo de esta conspiración acusa directamente a Vicky Cornell y el guardaespaldas Martin Kirsten, de ser los responsables de la muerte del vocalista. Sin aportar pruebas, ni tan siquiera indicios, levantan un relato en el cual existía un futuro divorcio y batalla legal por la custodia de los hijos, que los dos estaban compinchados y fue Kirsten quien asesinó a Cornell, organizando la coartada perfecta con el suicidio, las llamadas desesperadas de teléfono entre los dos, sus miedos al resultado final y escampar las sospechas volcándolas contra el médico y contra el departamento forense. Esta teoría no tuvo excesivo recorrido, aunque de vez en cuando regresa como un fantasma.

Pelea de gallos

Vicky nunca ha dejado de estar señalada con el dedo, y a principios de 2020 se sumergió en una pelea de gallos con el resto de Soundgarden. En diciembre de 2019, Vicky formuló una demanda contra Kim Thayil, Matt Cameron y Ben Shepherd, componentes de Soundgarden, por retener y ocultar royalties de las ventas de discos y no entregar a la familia Cornell lo que les pertenece. Como respuesta la banda acusa a Vicky Cornell de malversación de los dineros recaudados en concierto «I Am the Highway: A Tribute to Chris Cornell» en enero de 2019, donde se recaudó más de un millón de dólares para obras benéficas y que aseguran que fue utilizado en beneficio de la familia Cornell, mientras que Vicky se defiende asegurando que todo el dinero está justificado legalmente y acusa a Soundgarden de cometer un acto de hipocresía por cobrar 78.000 dólares en el concierto tributo a la memoria de su compañero. El último episodio de esta lamentable disputa asegura que Vicky Cornell posee unas cintas con las nuevas canciones de la banda, grabadas por todos en un multipistas, por lo que los músicos de Soundgarden afirman que les pertenecen y Vicky lo niega alegando que son temas de su marido.

Los miembros de Soundgarden: Kim Thayil, Matt Cameron y Ben Shepherd, junto a Cornell.

Todo esto es un espectáculo deprimente y patético, aireado a través de los medios de comunicación justo cuando se iba a cumplir el tercer aniversario de la muerte de Chris Cornell. Triste final para la historia de una gran banda que no se merecía dejar esta huella en su currículum y destrozar el enorme legado de su vocalista y líder.

La historia se repite con Chester Bennington

Apenas dos meses después de la muerte de Chris Cornell se repite la historia de forma espeluznante. Chester Bennington, vocalista y líder de Linkin Park fue encontrado muerto en su casa de Palos Verdes, California. El cantante de 41 años se ahorcó de una puerta de su casa con un cinturón, el día que su gran amigo Chris Cornell hubiera cumplido los 53 años.

Bennington tiene tras de sí una historia horrible de malos tratos y abusos, que le marcaron para siempre y que probablemente le llevaron a la muerte. Sufrió abusos sexuales por una persona cercana a su familia a los siete años, pero tuvo miedo de comunicarlo, pues como le pasa a muchas víctimas de abusos, tienen la sensación de que se les va a culpabilizar, estigmatizar como homosexual y marcar de por vida.

Chester Bennington dio sus primeros pasos en el mundo de la música al formar con el baterista Dowdell la banda Grey Daze.

El silencio provocó que los abusos fueran continuados hasta los 13 años, con el agravante de un divorcio traumático de sus padres y que su paso por el instituto fuera un episodio repetido de *bullying*. Chester comenzó a consumir drogas a muy temprana edad, y con 17 años era adicto a varias sustancias, entre ellas la cocaína, las anfetaminas y el alcohol. Su padre, que había obtenido su custodia lo mandó con su madre para intentar sacarlo de los ambientes que frecuentaba. Es curioso que su padre, siendo inspector de policía especializado en el abuso infantil, jamás se dio cuenta que lo estaba sufriendo su propio hijo.

Con su madre vivió encerrado durante un tiempo para desengancharse de las drogas, época en la que desarrolló un tremendo odio hacia el resto del mundo, pero que reprimió escribiendo poemas e interesándose por la música, marcado según él mismo explicaba, por la música de Depeche Mode y Stone Temple Pilots.

También es curioso que su carrera musical le llevó a ser durante un periodo corto de tiempo, el vocalista de Stone Temple Pilots, lo que era uno de los sueños de su vida. Chester no pudo compaginar sus tareas en Linkin Park con STP y tan sólo pudo llegar a grabar un EP con sus ídolos. Su gran obra musical está enmarcada en Linkin Park, con quien grabó 13 discos entre el año 2000 y 2017, además de cuatro trabajos anteriores con la banda Grey Daze.

Otra dudosa muerte para justificar

La causa de su muerte fue certificada como suicidio por ahorcamiento, infringido bajo un fuerte consumo de alcohol y drogas, en especial se apuntó a éxtasis, combinación letal si se mezcla con los antidepresivos que tomaba habitualmente. Todo era similar al suicidio de Chris Cornell, salvo que en el caso de Chester Bennington se encontró una carta en la cual el supuesto autor se despedía y pedía perdón a sus familiares y amigos, al mismo tiempo que a su esposa Talinda Ann Bentley y sus hijos. Pero en la carta se reflejaba el dolor y tristeza que Chester sentía por la muerte de su amigo Chris y la imposibilidad de superarlo: «Me inspiraste de formas que nunca podrías imaginar. No puedo imaginar un mundo sin ti». Cabe apuntar que muchos fans, la familia y la banda

Linkin Park, nunca le dieron veracidad a la carta de Chester, argumentando que no era su forma de escribir y mucho menos de pensar.

Desde el mismo día que se encontró el cadáver, Talinda negó rotundamente que su esposo se hubiera suicidado y mucho menos admitió que se encontrara bajo los efectos del éxtasis. Talinda relacionó su muerte con la de Chris Cornell, exigiendo una investigación exhaustiva que no se llevó a cabo. Salieron a la luz unos correos electrónicos que el matrimonio había recibido de un fan perturbado llamado Devon Townsend, quien los estuvo acosando durante algún tiempo, incluso amenazándoles de muerte. El sujeto fue denunciado y sentenciado a dos años de cárcel, por lo que se barajó la posibilidad de una venganza, pero una vez comprobado que no se encontraba en California, se descartó cualquier otra vía de resolución.

En diciembre de 2017 se filtró a la prensa la autopsia de Bennington, donde se dejaba bien claro que no existía MDMA en sangre, es decir no había rastro de éxtasis. También era insuficiente el alcohol contenido, por lo que tomó veracidad que sólo tomara dos cervezas que hallaron vacías en la habitación. Talinda cargó de nuevo contra la investigación, pero no se consiguió nada.

Tanto en el caso de Chris Cornell como en el de Chester Bennington, se realizaron esfuerzos sobredimensionados en destacar que se trataban de teorías de la conspiración, habituales en el mundo del rock, incluso medios de comunicación que jamás pierden el tiempo en nada que tenga que ver con la música rock, ocuparon más segmento horario en desmentir las teorías conspirativas que los propios hechos afirmados de forma oficial. Al mismo tiempo, algunos medios de comunicación difundieron unos mensajes, supuestamente hackeados de la cuenta de Talinda, que intentaban mostrar una relación sentimental con Mike Shinoda, compañero de Chester en Linkin Park, pero que nunca se pudo demostrar, pues la campaña cesó de inmediato.

El pizzagate y Randy Coy

Además de una profunda amistad, a Chris Cornell y Chester Bennington les unía su preocupación por los malos tratos infantiles y los abusos sexuales sobre menores de edad. Chris y su esposa Vicky crearon el año 2012 la Chris & Vicky Cornell Foundation, para recaudar fondos y apoyar organizaciones caritativas que ayudan a niños que se enfrentan a la falta de vivienda, pobreza, abuso y negligencia en todo el mundo. Chester Bennington era una de las figuras más importantes de la organización y trabajaba codo con codo con Chris.

Al poco de fallecer Chester Bennington, un exmarine de los Estados Unidos, reconvertido en periodista musical con su propio sitio web, TheMetalDen.com, publicó un extenso informe en el que recalcó que las muertes de Chris Cornell y Chester Bennington fueron asesinatos, cometidos porque estos dos cantantes y amigos vinculados a la lucha contra el maltrato infantil y el abuso sexual de menores, estaban en posesión de información para desmantelar una red de pederastia importante. Chris Cornell poseía un «Libro Negro» en el que figuraban nombres relacionados con el caso Pizzagate, entre los que destacan líderes políticos, algún presidente de los Estados Unidos, magnates de las finanzas, periodistas importantes y gente relacionada con el mundo de la televisión, el cine y la música.

En octubre de 2016 se supo que el Departamento de Policía de Nueva York estaba tras la pista de una red de pedofilia que podría manchar a altos cargos del Partido Demócrata. Dicha investigación fue sistemáticamente negada por la policía y la fiscalía, pero en noviembre de ese mismo año Wikileaks, publicó unos mails hackeados de la cuenta de correo de John Podesta, exjefe del gabinete de la Casa Blanca y responsable de la campaña presidencial de Hillary Clinton. El escándalo salpicó al propio Donald Trump, al descubrirse que el ataque informático fue llevado a cabo por un grupo de hackers llamado Fantasy Bear, vinculados a la Agencia de Inteligencia Militar Rusa y que pudieron influir en el resultado de las elecciones.

Lo que apenas trascendió y fue eliminado o desmentido y desacreditado rápidamente fue que numerosos correos vinculaban a Podesta con una red de tráfico sexual de menores a través de lo que denominaban «Fiestas de Pizzas» y en las que participaron importantes personalidades de todos los campos de la vida social y política americana. Dichas actividades delictivas se centraban en una pizzería de Washington DC llamada Comet Ping Pong, pero la totalidad de los medios de

Pizzagate es una teoría conspirativa que se hizo viral durante el ciclo de elecciones presidenciales de los Estados Unidos en 2016.

comunicación, independientemente de su color político desmintieron categóricamente dicha teoría y fue erradicada en el olvido.

Como una novela negra

No obstante cabe apuntar que quien filtró, a través de Wikileaks, la información del Pizzagate fue Seth Rich, empleado de 27 años del Comité Nacional Demócrata fue asesinado el 10 de julio de 2016, tras dispararle dos tiros en el espalda en el barrio de Bloomingdale, Washington DC. Rich falleció desangrado después de que ninguna ambulancia apareciera en más de 40 minutos, aunque se realizaron numerosas llamadas de transeúntes que lo atendieron. La muerte fue declarada como homicidio por robo, pero a Rich no le sustrajeron nada y según los testigos nadie le abordó, ni discutió con él, tan sólo se escucharon dos disparos y el joven cayó al suelo.

Randy Coy basa sus investigaciones en alguien cercano a la banda que no desea ser identificado por miedo. Cuestiona la versión oficial que justifica la sangre encontrada en el baño de Chris Cornell debido a que este se golpeó la cabeza con el pomo de la puerta, al convulsionar por el ahorcamiento. Coy pone en duda que si el golpe fue con el pomo de la puerta, sus pies deberían estar apoyados en el suelo, con lo cual no hay ahorcamiento, y que si fuera cierto, la sangre debería estar en la puerta o alrededor, no en la bañera situada al otro extremo del baño.

Otro punto conflictivo es que Cornell presentaba en la autopsia nueve costillas rotas y si bien es conocido que en la RCP (Reanimación Cardio Pulmonar) pueden llegar a fracturar alguna costilla en reducidos casos, es prácticamente imposible que sean tantas, para lo que hay que ejercer una violencia más propia de una paliza que de una maniobra de reanimación.

Coy va más allá del Pizzagate y asegura que existe una casta poderosa, similar a los Illuminati, que no sólo trafican con menores para fines sexuales, sino que realizan ceremonias satánicas donde asesinan niños para beber su sangre o utilizarla como ungüentos. Si esto te resulta muy macabro y poco creíble, deberías saber que no es la primera vez que se especula que la clase pudiente realiza esas prácticas, bajo la creencia de que la sangre joven purifica el alma y el cuerpo. Es conocido el caso de Enriqueta Martí, conocida como la Vampira del Raval, que a principios del siglo XX se hizo tristemente popular por secuestrar menores en Barcelona, ofrecerlos a la alta sociedad como mercancía sexual y asesinarlos para crear ungüentos y pócimas con su sangre, que supuestamente ingerían para curar la tuberculosis. No llegó a juicio pues fue asesinada en prisión en circunstancias desconocidas.

Jeffrey Epstein o la monstruosidad hecha realidad

La conspiración en torno a Chris Cornell y Chester Bennington desapareció de forma inusual de la palestra, en un caso a estudiar de cómo una suposición ni siquiera llega al estatus de leyenda urbana y es encarcelada en el olvido.

Sin embargo dos años más tarde, estalló el escándalo de Jeffrey Epstein, acorralado por las denuncias de mujeres que consiguieron que se realizara una investigación por la que quedó probado que Epstein violó a una cantidad innumerable de mujeres, la mayoría de ellas menores de edad y que a muchas les obligaba a

Jeffrey Epstein, muy amigo de personalidades mundiales a las que proporcionaba jóvenes para mantener encuentros sexuales.

mantener relaciones sexuales con miembros de la política, sociedad, incluso realeza británica, personalidades del mundo de la cultura, el cine y televisión, así como del negocio musical.

Un ser todopoderoso inmune a las leyes de los hombres, que se consideraba por encima del bien y del mal y que estuvo protegido por el gobierno de Estados Unidos, de la mano del Fiscal General de Florida, Alexander Acosta, que le ofreció un acuerdo de no enjuiciamiento por declararse culpable de delitos menores y quedar inmune a toda investigación posterior. Fue condenado a 18 meses de prisión en un ala privada de la prisión del Condado de Palm Beach.

Finalmente el 6 de julio de 2019, Epstein fue arrestado en el aeropuerto de Teterboro en Nueva Jersey por cargos de tráfico sexual. Se demostró que poseía una isla privada donde organizaba orgías con personalidades de todo el mundo y en la que obligaba a menores a mantener relaciones con ellos. Se descubrió que Epstein había violado a centenares de mujeres, la mayoría menores de edad, por lo que los cargos contra él podrían llevarle a cumplir cadena perpetua, pero el 10 de agosto de 2019 fue encontrado muerto por

La isla que poseía Epstein en la que se celebraban los escabrosos encuentros sexuales con jóvenes.

ahorcamiento en su celda del Centro Correccional Metropolitano de Nueva York. Su muerte, en circunstancias absolutamente irracionales y sospechosas, dejó sin justicia a las numerosas víctimas de sus abusos, pero lo más importante acalló los nombres que estaban apuntados en su lista de pederastas, monstruos que han quedado impunes, al menos de momento.

Alexander Acosta consiguió el puesto de secretario de trabajo del gabinete de Donald Trump, pero tras el escándalo Epstein se vio obligado a dimitir, para no salpicar al propio presidente amigo personal de Epstein y habitual en su casa.

El 25 de mayo de 2020, un afroamericano falleció en una detención irregular en Mineapolis, provocando una oleada de revueltas de la comunidad negra. Las protestas se transformaron en una verdadera revolución social en Estados Unidos, contra la violencia policial y el racismo en el país.

Bajo esa deseada revolución apareció de nuevo el colectivo Anonymous, grupo de hackers informáticos que son tachados de antisistema, pero que muchos ven como un grupo de resistencia contra los abusos de poder. Anonymous filtró un documento judicial en el que consta una denuncia sobre Donald Trump, por violar a una menor de 13 años, al mismo tiempo que asegura que era un asiduo usuario de la red de tráfico sexual de menores de Jeffrey Epstein.

El colectivo de hackers asegura estar en posesión de un «Libro Negro», concepto que ha aparecido en la explicación de la teoría de la conspiración de Chris Cornell, en el que figuran centenares de millonarios y personalidades de todos los ámbitos de la sociedad internacional, nombres como Trump, Tony Blair, Michael Bloomberg, Alec Baldwin, Kevin Spacey, Elizabeth Hurley, Naomi Campbell, el príncipe Andrés (Duque de York) y Mick Jagger. Muchos son los que piensan y argumentan que dicho «Libro Negro» era propiedad de Cornell y el motivo principal de su asesinato.

Filtraciones de Anonymous

Anonymous asegura que Michael Jackson fue asesinado por su decisión de denunciar esta supuesta red de corrupción infantil liderada por Epstein y que se le desacreditó, precisamente, acusándolo a él de pederasta y abusador de menores.

Pero sus afirmaciones van más allá y apuntan que el DJ Avicii, cuya muerte se produjo el 20 de abril de 2018, en lo que fue declarado como un suicidio por las heridas autoinfligidas con una botella de vino rota, hasta desangrarse, se trató de un asesinato porque tenía intención de denunciar la trama Epstein.

Kurt Cobain, del cual hemos visto una trama conspiratoria con anterioridad, podría haber sido otro objetivo eliminado, por las mismas causas que las anteriores víctimas. Lady Di, no habría muerto en un accidente de automóvil mientras era perseguida por los paparazzis, sino por considerarla una amenaza para la Casa Real británica en toda esta trama pedófila.

Finalmente están Chris Cornell y Chester Bennington, dando credibilidad a las teorías de su asesinato por la investigación sobre la red de tráfico sexual de menores que iban a desvelar y de la cual tenían toda la documentación en el famoso «Libro Negro».

Este no es el final, pues la amenaza de Anonymous es desvelar todos los secretos ruines de Jeffrey Epstein, por lo que probablemente estamos ante la mayor teoría de la conspiración de todas las expuestas. Puede que nos parezca monstruosa y fuera de lugar, increíble de aceptar por el cerebro humano, pero no es algo tan extraño, aunque queramos negar la evidencia como protección moral y ética.

No es necesario que el sueño de la razón produzca monstruos, porque los tenemos en nuestro propio interior y posiblemente dependa de nosotros mismos que no florezcan.

III. HISTORIAS FASCINANTES

No todas las leyendas están enmarcadas en cercados de la conspiración y aunque abarcan bulos, mentiras y traiciones, el contenido es auténtico y veraz. Desde que un músico sea denominado como un dios del firmamento, hasta que el poder de una fotografía es tan sutil y poderoso como el poder destructivo que provoca el egocentrismo, dotando de una coreografía dantesca al lucro perseguido. Porque nada es cómo parece ser y nunca se muestra lo que realmente es.

Clapton is God

No cabe duda que Eric Clapton es uno de los mejores guitarristas de la historia, que además tuvo una ascensión al éxito meteórica y proporcionalmente ligada a su falta de decisión, su carácter errante y esa personalidad complicada que no le dejó jamás disfrutar de lo que tenía.

Él mismo ha reconocido en su autobiografía que su vida estuvo marcada por la decepción y el engaño, provocado por el hecho de descubrir con sólo 9 años que quienes creía sus padres en realidad eran sus abuelos, y que su madre no era otra que la que trataba como su hermana mayor, quien lo había engendrado con un joven soldado

Imagen de un jovencísimo Eric Clapton.

canadiense, que regresó a su país al terminar su alistamiento. Años más tarde su madre se casó con otro soldado canadiense y se marchó a vivir a Alemania, dejando a Eric con sus abuelos, que adoptaron la figura paterna. Pirueta irónica y cruel que realiza la vida y que le marcó con enormes fobias, inseguridades y una personalidad complicada y en ocasiones tirana. Este hecho lo separó definitivamente de su familia y ocasionó que fuera un chaval conflictivo en los estudios. Obsesionado por su descalabro materno se refugió en la música como método de aislamiento y superación personal, pero arrastrando el lastre que heredó de su familia.

Ese lastre lo configuró como una persona que jamás estaba de acuerdo con nada de lo conseguido, que todo debía de ser como él creía y sobre todo, tenía un sexto sentido para destrozar todo aquello que era positivo para él, tanto a nivel profesional como personal.

El camino del éxito

La carrera musical de Eric Clapton se inicia cuando a los 13 años su auténtica madre le regala una guitarra acústica Hoyer y el niño se obsesiona con el instrumento. Dos años más tarde era un auténtico virtuoso del instrumento de seis cuerdas, lo que se debía añadir a su pasión desmesurada por el blues auténtico americano, el blues que escuchó en los discos que traían los soldados americanos y que en Londres comenzaba a hacerse un hueco entre las bandas de skiffle y el beat.

Con 16 años ya se recorría los pub de Surrey su ciudad natal, con un dúo formado junto a Dave Brock, quien más tarde fundaría Hawkwind, pero que no duró mucho por la negativa de Dave a tocar sólo blues negro. Con 17 años recién cumplidos se unió a una de las primera bandas de rhythm & blues británico, The Roosters, donde formó dúo guitarrero con Tom McGuinness, que terminaría siendo fundador de Manfred Mann. Es importante resaltar la ebullición que

se estaba produciendo en Inglaterra en esos años, todo un hervidero de grupos y músicos que mutan constantemente de formación y nombre, pero que configuraron la generación que cambió el sentido de la música años más tarde.

Con The Roosters sólo permaneció seis meses, tras lo que fichó por Casey Jones & The Engineers, quien le ofreció una gira de siete concier-

The Roosters

tos, algo que cada día le resultaba más atractivo a Clapton; el público y cómo encandilarlo, ganárselo e hipnotizarlo, aunque en su constante contrariedad, le daba pavor, terror, defraudarlo, ser una medianía, él quería ser el mejor y para eso trabajaba desde niño.

La leyenda de Mano Lenta

Al terminar la serie de conciertos con Casey Jones & The Engineers, Clapton ya tenía varios novios que lo pretendían cortejar, aceptando la relación con The Yardbirds, una de las formaciones más podero-

sas del rhythm & blues británico, afianzando un sonido muy cercano al blues de Chicago, marcado por músicos como Buddy Guy, B.B. King y Freddy King, hecho que fascinó a Clapton, en su cruzada particular por llevar el auténtico blues al gran público.

Eric Clapton al frente de los Yardbirds.

Con The Yardbirds tuvo su primer contacto con el blues negro americano, acompañando al gran bluesman Sonny Boy Williamson en una serie de conciertos de los que se publicó el disco *Five Live Yardbirds and Sonny Boy Williamson*.

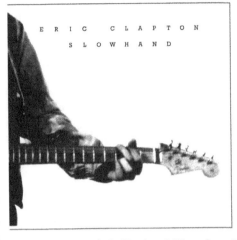

Eric Clapton, apodado Slowhand (Mano Lenta)

Fue en esa época cuando se creó la leyenda del apodo de Eric Clapton, Slowhand (Mano Lenta), que durante mucho tiempo se pensó que era consecuencia de su forma de tocar la guitarra, aguantando mucho las notas y dando la impresión de tocar muy lento, un tipo de blues casi arrastrado.

Sin embargo es mentira, el apodo se lo colocó Giorgio Gomelsky, quien era el dueño del Crawdaddy Club de Londres, donde The Rolling Stones tenían la residencia. Según cuenta Chris Dreja, el otro guitarra de The Yardbirds, Gomelsky les contrató para sustituir a los Stones, y ahí surgió el apodo.

En los conciertos era habitual que Clapton rompiera alguna cuerda y como no tenía un instrumento de recambio, se giraba de espaldas al público y la cambiaba allí mismo. El público de la sala, que quería ver como Clapton tocaba su guitarra, comenzaba un aplauso lento, como si quisieran ralentizar la música para que Clapton se pudiera enganchar de nuevo, todo esto ponía muy nervioso a Gomelsky, por lo que apremiaba al joven guitarrista a darse prisa y terminó llamándole Mano Lenta por desesperación.

La puerta de salida

Pero Clapton no aguantó mucho en The Yardbirds o mejor dicho, la banda no le aguantó durante mucho tiempo a él. Tras el éxito de The Rolling Stones con una cover de Chuck Berry, «Come on», que habían domesticado y pasado por un tamiz casi pop, las bandas de rhythm and blues británico se lanzaron a la caza del hit y The Yardbirds comenzaron a hacer lo propio.

En 1965 tuvieron su primer éxito comercial con el tema «For Your Love», compuesto por Graham Gouldman, quien años más tarde fundaría 10CC. Clapton se negó en rotundo a seguir por ese camino y quiso obligar al resto de la banda a regresar a su querido blues, que no sólo no aceptaron, sino que le enseñaron la puerta de salida.

Los comportamientos de Clapton eran del todo infantiles, como no hablarse con ningún compañero en los viajes o tocar desganado el single de éxito. Jim McCarty, batería de The Yardbirds lo explicaba así años más tarde: «Eric tenía un cierto estilo que quería que hiciéramos. Dejarlo ir de la banda fue un alivio. En ese momento estaba muy malhumorado y no podíamos aguantarlo, por lo que cuando lo dejamos ir, Clapton fue libre de perseguir a su musa, el blues».

Tras la marcha de Eric Clapton, The Yardbirds encontraron relevo en Jeff Beck y más tarde en Jimmy Page, coincidiendo ambos durante un breve periodo de tiempo al que pertenece esta foto.

Rápidamente, Clapton fichó con John Mayall & The Blues-breakers, formación que estaba más predispuesta a seguir los pasos del purismo reclamado por Clapton. Durante un breve periodo de tiempo perteneció a ambas bandas y fue justo en esa época cuando surge la leyenda de Clapton Is God.

Eric Clapton con John Mayall
y The Bluesbreakers.

A principios de 1966 apareció un grafiti pintado en una pared cercana a la estación del metropolitano de Islington, en la que rezaba el eslogan Clapton Is God (Clapton es Dios), se supone que en referencia a la calidad excepcional del guitarrista, pero él se lo tomó como un insulto en un principio, debido a que estaba saliendo de mala manera de The Yardbirds y le exponía ante el público, algo que detestaba.

La pintada fue recogida en una famosa fotografía, donde se ve a una anciana paseando un perro negro que está orinando justo debajo de la pintada, mientras la mujer mira a cámara. Esa foto se ha convertido en un icono de la cultura pop y hoy en día se puede encontrar en todo tipo de merchandising, fotografías y en versiones diferentes. La imagen corrió como la pólvora y fue imitada por fans de medio

Londres por lo que a las pocas semanas habían pintadas por toda la ciudad y cuando Clapton visitó Estados Unidos con Cream se las encontró en Nueva York. Siempre se especuló con dos versiones de este hecho; la primera que se trataba de un fan muy alocado que realmente lo pensaba, incluso se dijo que podría ser una chica enamorada de Clapton, pues si bien él no tenía nada de *feeling* con las mujeres, era atractivo, tenía el sex appeal de los músicos y siempre iba vestido a la última moda.

La otra versión que circuló indicaba al mismo fan, chico o chica da igual, fue sorprendido por la presencia fortuita de un policía, conocidos como *bobbies*. Ante la posibilidad de que le pillaran *in fraganti*, con los nervios y las prisas por acabar, se olvidó de poner una segunda «O», pues su intención era poner Clapton Is Good (Clapton es bueno).

La realidad es mucho menos romántica. Años más tarde el propio Clapton declaró a la prensa que desde un principio pensó que la pintada la había hecho Hamish Grimes, joven contratado como chico de los recados del mánager de The Yardbirds, Simon Robert Napier-Bell. Al parecer fue todo parte de una estrategia para intentar que Clapton se quedara en la banda, pero la jugada no dio el resultado adecuado y el resto de músicos terminaron por echarlo del grupo.

El día que humillaron a dios

Otra de las tareas de Hamish Grimes era calentar al público en los conciertos, colocándose en primera fila y aplaudiendo como si le fuera la vida en ello en cada canción, cada movimiento de algún músico, cada solo de guitarra, una labor que funcionó, tanto que le encomendaron otra. Vitorear el nombre de The Yardbirds y en especial Eric Clapton cuando estaba tocando el grupo anterior, en una práctica nada deportiva, pero que conseguía que la gente esperara enfervorecida la salida de The Yardbirds. De esta época surge otra leyenda que es totalmente falsa, pero que reflejamos ahora.

Según quien la cuenta, los protagonistas pueden ser The Graham Bond Organisation, The Zombies, Manfred Mann o Pretty Thing, incluso la historia varía y coloca en el punto de mira a la banda americana Grand Funk Railroad, que ya pertenece a la época en que Clapton estaba en Cream.

La leyenda cuenta que la banda en cuestión estaba realizando un concierto en el Crawdaddy Club de Londres y que en casi todos los temas en lugar de aplausos generalizados escuchaban abucheos que se iban esparciendo, hasta que llegó un tema donde al terminar el solo de guitarra fueron insoportables. La banda cabreada hizo algo que jamás se debe proponer en directo, comentar que «si hay alguien que cree que puede hacerlo mejor, aquí tiene mi guitarra». Ni que decir tiene, que la leyenda dice que los abucheos los provocaba el joven Hamish Grimes, quien empujó al escenario a Clapton y este no hizo otra cosa que terminar de humillar a la banda.

Podéis imaginar que es una leyenda urbana falsa, que se reproduce en numerosas ocasiones y no sólo en el rock, hay historias sobre humoristas sin gracia que retan al público y de entre las butacas salta un crack del humor para destrozarlos. Sin embargo, algo parecido sí que le ocurrió al todopoderoso dios Clapton, pero con su consentimiento y quedó completamente humillado y destrozado.

Cuando Chas Chandler, quien había sido bajista de The Animals y después cruzó la línea y se dedicó a la representación artística, conoció a Jimi Hendrix, sabía que estaba delante de alguien que no era normal, que nadie tocaba la guitarra como él y que Estados Unidos no estaba preparado para comprenderlo, por lo que se lo llevó al Reino Unido. Dicen que la única condición que puso Hendrix fue conocer a Jeff Beck y Eric Clapton, por lo que el trato estaba cerrado.

Era septiembre de 1966 y el epicentro musical del planeta estaba en Londres y la estrella que más brillaba se llamaba Cream, el primer súper grupo de la historia, formado por Jack Bruce, Ginger Baker y Eric Clapton, un trío power blues donde cada uno de los músicos era lo mejor del planeta en su instrumento, o al menos eso creían.

Jimi Hendrix y Eric Clapton
de su época de los Cream.

Chandler acompañó a Jimi Hendrix a un concierto de Cream y les hizo la solicitud de si podría improvisar con ellos un tema. Nadie se atrevía jamás a hacerlo, era imposible, ningún músico inteligente podría seguirles y quedaría destrozado en el escenario, más si con quien te tenías que comparar era con la divinidad de Clapton. Cream aceptaron, no sin advertirle a Chandler de que no iban a tener piedad de su pupilo. Hendrix pidió tocar «Killing Floor», un tema de Howlin' Wolf que a Clapton le encantaba, pero que consideraba muy complicado de tocar.

Hendrix se enchufó en el ampli del bajista Jack Bruce y empezó el espectáculo. Desplegó todo su artilugio de secretos y artimañas, sa-cando un sonido brutal de su guitarra Fender, mientras que la Gibson de Clapton parecía muda. Pero no sólo eso, Hen-drix se tiró al suelo, se subió encima de la guitarra, fornicó con ella, se la echó a la espalda siguió tocando con la lengua y los dientes y con unos paráme-

tros que nadie había visto jamás… a medio tema Clapton dejó caer las manos, desenchufó su guitarra y se retiró a camerinos. Según contó Chandler que bajó a verle, estaba tan nervioso que no era capaz de encenderse un cigarrillo y sólo pudo decir con los ojos marcados de lágrimas: «¿Es tan bueno como parece?». Por Londres corrió el rumor que un nuevo guitarrista que había llegado a la ciudad había matado a dios, había matado a Clapton.

Cream, el primer gran supergrupo de la historia, formado por Jack Bruce, Ginger Baker y Eric Clapton.

La guitarra de Jimi Hendrix

Y como hemos tenido la aparición estelar, nunca mejor dicho de Jimi Hendrix en Londres, podemos emigrar a Estados Unidos para recibir con todos los honores al hijo pródigo, porque de eso se trató, *Veni, vidi, vici*.

El 18 de junio de 1967, dentro del marco del Monterey International Pop Festival, se presentó el guitarrista americano Jimi Hendrix con su banda The Experience. Un total desconocido para el público presente, que esa misma noche se metamorfoseó en la estrella más importante del firmamento rock y nunca, ni siquiera tras su muerte, se ha podido eclipsar su brillo e impacto. Hoy en día, más de medio siglo después de su desaparición, sigue siendo el guitarrista más venerado y respetado del engalanado *backstage* del rock.

Esa noche, Hendrix se convirtió en una leyenda por su técnica, puesta en escena y por quemar su guitarra en el escenario, en una de las imágenes más icónicas de la historia del rock. Pero esa noche se produjo una alineación de astros que descargaron sobre Monterey su polvo estelar, para que un ejército de más de 90.000 personas asistieran a algo inmenso que reflejamos en este capítulo del libro.

Jimi Hendrix es, sin duda alguna, el padre de la guitarra de rock moderna.

Un americano desconocido

James Marshall Hendrix, verdadero nombre de uno nuestros protagonistas, nació el 27 de noviembre
de 1942 en Seattle, en el seno de
una familia completamente deses-
tructurada. Su madre de descendencia Cheroqui tuvo que cuidar
sola del pequeño, mientras su padre descendiente de afroamericanos, fue reclutado para combatir
en la Segunda Guerra Mundial tres
días después de la boda y no conoció a su hijo hasta que no tenía tres
años y medio, cuando se licenció.
Un caso claro de racismo, pues le

James Marshall Hendrix

fue denegado el permiso para ir a conocer a su hijo estando de instruc-
ción en Alabama y tras una reacción violenta de Al Hendrix, fue encar-
celado y se le negaron todos los permisos durante su servicio militar.

La reunión del matrimonio no disipó los fantasmas de la guerra
y la crisis económica que padecían, aumentado por el hecho de traer
al mundo cuatro hermanos más para James, por lo que el alcohol y
las peleas terminaron por destrozar el matrimonio, quedándose con la
custodia de James y su siguiente hermano Leon, mientras que los tres
restantes fueron entregados en adopción.

Con 15 años encontró un ukelele con una sola cuerda en la basura
y comenzó a emular los temas de Elvis Presley, comprándose una guitarra acústica por 5 dólares antes de cumplir los 16 años. Rápidamente
se involucró en la banda The Velvetones, pero no se le escuchaba al
continuar con su acústica, por lo que se compró su primera guitarra
eléctrica en 1959, una Supro Ozark blanca de cuerpo sólido. Cuenta la
leyenda que su primer concierto fue en una sinagoga de Seattle, pero
que lo expulsaron del grupo la misma noche de su debut porque no
paraba de hacer tonterías con la guitarra, queriendo ser el protagonista, algo que le perseguiría toda la vida. Su corta trayectoria musical le

llevó a formar parte de la banda The Rocking Kings, donde cobró por primera vez, pero donde le robaron su guitarra viéndose obligado a comprar una Silverstone Danelectro.

Un prodigio incomprendido

Con 19 años fue detenido en dos ocasiones por robar coches y se le impuso una condena de cárcel convalidada si se alistaba en el ejército. Lo único que le salvó de la locura de la vida militar fue su guitarra y conocer a Billy Cox, bajista con el que formó un dúo llamado The Casuals, actuando con notable éxito en los pub militares hasta que se licenció en junio de 1962. Un año más tarde junto a Cox tuneó el dúo que pasó a llamarse The King Casuals y entraron en el circuito de salas pequeñas de Clarksville, Tennessee, ganándose una reputación y entrando en el Chitlin' Circuit, locales repartidos por los estados del Cinturón Bíblico del sur, donde las leyes Jim Crow imponían fuertes medidas segregacionistas entre las cuales prohibían a los músicos de color moverse y actuar libremente, salvo en las salas del Chitlin' Circuit. James pasó de actuar con su banda a ser músico de acompañamiento de numerosos nombres como Wilson Pickett, Slim Harpo, Sam Cooke o Jackie Wilson, generalmente en el Cotton Club o el Victory Grill.

Ya en 1964 se traslada a Harlem y gana el prestigioso concurso de promesas del teatro Apollo y ficha como guitarrista de la banda de acompañamiento de The Isley Brothers, banda que ostenta el récord de ser la más longeva, con más de siete décadas de actividad a sus espaldas. Con ellos comenzó una carrera imparable de cambios y grabaciones. Su primer sencillo fue con The Isley Brothers y el tema «Testify», marchando de gira con ellos durante 1964. Más tarde se enroló en The Upsetters, la banda que acompañaba a Little Richards, quien se enfadó en numerosas ocasiones con el joven guitarrista y su ansia de protagonismo, hasta que fue despedido por ese motivo.

Durante dos años intentó hacerse un nombre dentro de la escena de Nueva York, pero no dejaba de ser un guitarra de sesión y de acompañamiento, mientras que había desarrollado un estilo propio de tocar que a nadie le interesaba, pero en mayo de 1966 su historia da un giro inesperado.

Camino del Reino Unido

En uno de los conciertos que realizaba con Curtis Knight and the Squires en The Cheetah Club, conoció a la modelo británica Linda Keith, que en esos momentos era pareja de Keith Richards. Linda quedó fascinada con la manera de tocar de Hendrix y rápidamente se hizo amiga del guitarrista, recomendándole al mánager de The Rolling Stones Andrew Loog Oldham, quien lo rechazó por no ver potencial en él. También se lo presentó a Chas Chandler, bajista de The Animals que pretendía dejar la banda e iniciar una nueva faceta como productor. Chandler se entusiasmó con la versión del «Hey Joe» de Billy Roberts que ejecutaba Hendrix y le propuso viajar a Londres, donde su música sería mejor comprendida que en Nueva York.

El 24 de septiembre de 1966 Jimi Hendrix llegó a Londres, comenzando una carrera meteórica de ascenso al Olimpo de los dioses, que aunque pueda parecer sorprendente, solo duró cuatro años o para ser más preciso, falleció a falta de seis días para cumplir ese escueto plazo.

En Londres firmó contrato con el mánager de The Animals, Michael Jeffrey, y él y Chandler montaron The Experience con el bajista Noel Redding y el batería Mitch Mitchell, formando un trío que deslumbró a la metrópolis en muy poco tiempo. La aparición de Hendrix como invitado de Cream a la semana de llegar, en un hecho que pertenece a la memorabilia de las leyendas urbanas y que ya hemos narra-

Jimi Hendrix con su banda The Experience.

do en un capítulo anterior, pero fue la gran oportunidad de desplegar todo su arsenal, tanto como guitarrista como *frontman* en escena, algo que le era imposible desarrollar en Estados Unidos, siempre supeditado a ser el segundo de alguien.

En poco menos de dos meses de su llegada a Inglaterra, Hendrix consolidó una banda para su deleite y lucimiento personal, realizó un pequeño tour por Francia, firmó contrato con Track Records y grabó su primer sencillo con la versión de «Hey Joe» en la cara A y el primer tema propio, «Stone Free», como cara B.

Ha nacido una estrella

A finales de noviembre, la flor y nata musical londinense estaba rendida a sus pies y era normal que a sus conciertos asistieran de público músicos de The Rolling Stones, The Beatles, The Who, Cream, The Yardbirds, The Animals o Soft Machine. La revista *Record Mirror* le dedicó una entrevista con un trato exquisito, inusitado a un músico que sólo había grabado un sencillo, que alcanzó el #6 de las listas de éxitos pero tan sólo era un sencillo. Publicaron el titular «Mr. Phenomenon», vaticinando que sería un músico que revolucionaría la escena musical tal y como se conocía hasta la fecha. En esta entrevista Hendrix dejó muy claro la libertad que había anhelado y a la que no iba a renunciar jamás: «No quiero que se me encasille en ninguna etiqueta; es *free feeling*, una mezcla de rock, demencia, frenesí y blues».

1967, año del estrellato de Jimi Hendrix y la reconquista de Estados Unidos, comenzó con la edición de dos singles, «Purple Haze» y «The Wind Cries Mary», que entraron disparados al *Top Ten*, en el #3 y el #6 respectivamente. Grabó el álbum *Are You Experienced* que entró de forma fulminante en la lista de discos más vendidos, permaneciendo durante 33 semanas, varias de ellas en el #2, no alcanzando el máximo escalón del podio porque coincidió con el álbum *Sgt. Pepper's Lonely Hearts Club Band* de The Beatles.

Jimi Hendrix con su banda The Experience.

El disco se editó en Estados Unidos el 23 de agosto de 1967, alcanzando el # 6 del *Billboard*, pero lo hizo dos meses después de que el público americano viera con sus propios ojos lo que podía hacer el huracán Hendrix, Mr. Phenomenon. El mes junio del 67, Hendrix estaba preparado para reconquistar su país y hacerlo de la forma más ostentosa e incendiaria posible.

Monterey International Pop Festival

En 1967, en pleno inicio de lo que se conoció como el Summer of Love, donde la era psicodélica llegaría a su máximo esplendor, surgieron numerosas iniciativas para llevar la cultura a la gente, pero hacerlo de la forma más numerosa posible, concentrando una abundante oferta en un mismo espacio, durante un periodo

Monterey International Pop Festival, un festival y concentración hippie que tuvo lugar en 1967 en el área de San Francisco.

de tiempo de varios días y ante un público cuantioso. De esta forma se creaba un nexo de unión y comunidad, que extrapolaba la dinámica cultural y creaba sociedad, unidad, armonía, al mismo tiempo que ligaduras y compromisos, que se definieron como la nación hippy.

La primera reunión fraternal de este tipo se produjo el 10 y 11 de junio de 1967 en el Anfiteatro Sidney B. Cushing Memorial del Condado de Marin, California, donde se celebró el Festival de Música Magic Mountain, al que acudieron alrededor de 36.000 personas. Fue el primer gran concierto de rock al aire libre de la historia, con un cartel donde participaban entre otros Canned Heat, Dionne Warwick, Every Mother's Son, The Merry-Go-Round, The Mojo Men, PF Sloan, The Seeds, Country Joe and the Fish, Captain Beefheart, The Byrds, Tim Buckley, The Sparrows, The Grass Roots, The Loading Zone, The 5th Dimension y Jefferson Airplane, pasando a la memorabilia rock por ser el primer gran concierto de The Doors. También fue el primer evento musical multitudinario donde la seguridad del mismo corría a cargo de la agrupación motorista Hell Angels, tristemente famosa por su actuación en el concierto de Altamont, organizado por The Rolling Stones y que significó el final del Summer of Love.

Tan sólo un semana más tarde, del 16 al 18 de junio, se celebró en el recinto ferial del condado de Monterrey, California, el Monterey International Pop Festival, que pasó a la historia como el primer gran festival de rock al aire libre, aunque acabamos de ver que no es cierto. Sin embargo sí que se le puede otorgar ser pionero en la importancia de los eventos surgidos en el Summer of Love, eclipsado por el mastodóntico Woodstock y el desastroso y macabro Altamont. Para muchos la secuencia sería: Monterrey inició la importancia del Summer of Love y la cultura hippie, Woodstock fue la cumbre en su punto culminante y Altamont fue la losa que enterró el sueño hippie.

El por qué fue tan importante el Monterey Pop por encima de otros festivales, se entiende por varios motivos. Fue el primero en ser enormemente publicitado, por su fundamento altruista y benéfico, siendo pionero en otro concepto de festival que se pondría de moda dos décadas más tarde, más por contar con una serie de actuaciones históricas, consideradas hoy en día de las intensas, importante y definitivas de la historia de la música.

Monterey International Pop Festival

La historia de Monterrey

La leyenda cuenta que la idea del festival surgió de una cena en casa de Cast Elliot, a la que asistieron John y Michelle Phillips, miembros junto a Cast de Mamas & The Papas, el productor discográfico Lou Adler y Paul McCartney. En la tertulia se discutió  sobre la importancia del jazz y la escasa difusión del rock, el poco respeto que inspiraba en los medios de comunicación, que lo consideraban sólo una moda pasajera.

El productor Alan Pariser fue el primero en sugerir la posibilidad de organizar un festival parecido al Monterey Jazz Festival, pero no cerrándose a un sólo género y dejando la puerta abierta al rock británico, el folk, progresismo o psicodelia, jazz, folclore africano, música hindú, blues, soul y actividades de danza, pintura, teatro y demás.

Derek Taylor, publicista que había trabajado con The Beatles se unió al proyecto, que diseñó un equipo de comisarios que marcarían las pautas a seguir, un equipo de gobierno con Donovan, Mick Jagger, Paul McCartney, Jim McGuinn, Terry Melcher, Andrew Loog Oldham, Alan Pariser, Johnny Rivers, Smokey Robinson, Brian Wilson, John Phillips y Lou Adler, adoptando la primera decisión importante: Todas las bandas actuarían gratis y los beneficios serían destinados a caridad, hecho que les granjeó de inmediato el beneplácito del Consejo de la Ciudad de Monterrey y al Departamento de Policía.

El tema «San Francisco» interpretado por Scott McKenzie fue lanzado como single para promocionar el festival y se convirtió en uno de los himnos hippies por excelencia. El cartel estuvo formado por bandas como Eric Burdon & The Animals, Simon & Garfunkel, Canned Heat, Country Joe & The Fish, Al Kooper, The Butterfield Blues Band, Steve Miller Band, Quicksilver Messenger Service, The Byrds, Jefferson Airplane, The Who, Grateful Dead, The Jimi Hendrix Experience y Mamas & The Papas entre muchos otros. También hubo

ausencias importantes como The Beach Boys, que a pesar de estar
programados no pudieron asistir porque Carl Wilson tuvo problemas
legales al negarse a ser alistado e incorporado a la Guerra de Vietnam;
The Beatles que se rumoreó que tocarían, pero decidieron negarse por
ser su música muy compleja para interpretarla en directo; Bob Dylan
por estar convaleciente de un accidente de motocicleta; a los británicos Donovan y The Kinks no se les concedió el visado para entrar en
Estados Unidos, al primero por un problema de drogas y a los segundos por una disputa legal con la Federación Americana de Músicos;
más The Rolling Stones que estaban en el cartel y no pudieron viajar
porque Mick Jagger y Keith Richards fueron arrestados por tenencia
de drogas en Londres, aunque sí viajó Brian Jones, quien presentó la
actuación de Jimi Hendrix Experience. Se calcula que alrededor de
90.000 personas asistieron a los tres días del festival, que estrenó un
nuevo sistema de sonido creado por el ingeniero Abe Jacob y que fue el
precursor de los equipos utilizados durante las dos siguientes décadas.

El tercer motivo por el que el Monterey International Pop Festival
es tan importante es su peso histórico en el rock, abriendo paso a la
carrera de bandas como Canned Heat o Steve Miller Band, pero sobre
todo por presentar en sociedad a tres artistas vitales: Janis Joplin, Otis
Redding y Jimi Hendrix.

Monterrey fue la primera gran actuación pública de Janis Joplin, quien apareció como
miembro de Big Brother and The Holding Company.

Tres actuaciones maravillosas jamás vistas

Janis Joplin se presentaba arropada con Big Brother & The Holding Company, actuando en dos ocasiones, el sábado 17 y el domingo 18. Era la primera ocasión que la vocalista se enfrentaba a una audiencia tan numerosa, y habiendo adquirido cierta reputación en la zona de San Francisco, se trataba de una auténtica desconocida. Su actuación fue tan mítica y poderosa que se dice que los ejecutivos de Columbia Records le propusieron su primer contrato discográfico bajando del escenario.

Otis Redding junto a Booker T. & The MG's y The Mar-Keys fueron un estallido de alegría y sin lugar a dudas la actuación más efusiva de todo el festival. Cerraba la noche del sábado y aunque era popular y gozaba de cierto éxito, su música estaba circunscrita a audiencias negras, por lo que se trataba de un nombre inédito y una incógnita saber cómo se desenvolvería cerrando las actuaciones de un día ante una multitud, que mayoritariamente era blanca. El promotor Jerry Wexler pensó que era una estupenda oportunidad para ampliar el éxito de Reading y con él abrir el tipo de música que representaba a una gran masa de compradores blancos.

El carisma de Otis Redding, su poderío vocal y su música soul provocaron una enorme conmoción entre el público que se entregó como poseído por su magia negra a un ritual de canto que se puede comprobar escuchando las grabaciones extraídas del festival (Jefferson Airplane, Jimi Hendrix, Shankar, Grateful Dead, Otis Redding publicaron disco), así como en la película documental *Monterey Pop*, del director DA Pennebaker.

Otis Redding emocionó al público como nadie lo había hecho durante los dos primeros días del festival de Monterrey.

La tercera gran actuación fue la de Jimi Hendrix Experience, que a buen seguro está en la memoria de todos por una fotografía donde se le ve quemando su guitarra y que es hoy en día una de las imágenes icónicas del rock.

La leyenda de una fotografía

Ed Caraeff, un joven de 17 años recién cumplidos que estudiaba se-
cundaria en Westchester High School en Los Ángeles, sucumbió ante
la sugerente propuesta del Monterey, radiada hasta la saciedad con la
pegadiza canción «San Francisco». Marchó con unos amigos a pasar
tres días de fiesta, con la intención de sacar fotografías del evento para
un trabajo estudiantil que estaba preparando.

Un fotógrafo alemán que había llegado a Monterrey para reflejar
el festival, le vio sacando fotos a la velocidad del rayo y le aconsejó:
«Guarda un carrete para el negro del último día, me han dicho que
es muy bueno». Se refería a Jimi Hendrix y sus The Experience, que
actuaban el domingo, detrás de The Who y Grateful Dead.

La apuesta de Monterey Pop por las bandas británicas era Eric Burdon & The Animals que actuaron el primer día por compromisos de la
formación, más The Who y The Jimi Hendrix Experience que actuaban el domingo. Tanto Pete Townshend de The Who como Hendrix,
sabían que Monterrey era un escaparate para todo Estados Unidos,
por lo que se jugaban mucho.

The Who habían estado 9 días a finales de marzo de 1967 en el
RKO 58th Street Theater de New York, realizando 22 conciertos, a
dos y tres pases por día. Esa fue la
primera visita americana de la banda, tras la cual habían conseguido articular una gira completa por
EE.UU. y Canadá para ese mismo
año, desde el 14 de junio al 9 de
septiembre. Monterrey era su cuarta actuación y la más importante de
toda la gira. Jimi Hendrix se presentaba por primera vez en América con su nuevo proyecto, ya no
era el segundón de nadie, él era la
cara visible, quien aglutinaba todas
las miradas, quien se lucía y quien
mandaba y no obedecía a nadie. Era

Monterey International Pop Festival

la primera actuación de una gira de 38 conciertos que finalizaba el 19 de agosto, pero sobre todo, era el concierto más importante de su vida.

Las dos propuestas se jugaban mucho, entre otras cosas porque eran conscientes de que sólo podía haber un grupo británico rompedor, sólo un ganador y cualquier detalle que pasaran por alto, error o despiste podía colocar los focos en dirección no deseada. Cuentan que la discusión entre Hendrix y Townshend fue algo más que acalorada, ya que ninguno quería actuar después del otro. Finalmente se acordó que entre los dos se subieran a escena Grateful Dead y se zanjó el orden con el lanzamiento de una moneda que dio como resultado que The Who actuaban primero.

The Who dejó boquiabiertos a los presentes con una explosión de calidad musical, un sonido atronador y una presencia escénica poderosa y descarada. El set terminó, como se temía Hendrix, con el tema «My Generation» y la gente enloquecida hasta que Pete Townshend se giró hacia los amplificadores y comenzó a golpearlos con el mástil de su guitarra. Explosiones de humo salieron justo de detrás del equipo de amplificación VOX, mientras que los técnicos

The Who, siempre una presencia escénica poderosa.

y *roadies* del festival corrían despavoridos para recoger microfonía y todo lo que podían, porque nadie les había avisado de este desastroso final. Por si eso no fuera bastante, Keith Moon se subió a lomos de su banqueta y comenzó a destrozar la batería que terminó hecha añicos a los pies del público, que se mantenía atónito, perplejo, ante un espectáculo de destrucción que jamás habían visto ni imaginado.

Seguro que Pete Townshend bajaba del escenario pensando: «Ahí queda eso Hendrix, ahora vas y lo superas».

Ed Caraeff no se quedó a pie de escenario para el final del concierto de The Who y eso es algo que no se perdonó jamás, pero su juventud y su escasa experiencia le jugaron una mala pasada. Él había realizado numerosas fotos de conciertos en la escena de clubs de San Francisco, pero nada comparado con el Monterey International Pop Festival, aunque no se percatara que no sólo él era neófito, sino todos los demás fotógrafos profesionales, porque para todos era la primera vez en un evento de estas características.

Quizás esa frustración de no haber podido sacar una instantánea de la hecatombe The Who, dejar pasar delante de sus ojos unos segundos que gritaban ser inmortalizados, le produjo una sensación de fracaso que sólo se puede entender si has estado alguna vez en un foso de conciertos. Por ello se juró que no se movería del pie del escenario hasta el final, sobre todo porque se acordaba del fotógrafo alemán que le advirtió de lo bueno y peculiar que era el tal Hendrix.

The Who y The Jimi Hendrix Experience habían compartido escenario en el Reino Unido en varias ocasiones, ambos se conocían y ambos sabían que el uno podía robarle el protagonismo al otro. Townshend era un mago del escenario, sabía en todo momento lo que debía darle al público para que vibrara a su antojo, abrirse de piernas para tocar, rascar la guitarra como si estuviera desafiando al cielo, saltar como poseído por el Diablo, provocar *feedback* sonoros en los amplificadores, tocar siempre al máximo de volumen… pero sabía que Hendrix era otro prestidigitador, que tras sus ropas coloridas y ridículas se escondía uno de los mejores guitarristas que había visto y que podía dejar sus trucos

Grateful Dead, la formidable banda californiana fue abanderada del hippismo, la psicodelia y las improvisaciones.

como meros juegos de muñecas. «Jimi me destruyó por completo», declaró al periodista musical Matt Resnicoff sobre lo acontecido esa noche en Monterrey: «Fue horrible, porque se quedó la música negra, vino y robó el rhythm & blues. Fue evidente que eso era lo que había venido a hacer... Sentía que no tenía el equipo emocional, realmente, el equipo físico, el genio psíquico natural de alguien como Jimi. Me di cuenta de que lo que tenía era un montón de trucos que él había venido y me había quitado».

Tras el show de Grateful Dead, una de las bandas más importantes e influyentes de la escena californiana de finales de los sesenta, llegó el turno de The Jimi Hendrix Experience. Ed Caraeff había conseguido llegar hasta el entarimado de los conciertos, podía dejar su bolsa sobre el escenario y colocado justo en un lateral del mismo, fue de los primeros en percatarse de lo extraño que era lo que se avecinaba.

El *speaker* del festival presentó ante la incredulidad de la audiencia a un Stone. Durante todo el festival corrieron rumores de que Rolling Stones actuarían al final y que habían sido vistos entre el público, pero en realidad era Brian Jones quien había viajado con Hendrix, con quien había establecido una gran amistad y lo demostró. Poco se le entendió entre la muralla de gritos y vítores, pero consiguió en escasos diez segundos llamar la atención de todo el público presente y centrarla como si de un cañón de luz se tratara, en una banda desconocida y en un músico completamente inédito y negro: «...muy buen amigo... el guitarrista más emocionante que he escuchado... The Jimi Hendrix Experience».

Varios acordes semi acústicos de guitarra y la explosión sonora, entraron al unísono batería, bajo y una guitarra demoledora, mostrando la tarjeta de presentación, «Killing Floor», que arrasó con el gentío como si una ola sónica hubiera surfeado por sus cabellos dejándolos de punta.

Tres tipos desconocidos, dos blancos flacuchos y un negro que tocaba la guitarra, que era zurdo y cantaba, pero que se bastaban para producir más ruido que el resto de las bandas que habían pasado por allí juntas. Amplificadores Marshall, Dual Showman y una poderosa representación de Fender, la empresa de Leo Fender que estaba revolucionando el mundo de la guitarra eléctrica de cuerpo sólido y que

apostó por Hendrix para afianzar su guitarra, sobre todo el modelo Stratocaster,
en el mercado de esa nueva realidad que
se estaba gestando.

Hendrix realizó todo lo que sabía y
más, durante algo más de 40 minutos
tocó como nunca lo había hecho, se
puso la guitarra a la espalda para hacer
solos, punteó con los dientes, fornicó
con el instrumento y se zarandeó insi-
nuándose sexualmente, como lo hiciera
una década atrás Muddy Waters.

Jimi Hendrix al mando
de su Stratocaster.

Cuando terminaron los más de siete minutos de «Like A Rolling
Stone», absolutamente nadie ponía en duda que estaban asistiendo a
un punto de inflexión, que a partir de ahí nada sería igual, que significaba que Monterrey había creado un nuevo ídolo, un ser extraterrestre
venido de las maravillosas islas británicas. El show se acabó con «Wild
Thing», el clásico de The Troggs, que comenzó irreconocible, con
un abanico de sonidos, acoples, ruidos que nadie sabía que se podían
extraer de la guitarra eléctrica, hasta que se alcanzan los acordes reconocibles por todos y culmina la magia.

Es un momento histórico y yo estoy ahí

Cuando el tema alcanza los cinco minutos Hendrix tira su guitarra al
suelo y se monta encima de ella para seguir tocándola, acariciándo-
la, pegándola, excitándola, mientras el público estira su cabeza para
ver qué diablos pasa… Hendrix saca un bote de líquido inflamable
y rocía la guitarra… no puede ser, qué hace… el joven Caraeff se ha
desplazado hacia el interior del escenario, justo delante, está a sus pies
apoyado en el entarimado y lo ve tal jockey que monta su cabalgadura,
comienza a disparar… Hendrix saca una cerilla, la prende y la lanza
a la Fender Stratocaster que comienza a inmolarse a lo bonzo, pero
sigue sonando, Hendrix sigue explotando su sonido, parece que invo-
que al averno para que las llamas crezcan, entra en catarsis orgásmica

y no mira a nadie, sólo él y su ritual crematorio… hasta que se marcha del escenario y el *speaker* lo vuelve a presentar casi tartamudeando, «Jimi… Hendrix», acababa de nacer una leyenda.

Caraeff lo tenía en su cabeza, sabía que había hecho una serie larga y posiblemente alguna de las fotografías sería buena, pero como el Diablo se movía esquizofrénicamente no lo tenía claro… alguna debería haber salido bien… poco importaba que tocara ahora Scott McKenzie haciendo su consabido «San Francisco» o que cerraran el festival Mamas & The Papas, creadores e impulsores del festival, él

quería regresar a casa y revelar el carrete, ese que un periodista alemán le dijo que guardara, el mismo que con su imprudencia e incontinencia juvenil no hubiera existido sin la advertencia. Hubiera sido una auténtica pena, porque nos hubiéramos quedado sin una de las imágenes más icónicas del rock.

No logro imaginar la cara que pondría Caraeff cuando el revelado le mostró lo que había conseguido, una imagen perfectamente encuadrada, con Hendrix de rodillas y la Stratocaster derribada y ardiendo delante de él, que posaba con cara de poseído, ojos cerrados, brazos levantados en posición de liturgia pagana, el fuego le cubría el sexo,

Jimi Hendrix en una de las imágenes más icónicas del rock.

mientras el clavijero casi tocando el objetivo, se desenfocaba de forma que dotaba a la imagen de una composición diabólica. Una imagen que según relató el propio fotógrafo en su libro *Burning Desire - Jimi Hendrix: The Jimi Hendrix Experience Through the Lens of Ed Caraeff*: «Hace poco me preguntaron qué hace que la imagen de guitarra en llamas sea única. Después de esa toma, me di cuenta que no quedaba ninguna fotografía más en la cámara, así que sólo puede proteger mi cámara del fuego de la guitarra».

Es posible que nunca antes se hubiera registrado una imagen tan impactante en un concierto, pero el joven sentía la necesidad de entregarle al músico una copia de su logro.

Hendrix tenía ocho conciertos en en el Fillmore Auditorium de San Francisco como parte de su gira de presentación en EE.UU. Caraeff pudo contactar con él en su hotel y le entregó las copias. Hendrix quedó impresionado con la imagen y le pidió al joven fotógrafo que le acompañara el resto de la gira, iniciando de esta forma una carrera como fotógrafo que le convertiría en uno de los reporteros gráficos más populares del rock. Durante su estancia en San Francisco, Hendrix y Caraeff se hicieron amigos y juntos recorrieron los clubs de la ciudad, así como las fiestas de su facultad. A través de agencia de mánager llevaron las instantáneas a diferentes medios de comunicación que inmediatamente las compraron. Al joven Caraeff se le abrieron de par en par las puertas del mundo del rock'n'roll y durante los siguientes 20 años tuvo acceso directo a la mayoría de los conciertos y giras importantes, fotografiando a Elton John, Steely Dan, Carly Simon, Three Dog Night, Tom Waits, Dolly Parton, Iggy Pop & The Stooges o George Harrison, fue fotógrafo en grandes festivales como el Newport Pop Festival o el Woodstock Music & Art Fair. Su fotografía ha sido cuatro veces portada de la revista *Rolling Stone*, siendo la única ocasión que eso ha sucedido y ha sido incluida en el *Rock and Roll Hall of Fame*. Ha editado libros y aparecido en numerosos documentales musicales, pero tras dos décadas dedicado a la fotografía de conciertos, perdió el entusiasmo y abandonó su carrera por su otra gran pasión, la cocina, llegando a ser un respetado chef.

Una guitarra quemada

Que Hendrix realizó una presentación extraordinaria en Estados Unidos es algo que prácticamente nadie discute, que fue la estrella más brillante del festival por calidad y puesta en escena es de primero de cultura musical, pero no es cierto que fuera la primera vez que Jimi Hendrix quemara su guitarra. A principios de 1967, el 18 de enero en la primera aparición de The Jimi Hendrix Experience en el programa

Top Of The Pops de la BBC, el guitarrista notó que su instrumento no estaba bien, como si se hubiera desquintado. Inmediatamente la llevó a un luthier para solucionar el problema, pero unas actuaciones más tarde le volvió a pasar al final de un concierto. Hay quien lo escenifica en el Country Club, mientras otros lo sitúan en el Marquee, ambos en Londres. Hendrix se cabreó tanto con el estado de su guitarra que la golpeó contra el suelo, pero viendo la reacción del público terminó por destruirla.

El 31 de marzo de ese mismo año, The Jimi Hendrix Experience compartían cartel con Cat Stevens, Walker Brothers y Engelbert Humperdinck, en un festival organizado en el Finsbury Park Astoria (Rainbow Theatre) de Londres. Esa misma tarde Hendrix, su mánager Chas Chandler y el periodista del *New Musical Express*, Keith Altham, estaban buscando la manera de cómo acaparar la atención de la prensa en un festival importante donde Hendrix era el menos popular. El set que iba a desarrollar era corto, pero intenso: «Foxy Lady», «Can You See Me», «Hey Joe», «Purple Haze» y «Fire» para finalizar.

Según cuenta Keith Altham, estaban a pie de escenario a falta de media hora para salir y surgió la idea: «No puedes seguir rompiendo la guitarra porque la gente solo dirá que estás copiando a The Who, tienes que encontrar algo original que hacer, ¿por qué no prendes fuego a la guitarra?». Tras unas miradas de incredulidad, Chandler envío a comprar una botella de líquido inflamable a su ayudante Tony Garland.

Era la primera ocasión y lo deberían improvisar porque no tenían tiempo de ensayar el teatro. Al final de «Fire» Hendrix se fue hacia los amplificadores para refregarse con su guitarra por ellos y provocar un *feedback* de sonido abrumador, Noel Redding y Mitch Mitchell arroparon el momento con un volumen brutal, mientras que Hendrix de espaldas al público tapaba a Chandler que roció la guitarra con el líquido.

Hendrix se revolvió, tiró la guitarra al suelo, se arrodilló delante del instrumento y con una cerilla le prendió fuego, pero nadie contó la cantidad de líquido necesaria y al parecer Chandler puso demasiado y la llamarada sobrepasó el metro de altura, quemando las manos del guitarrista que estaba intentando tocar algún acorde mientras el fuego la consumía. El encargado de seguridad del escenario, que salió veloz y angustiado por la posibilidad de que terminara todo en una desgracia, también resultó con quemaduras. Así es como la primera aventura como pirómano musical terminó con Hendrix en urgencias del hospital.

También corrió el rumor que Jimi Hendrix volvió a quemar una guitarra en agosto de 1967 en uno de los conciertos de Washington DC, pero según Redding y Mitchell, en esa ocasión sólo fue que su guitarra se quemó internamente, echando humo; las ganas del público porque se repitiera lo de Monterrey puso el resto. Sí que es cierto que en mayo de 1968 en el Miami Pop Festival, tenían planeado volver a repetir el ritual incendiario, pero en esta ocasión el timing de las actuaciones era muy férreo y la banda se pasó de su tiempo. El regidor de escenario les repitió varias veces que tenían que finalizar el concierto, pero los músicos hicieron oídos sordos, hasta que el propio regidor salió a escena cortando el concierto y avisando al público: «Se suponía que íbamos a salir de aquí hace cinco minutos, y no hay luces en el estacionamiento. Así que por favor, marchen muy despacio y con cuidado. Mañana haremos todo de nuevo». Al día siguiente llovió a la hora del concierto y se suspendió.

Misterios, subastas y coleccionismo

La guitarra que Jimi Hendrix quemó en el Rainbow Theatre de Londres, desapareció misteriosamente hasta que en mayo del año 2002, fue subastada por Dweezil Zappa, hijo de Frank Zappa. De entrada se esperaba conseguir un millón de dólares, pero se cerró la subasta sin venderla cuando no había alcanzado ni la mitad de la cifra estimada. Un nuevo intento se produjo en septiembre ese mismo año y al parecer se pudo realizar por una cifra de 350.000 dólares. No obstante la historia de esa Stratocaster es confusa y no cuenta con mucha credibilidad.

En principio la guitarra se la regaló a Frank Zappa el 18 de mayo de 1968, Howard Parker, quien había trabajado de *roadie* con Hendrix ese mismo año. Se dijo que la guitarra fue quemada en el Miami Pop Festival, pero como hemos visto anteriormente y como se puede corroborar en las fotos realizadas de ese concierto, Hendrix no quemó la guitarra. Otra versión apunta que se trata de la guitarra que Hendrix quemó en el Astoria a principios de 1967, la cual fue restaurada pero dejando las marcas del incendio para que añadiera más valor. De una forma u otra, Jimi Hendrix, que era el único que podría confirmar su autenticidad, falleció 32 años antes de la subasta.

Pero como todo lo que envuelve a la leyenda de Hendrix tiene un valor incalculable, la guitarra se vendió como auténtica, fuera cierto o no. Es lo que tienen las leyendas, cuesta lo mismo creerlas que no, depende de quién las escuche.

Esquerita, el gran olvidado

El escritor y periodista británico George Orwell, autor entre otros libros de *Rebelión en la Granja* y la distopía *1984*, afirmó que: «La historia la escriben los vencedores», en un artículo llamado *Revising History* de su columna «As I Please», publicada en la revista socialdemócrata *Tribune* el 4 de febrero de 1944. Winston Churchill, tras el final de la Segunda Guerra Mundial y parafraseando a Orwell sentenció aquello de: «La historia será generosa conmigo, puesto que tengo la intención de escribirla».

Dos verdades que bien podemos extrapolar a todos los campos de la vida, y desde luego la música no puede ser menos, si bien el campo de batalla en esta contienda son el dinero, los royalties, regalías y beneficios discográficos, que conllevan popularidad, fama, y en muchas ocasiones el poder de cambiar la historia en beneficio propio. Ahora vamos a ver uno de estos casos, donde sin ánimo de menospreciar la valía y legado de nadie, repasaremos algunas lagunas que se han quedado superpuestas en la historia, con dos nombres que tienen más coincidencias de las que se podía esperar, Little Richard y Esquerita.

El esperpento satírico

Tanto Little Richard como Esquerita pertenecen a ese grupo minoritario de músicos que explotaron el Art Camp, término que proviene del francés *camper*, que significa «posar o actuar de manera exagerada». Se trataba de una corriente artística arraigada en los primeros años del siglo XX, donde las representaciones, generalmente teatrales, eran ostensivas, con afectaciones extremas y en ocasiones llevando la sátira al punto del esperpento y ridiculizando los personajes. Este tipo de género bien podría encontrarse en los espectáculos *minstrel* de

En los espectáculos *minstrel*, cómicos y cantantes blancos parodiaban a los afroamericanos pintando su cara de negro.

principios de siglo, donde cómicos y cantantes utilizaban el llamado *blackface* para oscurecer su cara y actuar como negros, parodiando con brutal escarnio a los afroamericanos, hasta el punto que cuando se permitió que actuaran artistas de color, estos debían seguir los cánones de la sátira, e incluso debían pintarse la cara.

Cuando se mezcló con el vodevil, no sólo eran los afroamericanos los objetivos de la burla, pues se comenzó a caricaturizar de forma grotesca a los homosexuales. En los años veinte, los espectáculos itinerantes del sur de los Estados Unidos, rentabilizaron la homosexualidad negra como una explosión de júbilo y diversión, con músicos que no ocultaban sus tendencias sexuales y que bajo la denominación de *freakish men*, daban rienda suelta a sus instintos bajo la máscara del teatro y la música. Tanto Richard como Esquerita pertenecieron a ese circuito de extravagancia física, conocida como los «hombres no conformes con su género», y ahí moldearon parte de su futuro.

Personajes clandestinos

Los dos personajes se sumergieron en la música eclesiástica para marcar las raíces musicales y su aprendizaje. Richard Wayne Penniman nació el 5 de diciembre de 1932 en el seno de una familia muy religiosa, de hecho su padre era diácono de la Iglesia Pentecostal, al mismo tiempo que destilaba y comerciaba con alcohol ilegal debidamente bendecido. El pequeño «Lil» como le apodó su familia por lo bajo que era, aprendió a cantar y tocar en el coro de la iglesia.

Eskew Reeder Jr., verdadero nombre de Esquerita, nació en Green-ville, Carolina del Sur, pero su fecha de nacimiento es difusa y nunca se pudo determinar si fue el 20 de noviembre de 1935 o 1938. Su familia pertenecía a la clase más empobrecida de negros segregados, donde la religión no tenía demasiada presencia, sin embargo debido a una pasión desenfrenada por la música, abandonó los estudios y siendo adolescente ingresó en una comunidad pentecostal para poder estudiar música. Se especializó en el piano y rápidamente pasó a formar parte del coro de la congregación llamado Heavenly Echoes.

Los dos marcan sus referencias musicales con nombres como Joe May, Sister Rosetta Tharpe, Mahalia Jackson o Marion Williams en-tre otros, pero mientras Esquerita tocaba en locales de mala muerte, descubriendo el desenfreno, las drogas y el sexo, Richard camina-ba por otro tipo de sendero y con sólo 14 años fue contratado por Sister Rosetta Tharpe para abrir alguno de sus conciertos, en lo que fue según sus propias palabras «mi primer sueldo en la música».

Esquerita llegó a grabar un sin-gle con Heavenly Echoes, pero cuando se separaron regresó a Greenville y fue contratado como residente en el Owl Club, donde

Sister Rosetta Tharpe

desarrolló un estilo histriónico cercano al Art Camp, mostrando su clara homosexualidad, pero protegido por capas de maquillaje, disfra-ces estrafalarios y un enorme tupé engrasado. En esa época pone de manifiesto una forma de tocar el piano violenta, percusiva y fuera de todos los cánones y del buen gusto. Teniendo como punto de retorno el Owl Club, Esquerita comienza a realizar espectáculos itinerantes con diferentes compañías de vodevil, adoptando el nombre artístico por el que se conoce, pues antes utilizaba seudónimos como Professor Eskew, Q Reeder o The Magnificent Malochi.

Richard abandonó el núcleo familiar al iniciarse en la música secular, pues la disciplina religiosa no permitía que se tocara la música del Diablo. Comenzó a actuar en el espectáculo itinerante del Doctor Nublillo, un medicine show donde se disfrazaba con turbante y capas estrafalarias. Durante un tiempo y bajo el seudónimo de Princesa La-Vonne, actuó como *drag queen*, dando libertad a su homosexualidad. Fue cuando fichó por la Orquestra de Buster Brown, que su nombre artístico pasó a ser el de Little Richard.

Los dos personajes sumergidos en el vodevil encuentran otras figuras que les marcarán su futuro, donde las prostitutas, chulos, cómicos, travestis y drag queen les muestran un camino a seguir, dejando florecer su auténtica personalidad. Una figura importantísima para ambos fue la drag queen Patsy Vidalia, una de las imitadoras más espectaculares del sur, que se erigió como la Reina musical de Nueva Orleans desde el mítico local Dew Drop Inn. Vidalia organizó durante años el Halloween Gay Ball, más conocido como The Toast Of New Orleans, festival pionero en su género y donde nuestros dos personajes fueron asiduos participantes.

¿Quién fue primero?

Richard grabó su primer sencillo, «Taxi Blues», para RCA Victor en 1951, con un sonido muy alejado del género por el cual pasó a la historia de la música, mientras que Esquerita se quedó anclado en el Chitlin Circuit del sur, donde comenzó a gestar el sonido que mantuvo durante toda su carrera.

Richard editó una docena de singles antes de «Tutti Frutti», sin que ninguno de ellos apareciera en las listas de ventas de rhythm & blues y mucho menos de pop. Entre 1951 y 1955 practicaba un blues y rhythm & blues muy formal, encaminado hacia un público mayoritariamente blanco, intentando colarse en los rankings, con mucha orquestación y muy ortodoxo. Su apariencia estaba a medio camino entre Nat King Cole y Louis Prima, traje de seda plateado con el corte habitual de los crooners de la época, sin ninguna referencia a su sexualidad ni extravagancia.

Se encontraron en el Chitlin Circuit en más de una ocasión y Richard se quedó prendado de la imagen y sonido de Esquerita, hay quien asegura que mantuvieron una relación durante un periodo de tiempo. Esquerita mostró a Richard cómo tocar el piano a su estilo, violentamente, percutiendo las teclas como si estuviera castigándolas por algún pecado y maltratando al instrumento encolerizado para levantar el entusiasmo del público. Esquerita le mostró el camino para no esconder su sexualidad y defenderla en el escenario a base de extravagancia, colorido y actitud. Le mostró cómo no debía someterse a la moralidad blanca, ni a la marcada por la iglesia afroamericana, que incluso era más perniciosa. El descaro afeminado, la sonrisa provocadora y la postura intimidadora, eran gestos que reivindicaban una subcultura negra homosexual, que se presentaba provocativa y poderosa. Remarcando la forma de interpretar los temas, con un poderío extasiante que casi amenazaba al espectador, acompañado de gritos y gesticulaciones salvajes e inimaginables en los cantantes negros de la época. Todo ello acompañado de letras de cargado contenido sexual, escandalosamente sucias en ocasiones y deliberadamente incorrectas, que obligaban a marginarse en el submundo del Chitlin Circuit.

Tutti frutti

En 1955 Little Richard estaba al borde del precipicio en su carrera, sin obtener el éxito deseado en RCA Victor y Peacock Records, pero consiguió una sesión de prueba para el sello Specialty Records. Tal y como cuenta la leyenda, Richard estaba frustrado por el resultado de la sesión del estudio J&M de Nueva Orleans. Mientras que unos afirman que fue en un descanso de las grabaciones en el mismo estudio, y otros apuntan que Robert 'Bumps' Blackwell, productor de la sesión, paró la misma y mandó a todos los músicos a tomar algo a un local colindante. En ese local había un piano y Richard comenzó a aporrear el mismo al estilo Esquerita, interpretando una canción que ya llevaba tocando en el Chitlin Circuit durante un par de años, con un grito de guerra, «¡A-wop-bop-a-loo-mop a-good-Goddamn!». Blackwell descubrió que ese era el sonido que estaban buscando y volvieron al estudio a grabar de inmediato.

No fue tan sencillo, porque si bien el tema tenía gancho, no se podía publicar tal como estaba. Era un tema que triunfaba en las sesiones más golfas de los locales gay del sur, pero tenía un alto contenido homosexual que imposibilitaba su publicación. Se llamó a Dorothy LaBostrie, compositora que trabajaba para el estudio y recompuso el tema, aunque años más tarde denunció que Richard no había escrito nada del mismo y que la letra era íntegramente de ella, reclamando un porcentaje más alto de derechos de autor al que le correspondía por compartir la autoría con el pianista. Fuera como fuere, la letra original de «Tutti Frutti» es un claro ejemplo de lo vivido por Richard durante su viaje al submundo musical del sur gay de los Estados Unidos. Las frases que se eliminaron fueron:

«Tutti Frutti, buen botín
Si no le queda bien, no lo fuerce
Puede engrasarlo, facilítelo»

Aunque según Charles Connor, quien fuera batería de Richard durante años, el texto original era más tácito:

Little Richard fue uno de los artistas más alocados y carismáticos de su generación.

«Tutti Frutti, buen botín
Si está apretado, está bien
Y si está grasiento, lo hace fácil»

A partir del éxito de este tema se crea la leyenda de Little Richard, autoproclamado como monarca del rock'n'roll, elegido como inventor del género y encumbrado como el artífice de todo un movimiento musical que cambió el mundo. En primer lugar, es imposible otorgar estos títulos nobiliarios a alguien en particular, puesto que deberían contar con el beneplácito de Elvis Presley, Chuck Berry o Jerry Lee Lewis como mínimo. En segundo lugar, parece que historiadores y musicólogos tienen claro que «Rocket 88» es el primer rock and roll de la historia y fue grabado por Ike Turner en 1951.

Pero la leyenda estaba creada y el legado y trayectoria de Richard es intachable, su importancia nadie la pone en duda y con sus idas y venidas de la religión al pecado y viceversa, influyó y marcó a numerosas generaciones de músicos, hasta que nos dejó el pasado 9 de mayo de 2020 de un cáncer óseo, mientras escribía este mismo capítulo del libro. Genio y figura hasta la sepultura, como él mismo se definía «Soy el Rey del Blues, y la Reina también».

¿Qué fue de Esquerita?

Esquerita no tuvo tanta suerte como Richard. Fichó por Capitol en 1958, dos años después del éxito de «Tutti Fruti» y como consecuencia de esa carrera demoníaca que realizan las compañías cada vez que surge un éxito, la caza de la imitación, copia o semejante y Esquerita debería ser el Little Richard de Capitol. Las grabaciones fueron muy descaradas y estridentes, marcadas por el estilo provocativo del músico, evitando la censura de sus textos, enmascarándolos en metáforas fácilmente reconocibles, por lo que no obtuvieron el éxito comercial deseado por la compañía que prescindió del músico inmediatamente.

Entra en un baile de sellos discográficos que lo van aislando a medida que no recuperan la inversión y ante la negativa de imitar a Richard. Erráticamente vuelve a cambiar en numerosas ocasiones de apelativo, lo que destruye la credibilidad profesional que pudiera haber conse-

guido. En la década de los setenta
se hunde en locales gay de marcada marginalidad, actuando bajo el
seudónimo de Fabulash y su historia se vuelve complicada de seguir,
con una laguna enorme que nadie
ha sido capaz de rellenar. Pasó un
periodo en la cárcel de la Isla de
Rikers, pero el registro del preso
está a nombre de Mark Malochi,
sin determinarse el delito cometido, por lo que algunos historiadores musicales apuntan a algún escándalo homosexual, que añadido

Desencantado con la industria
musical, Esquerita desaparece del
mapa y a principios de los setenta
su biografía se vuelve un enigma.

al hecho de ser negro es suficiente para pudrirte unos años a la sombra.

Terminó mendigando en las calles de Nueva York, con pequeños
trabajos marginales y alejados de la música, hasta que un buen día se
desplomó mientras limpiaba parabrisas en Brooklyn, se le ingresó en
el Harlem Hospital donde fue diagnosticado de SIDA, falleciendo el
23 de octubre de 1986.

Lo más cruel es que Esquerita fue borrado de la historia del rock
and roll y durante décadas ha sido un completo desconocido, tan sólo
reivindicado por un sector purista y por aquellos que buscan en la diferencia y marginalidad un sello de identidad. Todavía hoy en día, tras
la muerte de Little Richard, han sido numerosos los tabloides y webs
que se han confundido y han colocado una foto de Esquerita en lugar
del difunto rockstar.

A día de hoy sigue existiendo un sector de melómanos que creen
que Little Richard copió a Esquerita y que fue éste el que realmente
creó el personaje histriónico que popularizó Richard. Saber si eso es
cierto o no, será tarea complicada por no decir imposible, además,
no podemos ignorar el legado de Richard, el mérito y la inteligencia
demostrada, aunque si el golpe de suerte lo hubiera tenido Esquerita, ahora estaríamos hablando en otros términos. Lo que nadie puede
poner en duda es que Esquerita fue un pionero en derribar barreras
raciales, de género, sexo y generacionales. Sin su paso por la histo-

ria no podríamos entender otras como la del propio Richard, Freddie Mercury, David Bowie o Elton John entre otros… pero claro está que, como dijo George Orwell, la historia la escriben los vencedores.

Pattie Boyd, la musa engañada

El rock con toda su mitología sobre héroes, genios, seres imprescindibles y únicos, no ha hecho más que alimentar el patriarcado impuesto por la industria y desarrollar un machismo exacerbado que siempre se ha disfrazado de mil maneras diferentes para mostrarse en sociedad. Los hombres, siempre protegidos, parapetados en la creatividad o la locura, han sido los protagonistas de la historia, mientras que las mujeres, durante mucho tiempo y de forma mayoritaria figuraban en un plano secundario, como meras espectadoras o en el mejor de los casos como musas de inspiración del ser supremo.

Pues imaginad qué podría esperar una mujer que estuviera en la encrucijada de dos dioses musicales, de dos tótems del rock, de un beatle y el mismísimo dios, de George Harrison y Eric Clapton. Pattie Boyd es esa mujer, decoración de un triángulo amoroso vendido como una leyenda romántica, que cuenta con todos los hilos necesarios para tratarse como una comedia de enredo americana: Eric Clapton le quita la mujer a su mejor amigo, George Harrison y lo hace componiendo una de las mejores baladas del rock, «Layla». Pero nada más lejos de la realidad, pues esa historia se puede contar de otra forma muy diferente, donde el glamur y la amistad se transforma en codicia y envidia, el amor en capricho obsesivo y el final feliz por un cuento gótico en el cual los lobos destrozan

George Harrison fue marido fugaz de la modelo londinense Pattie Boyd durante los años sesenta.

finalmente a la víctima y siguen con sus vidas engreídas en pro de una supuesta inventiva singular.

¿Quién era Pattie Boyd?

Patricia Anne Boyd nació el 17 de marzo de 1944 en Somerset, Inglaterra, aunque la mayor parte de su infancia la pasó en Kenia, destino donde le llevó la carrera militar de su padre, piloto de la Royal Air Force. Eran seis hermanos en una familia supuestamente feliz, pero que se desmoronó cuando el padre tuvo un accidente y quedó desfigurado y bajo una fuerte depresión. Fue entonces cuando su madre lo abandonó regresando al Reino Unido para casarse rápidamente y sumar dos hijos más del nuevo matrimonio. Pattie que nunca se llevó bien con su padrastro, abandonó los estudios y comenzó a trabajar en una peluquería, donde algunas clientas admirando su belleza, le recomendaron a una agencia de modelos. Con 17 años su vida dio un giro espectacular, se consagró como una de las principales figuras de las pasarelas y sesiones de fotos de Londres e incluso de Nueva York.

Pattie Boyd y George Harrison.

Con 20 años le concedieron un pequeño papel de extra en el film *A Hard Day's Night* que The Beatles estaban rodando bajo las órdenes de Richard Lester. Parte del equipo quedó prendado de Pattie, en especial John Lennon y George Harrison, pero fue precisamente con el introvertido Harrison con quien entabló una buena relación. Pattie terminó rompiendo con su pareja, el fotógrafo Eric Swayne, comenzando un romance legendario con el beatle y casándose en enero de 1966.

La vida con un Beatle

La relación entre Harrison y Boyd se vistió desde un principio como la de la pareja perfecta, el idilio envidiado por todos, pero si fue cierto, duró muy pocos años. La pareja comenzó a investigar con el LSD, produciendo los primeros problemas serios entre ambos. El abuso de drogas por parte de Harrison comenzó a ser un problema que Boyd intentó resolver introduciendo a su esposo en el misticismo oriental. Fue ella quien ingresó en el Movimiento de Regeneración Espiritual en febrero de 1967 e indujo a Harrison a conocer una filosofía que le fascinó por completo, arrastrando al resto de la banda a su famosa visita a la India en febrero de 1968.

Cuando los Beatles se separaron en primavera de 1970, George Harrison estaba inmerso en el movimiento Hare Krishna y su devoción por la espiritualidad hindú había abierto una brecha en la pareja complicada de rellenar.

Pattie fue la inspiradora de varias canciones de George Harrison, «I Need You», «If I Needed Someone», «Love You To», «For You Blue» y la que posiblemente sea la canción más bella que jamás compuso, «Something».

«Something in the way she moves
Attracts me like no other lover
Something in the way she woos me
I don't want to leave her now
You know I believe and how
Somewhere in her smile she knows
That I don't need no other lover
Something in her style that shows me
I don't want to leave her now
You know I believe and how
You're asking me will my love grow
I don't know, I don't know
You stick around, now it may show
I don't know, I don't know
Something in the way she knows
And all I have to do is think of her
Something in the things she shows me
I don't want to leave her now
You know I believe and how»

«Algo en su manera de moverse
Me atrae como ninguna otra amante
Algo en su manera de cortejarme
No quiero dejarla ahora
Ahora creo y de qué manera
En alguna parte de su sonrisa ella sabe
Que no necesito otra amante
Algo en su estilo me dice
Que no quiero dejarla ahora
Ahora creo y de qué manera
Me preguntas si mi amor crecerá
No lo sé, no lo sé
No te alejes y quizá lo veas
No lo sé, no lo sé
Algo en su manera de saber
Y sólo tengo que pensar en ella
Algo en las cosas que me enseña
No quiero dejarla ahora
Ahora creo y de qué manera».

Sin embargo parece ser que lo que se refleja en «Something» no es la realidad de la pareja, puesto que Harrison tuvo numerosas aventuras extramatrimoniales, siendo la más llamativa con Maureen, esposa de su amigo y compañero de banda Ringo Starr. Tampoco ayudó a la estabilidad de la pareja la imposibilidad de tener descendencia y la rotunda negativa de Harrison al tema de la adopción. Todo ello derivó en el divorcio el 7 de junio de 1977.

La obsesión de Eric Clapton

En diciembre de 1964 Eric Clapton conoció a The Beatles, al parecer durante la residencia navideña de los de Liverpool en el Hammersmith Odeon de Londres, donde el joven guitarrista de The Yardbirds fue presentado a toda la banda, que ciertamente lo trató de forma despectiva salvo Harrison. Allí nació una relación de amistad y envidia que duraría hasta la muerte del beatle. En esa primera reunión, aunque

cueste de creer, Clapton le dio consejos a Harrison sobre las cuerdas
que debería usar con sus guitarras Gretsch.

Aunque Clapton, abducido por su psicosis de salvador de la
autenticidad del blues que ya hemos visto en otro apartado del libro,
odiaba a The Beatles y lo que su música significaba, entabló una buena
relación con el tímido de la banda,
hasta el punto de ser de las primeras
personas que escucharon el master de
Sgt. Peppers. Su relación se fortaleció
tras el suicidio de Brian Epstein,
cuando Robert Stigwood ejerció de
coordinador de The Beatles, en una
época aciaga para los músicos que tan
traumáticamente se habían quedado
huérfanos y desprotegidos, hasta que
comenzaron a dirigir ellos mismos lo
que quedaba de sus carreras.

Este periodo oscuro de The
Beatles, coincide en el tiempo con
una nueva crisis de Clapton, que
necesita abandonar definitivamente

George Harrison y Eric Clapton.

Cream, por lo que Harrison y Clapton comparten mucho tiempo
juntos. Clapton pasa tardes enteras en casa de su amigo escuchando
los nuevos temas que estaba componiendo y ahí es donde conoce a su
joven esposa Pattie Boyd.

De esa acentuada amistad nace la colaboración de Clapton con The
Beatles. Harrison le pidió que colocara su guitarra en el tema «While
My Guitar Gently» y «Weeps» del *Doble Blanco*, aunque el resto de la
banda exigió que no estuviera acreditado. Al mismo tiempo Harrison
colaboró en la composición y grabación de «Badge», tema incluido
en *Goodbye*, disco de despedida de Cream, acreditado como L'Angelo
Misterioso para eludir los problemas legales que impedían a los
componentes de The Beatles grabar con otra compañía discográfica.

Clapton se enamoró perdidamente de Pattie Boyd y ese amor se
transformó poco a poco en otra de sus numerosas obsesiones. Clapton
se mudó cerca de la casa de los Harrison y no perdía ocasión para

estar con Harrison o lo que es igual, cerca de Boyd. Idealizó a Pattie y tardó poco en declararle sus sentimientos, que recibieron un rotundo rechazo, sumiéndolo en una de las épocas más creativas y al mismo tiempo nocivas de su vida.

Se involucró en la formación, desarrollo, éxito y caída del supergrupo Blind Faith, junto a su compañero de Cream Ginger Baker, Steve Winwood de Traffic y Ric Grech de Family. Una aventura maravillosa musicalmente, pero que duró escasos siete meses.

Una de las razones por las que Clapton separó a Blind Faith fue por la amistad entablada con Delaney Bramlett y Bonnie Bramlett de Delaney & Bonnie and Friends, quienes actuaron de teloneros de Blind Faith. Con ellos actuaba a menudo George Harrison y Clapton terminó saliendo de una formación para entrar en la siguiente.

Layla And Other Assorted Love Songs

Cuando finalizó su etapa en Delaney & Bonnie and Friends y apoyado por la sección rítmica de estos, formó Derek And The Dominos y grabó el álbum *Layla And Other Assorted Love Songs*, un disco completamente volcado a plasmar su amor por Pattie, donde todas las canciones hablan de ese amor no correspondido, pero en especial el tema «Layla», que se convirtió en el más popular de su carrera.

«What'll you do when you get lonely
And nobody's waiting by your side?
You've been running and hiding much too long
You know it's just your foolish pride
Layla, you've got me on my knees
Layla, I'm begging, darling please
Layla, darling won't you ease my worried mind
I tried to give you consolation

When your old man had let you down
Like a fool, I fell in love with you
You turned my whole world upside down
Layla, you've got me on my knees
Layla, I'm begging, darling please
Layla, darling won't you ease my worried mind
Make the best of the situation
Before I finally go insane
Please don't say we'll never find a way
And tell me all my love's in vain»

«¿Qué harás cuando te sientas sola
Y nadie esté esperando a tu lado?
Has estado corriendo
Y escondiéndote por mucho tiempo.
Sabes que es simplemente
Tu tonto orgullo.
Layla, me tienes a tus rodillas.
Layla, te suplico, querida, por favor.
Layla, querida,
No aliviarás mi mente preocupada?
Intenté darte consuelo
Cuando tu viejo te había defraudado.
Como un tonto, me enamoré de ti,
Puse todo mi mundo al revés.
Hagamos lo mejor de la situación
Antes de que definitivamente
Me vuelva loco.
Por favor no digas
Que nunca encontraremos un camino
Y que todo mi amor es en vano».

Cuando se publicó el tema «Layla», Boyd pensó que todo el mundo imaginaría que era ella la protagonista de la canción, sobre todo
porque el guitarrista fue un insistente e insufrible pretendiente. Tenía

la ligera esperanza que la dama caería hipnotizada en sus brazos tras ver la canción que le había compuesto, pero no fue así.

La inspiración de Layla

Clapton entró en un bucle perverso donde el alcohol, la heroína y la cocaína era su vehículo de autodestrucción ante el rechazo persistente de un amor que parecía ser lo único que le importaba en la vida.

En aquella época estaba muy marcado por Delaney Bramlett, quien le incitó a componer y cantar de forma natural, abriendo su abanico de amistades a un círculo cultural más amplio donde conoció a Ian Dallas, conocido como Abdalqadir As Sufi, líder de un movimiento pro islámico llamado Murabitun World Moviment. Dallas le regaló el libro *La Historia de Layla y Majnun de Nizami Ganjavi*, poeta iraní del siglo XII, donde se narra la desesperada historia de un hombre enamorado de forma enfermiza de la bellísima Layla, mujer de un poderoso y rico personaje que no la dejaba escapar. Una narración que sirvió a Clapton de inspiración para el tema y que reflejaba perfectamente su malsana situación sentimental. No obstante, deberíamos aclarar que la maravillosa pieza en la que se convirtió la guilladura de Clapton, es en parte debida a la extraordinaria colaboración de Duane Allman, guitarrista y líder de The Allman Brothers Band y con quien Clapton congenió de forma perfecta e impactante.

Clapton siguió cortejando, por no decir acosando a Pattie, hasta el punto que esta le presentó a su hermana pequeña Paula, con quien mantuvo una relación tóxica y de mero despecho. Relación en la que arrastró a Paula a su mundo de drogas y autodestrucción que llegó a su punto más bajo en el concierto por Bangladesh, organizado por George Harrison y donde parecía un cadáver andante, equivocándose, ausente y completamente ido. Ayudado por su amigo Pete Townshend de

Eric Clapton y Pattie Boyd.

The Who, comenzó a salir del pozo de las drogas y en 1974 fue cuando Pattie cedió a sus insistencias, sobre todo por ver el desmoronamiento de su matrimonio. Finalmente se casaron en 1979, pero lo que podría ser el inicio de un matrimonio idílico fue el principio de una pesadilla.

Un cuento sin final feliz

Clapton había conseguido dejar la cocaína y la heroína, pero seguía siendo un alcohólico compulsivo que desde el primer momento se propuso y consiguió destrozar el matrimonio por el que tanto había luchado. Como en sus aventuras musicales, cuando consiguió el objetivo no supo o quiso mantenerlo y terminó por destruirlo.

La pareja se divorció en marzo de 1988, tras nueve años de auténtico calvario, durante los que Clapton destrozó la vida de Nell, como él siempre llamó a Pattie porque al parecer su nombre le recordaba demasiado a Harrison. El alcoholismo hizo mella en ambos y la infidelidad matrimonial de Clapton fue clara desde el principio, quien aprovechaba las giras para cavar con más profundidad el pozo entre ambos.

Según Pattie se transformó en una persona maltratadora, dominante y obsesiva, agravada la relación por la imposibilidad de tener descendencia, ni con técnicas in vitro que terminaron en varios abortos. Clapton mantuvo una relación con la periodista italiana Lory del Santo, con la que tuvo un hijo; Conor, que ocultó a Pattie durante años.

Clapton y Lory del Santo.

Pattie Boyd salió de la relación con alcoholismo y teniendo que reinventarse como fotógrafa de viajes. La mujer que había sido musa de dos de los personajes más importantes del rock y protagonista de una de las historias de amor más increíbles que el patriarcado rockero nos ha presentado jamás, pero que en realidad no fue otra cosa que un infierno de nueve años, marcado por un ser obsesivo y enfermizo que sentía envidia de su mejor amigo y sólo deseaba tener lo que él tenía, sin llegar a valorarlo jamás.

Rompiendo moldes y lo que haga falta

Ya hemos visto anteriormente la repercusión que tuvo la quema de la Fender Stratocaster en el Monterey International Pop Festival de California, por parte de un Jimi Hendrix exuberante y grandilocuente, que utilizó la estratagema como un arma más del espectáculo.

El rock and roll siempre ha utilizado la violencia contra los instrumentos como sinónimo de creatividad, fuerza escénica y espectáculo total, lo cual en opinión de muchos expertos es un antónimo de todo lo que predican, siendo los mediocres los que necesitan de pirotecnia y malabarismos sadomasoquistas para tapar su ineficacia. Esta corriente de opinión se desvirtúa con la enorme lista de nombres que han practicado la tortura con sus instrumentos y que sin embargo gozan de una popularidad y prestigio a prueba de dudas. Músicos que en ocasiones representan la crème de la crème del género y que por motivos varios, terminaron ejerciendo su particular vendetta musical en forma de equipo de demolición autónomo.

No es cuestión de crear un inventario estadístico sobre violentas intervenciones, pero sí que procederemos a descubrir algunos instigadores de este tipo de maltrato contra sus propias herramientas de trabajo y creación. Es curioso destacar el efecto hipnótico que ejerce sobre el público este tipo de atropellos y arrebatos, llevándolos a un estado de éxtasis ficticio que ajeno a cualquier tipo de interpretación artística, se convierte como por arte de magia en sinónimo de excelencia, virtud y grandeza musical. Destrozar una guitarra valorada en miles de euros, no sólo es un ejercicio pueril que está al alcance de ciertos sibaritas que, posiblemente no valoren lo que destruyen, sino que podría tratarse de una demostración más del excentricismo bravucón de las rockstar y una apología enfermiza del consumismo radical.

Pero el público siempre ha levitado, nadando en feromonas y sucumbiendo a una comunión electrofisiológica con el artista, que ha conducido a una copulación orgásmica bajo los efectos de la devastación escénica. Recuerdo asistir en los primeros años ochenta a conciertos en una nave industrial, por definirlo de alguna manera, situada en la frontera entre L'Hospitalet y Barcelona y que todos conocíamos como «Los Locales», donde la destrucción de instrumentos o al menos el derribo con sumo cuidado disimulado de los mismos, estaba a la orden del día y se institucionalizó como parte del estipulado bis. Todavía no me he recuperado de la sorpresa y estupefacción que me produjo ver como un miembro de una banda punk que no recuerdo el nombre, sufrió un ataque de epilepsia en directo y el público entró en trance, vitoreando y jadeando cuando el resto de la banda lo llevaban en volandas a la calle en busca de asistencia médica, mientras que el susodicho chorreaba espuma por la boca, entre convulsiones y espasmos. Como pensó más de uno, *the show must go on*, la adorable audiencia terminó por destrozar el *backline* y dar por cerrada la ceremonia.

En abril de 2004, dentro del Bad Music Festival celebrado en la sala Salamandra de L'Hospitalet, Barcelona, actuaba el grupo gallego Holywater, que tras una actuación espectacular, cerró su concierto con un pletórico Ricardo Rodríguez que se dejó embaucar por la adrenalina del momento y ante una audiencia entregada, destrozó su guitarra, para más tarde en camerinos, dejaba escapar alguna lágrima sin comprender qué le había pasado por la cabeza.

El inicio de toda esta lujuria destructiva se le atribuye al grupo británico The Who, aunque no fueron los primeros en esgrimir mamporros instrumentales, sí lo rentabilizaron mejor que nadie anteriormente.

The Who, despertando a la bestia

En muchas ocasiones los grandes cambios surgen de pequeños detalles insignificantes, como si fuera cierto que el batir de las alas de una mariposa pudiera provocar un tsunami en la otra punta del mundo.

Eso es lo que le ocurrió a Pete Townshend, guitarrista de The Who. Corría el mes de septiembre de 1964 y el grupo actuaba en el Railway Tavern, en Harrow and Wealdstone de Londres, un local de dimensiones minúsculas, donde bandas de la nueva hornada se daban a conocer.

The Who era una de ellas, con un sonido marcado por el rhythm & blues americano, habían conseguido una excelente reputación a nivel local por sus fuertes directos.

Esa noche, el local no estaba completo, pero como siempre The Who ofrecieron lo mejor de ellos mismos. Casi al final del set Townshend levantó la guitarra con tan mala suerte que topó bruscamente con el bajo techo del local. El golpe destrozó el clavijero de la Rickenbacker y mientras el guitarrista se quedaba en shock, el público comenzó a burlarse y a reír a mandíbula partida. La furia que embargó a Townshend destapó una ira incontrolada que por no volcarla contra el público se ensañó con la guitarra, para una vez destrozada, hacer lo mismo con la guitarra de sustitución que llevaba a los conciertos.

La actitud del público cambió a medida que el ritual se reproducía delante de sus ojos, lo que en un principio fue burla por una situación ridícula, se transformó en entusiasmo por algo tremendo que no habían visto antes, el guitarrista de The Who destrozó sus guitarras para dar por finalizado el concierto.

La frustración de Pete Townshend le acompañó durante unos días, el tiempo que tardaron en presentarse de nuevo en concierto, y comprobar que la sala estaba abarrotada, con un gentío que se tradujo con numerosas personas en la calle sin poder entrar al local. Todos habían venido a ver al guitarrista que destrozaba su guitarra y con la esperanza de que el espectáculo se volviera a repetir de nuevo.

Pete no estaba dispuesto a reincidir en la angustiosa experiencia, entre otros motivos porque no tenía más instrumentos que destrozar y porque no fue su intención hacerlo en realidad. La decepción del público era evidente, hasta el punto de que resultó incómoda para los músicos, pero en la banda había alguien lo suficientemente trastornado como para darles lo que habían

Pete Townshend, guitarrista de The Who.

venido a buscar. Keith Moon, batería de la formación suplió a su compañero guitarrista y destrozó el kit de batería, si bien es cierto que con menos desperfectos que la Rickenbacker, el espectáculo de ver volar caja, goliat o platos, fue tan efectivo como irracional y desató el delirio del público, que se encargó de difundir la noticia, exagerando más el aquelarre destructivo.

No cabe duda que The Who aposentaron los principios de su carrera sobre este hecho casual que mantuvieron y perfeccionaron hasta convertirlo en un arte. Sin ir más lejos, la revista *Rolling Stone* eligió el incidente de Railway Tavern, como uno de los 50 momentos que cambiaron la historia del rock'n'roll.

Tan sólo en 1967 The Who destrozaron 35 guitarras, por lo que comenzó a correr el rumor que gastaban más dinero en instrumentos que lo que ganaban en concierto. La progresión de popularidad iba directamente proporcional a sus desmanes escénicos, sin menospreciar en ningún momento su gran calidad musical. El 17 de septiembre de 1967 la banda realizó su debut televisivo en Estados Unidos en el programa The Smothers Brothers Comedy Hour, dirigido y presentado por los hermanos Tom y Dick Smother, era uno de los night show más importantes de la televisión, en el que los hermanos cantaban, realizaban gags cómicos y presentaban actuaciones de variedades.

La banda había planeado destrozar los instrumentos al final de «My Generation», a sabiendas que el programa tendría una audiencia de millones de personas y que sería una estupenda promoción de entrada en el mercado americano. Tras la presentación un tanto jocosa y burlona de Tom Smother, The Who realizaron una versión demoledora del tema y terminaron en plan *hooligans* británicos destrozando el material, pero la cosa derivó en una sorpresa que pudo ser trágica.

Keith Moon escondió explosivos en el bombo de su batería sin avisar a nadie, ni tan solo a sus compañeros de grupo, algo creíble al ver las consecuencias posteriores. Cuando estaban en plena bacanal destructiva Moon hizo explosionar la batería en lo que fue una de las imágenes más impactantes de la historia de la televisión en esa década.

A Pete Townshend se le incendió el cabello y sufrió una lesión del oído derecho que le mermó su capacidad auditiva de forma crónica, Roger Daltrey que se dirigía de cara a la batería, recibió el impacto de la onda expansiva, sin lesión pero con una cara de susto impresionante, mientras que el bajista John Entwistle sin perder la compostura parece ajeno a la demencia general, aunque media batería le cayó a los pies, al igual que Keith Moon, que bajó de la tarima y se desplomó delante de la misma.

Dick Smother apareció alarmado en el escenario armado con una guitarra acústica porque debía interpretar una canción en esos momentos, pero fuera de sitio estaba más preocupado por la salud de Moon que de otra cosa, al igual que Daltrey que corría a mirar cómo estaba su compañero, mientras que Pete, apagando el incendio de su melena, le robaba delante de cámara la guitarra acústica a Dick, estampándola contra el suelo. Keith Moon, diseñador y único responsable de la detonación, terminó con un corte en el brazo, producido por uno de los platillos que salió despedido.

Una escena dantesca que al parecer fue peor de lo que muestran las imágenes en plató. Hubieron desmayos entre el público, algún ataque de ansiedad y se cuenta que la actriz Bette Davis, invitada del programa y que estaba viendo la actuación detrás de bastidores, sufrió un desmayo seguido de una crisis de ansiedad. Tom Smother declaró años más tarde en un documental sobre el programa que había sido uno de los momentos más duros de su carrera televisiva y que en aquel momento, «no tenía ni idea de lo que había pasado. Sinceramente estaba más preocupado por ver miembros amputados y público desangrándose».

Las tropelías de The Who continuaron, como ya hemos podido ver en su duelo destructivo con Jimi Hendrix en el Monterey Pop Festival de 1969, que se saldó con ventaja del guitarrista zurdo al quemar su Stratocaster. The Who se vengaron de esa derrota ese mismo año en Woodstock, cuando el 16 de agosto terminaron su actuación con el que está considerado como el mayor destrozo escénico del rock.

El grupo destrozó todo lo que era visible, instrumentos, amplificadores, decorado, todo lo que tenían a su alcance, ante la desesperación de los técnicos que en medio de la batalla campal intentaban salvar la microfonía. Sus potentes directos, su energética música y la inestabilidad emocional de Keith Moon les procuraron una reputación de banda salvaje que esgrimieron con orgullo, hasta que poco a poco, las desgracias primero y la experiencia, les fueron domesticando y aburguesando hasta el día de hoy.

Ángeles de la destrucción

Cómo hemos dicho en el principio del capítulo, The Who no fueron los primeros en destrozar instrumentos, pero desde luego han sido los que más rendimiento han obtenido con ese dudoso arte. La primera destrucción documentada de un instrumento en una actuación, se la debemos al músico humorista Rockin 'Rocky' Rockwell, quien realizando una parodia de Elvis Presley cantando «Hound Dog» en el programa de televisión Lawrence Welk Show, partió en dos la guitarra acústica que acababa de tocar. Corría el año 1956, pero no tuvo ninguna repercusión al tratarse de parte del show humorístico y destartalado.

Fue el primer músico de rock del que se tiene constancia de llevarse mal con los instrumentos es The Killer, Jerry Lee Lewis se ganó el apodo a base de sacrificar pianos. No bastaba con subirse a bailar encima, patear las teclas o liarse a puñetazos con ellas, era conocida su afición por rociarlos de líquido inflamable y prenderles fuego, eso sí, mientras continuaba tocando el piano, la audiencia y la empresa de alquiler de *backline* ardían de rabia o pasión, dependiendo del lado en el que se encontraban.

Fue tan conocida su afición pirómana, que muchas empresas retiraron sus pianos cuando se anunciaba que actuaba Lewis. Según cuen-

Jerry Lee Lewis, uno de los mejores músicos de rock y un influyente pianista.

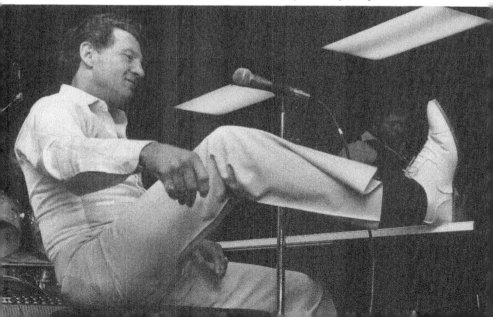

tan, la primera ocasión en la que incineró un piano fue en uno de los conciertos de Alan Freed en 1957. Jerry entendía que él debía de ser el cabeza de cartel, pero Freed le ofreció ese privilegio a Chuck Berry, que había tenido un par de singles de éxito. La forma de vengarse de los dos fue su hoguera musical, improvisada y totalmente clandestina, que instigó una auténtica revolución de histerismo entre el público, además del consiguiente enojo de Chuck Berry, otro que era de armas tomar, decidiendo abandonar el concierto sin tocar en vista del bullicio organizado por The Killer.

Antes incluso que Lewis, pero alejado del rock, tenemos a la leyenda del jazz Charles Mingus, quien en 1950, actuando en Five Spot Café de Nueva York, escuchó unos comentarios racistas de un sector del público. Mingus, afroamericano y activista antirracista, incluso antes del nacimiento del Movimiento por los Derechos Civiles, entró en cólera y destrozó su contrabajo en escena, un instrumento valorado en 20.000 dólares, una pequeña fortuna a principios de los cincuenta.

Una decisión sabia y acertada, porque no hubiera sido buena idea que un afroamericano agrediera a unos blanquitos malcriados, en plena década de los cincuenta y por mucho que fuera en Nueva York, capital de la supuesta integración racial.

El cine inmortalizó la destrucción de instrumentos en el rock en 1966, cuando se estrenó la película *Blow-Up* (*Deseo de una mañana de verano*) del director Michelangelo Antonioni.

En ella se narran las peripecias de Thomas, reconocido fotógrafo de moda londinense que recorre el Swinging London en plena explosión del rhythm & blues británico. Antonioni quiso que aparecieran The Who actuando, pero ante la negativa de la banda se contrató a The Yardbirds, con la formación en la que militaban Jimmy Page y Jeff Beck.

En la escena, The Yardbirds interpretan el tema «Stroll On» ante la pasividad inerte del público. Jeff Beck comienza a tener problemas con su amplificador y al no poder arreglarlo impacta varias veces con su guitarra sobre él, hasta que aparece un técnico que intenta arreglarlo al mismo tiempo que Beck monta en cólera y destroza su guitarra contra el suelo, despertando al público que comienza a vibrar y enloquecer cuando el guitarrista lanza el mástil del instrumento hacia ellos. Una escena que no cuenta con excesiva credibilidad porque la cara de buenazo del jovencito Jeff Beck no predispone a verle destrozar un instrumento. Aunque impostada, sería la primera vez que se reflejaba en el cine la tortura instrumental.

Llegados a este punto debemos hablar de Gustav Metzger, un judío alemán que llegó a Inglaterra con el programa Movimiento de Niños Refugiados en 1939, escapando del auge del nazismo. Metzger llegó a ser un artista y activista político de renombre al ser uno de los principales exponentes del arte autodestructivo y los movimientos de Art Strike.

Según Metzger «la formulación concentrada de la autodestrucción, es una de las expresiones supremas del arte». Pete Townshend fue alumno de Metzger y durante la década de los sesenta, las proyecciones de escenario de la banda The Who eran proyectos de arte de él, igual que la mayoría de espectáculos luminosos de Cream. Townshend siempre afirmó que Metzger fue una de las influencias marcadas de la deriva destructiva de The Who.

Entre el 9 y el 11 de septiembre de 1966 se celebró en el Centro Africano de Covent Garden en Londres, el Simposio de Destrucción en el Arte (DIAS), dirigido por Gustav Metzger, que reunió a un nutrido grupo de activistas de la contracultura para promover actos de destrucción artística como metáfora de la destrucción de la propia sociedad. Se cuentan por centenares las actuaciones que terminaron en bacanal de devastación escénica. Entre los numerosos músicos que asistieron estaba la artista multidisciplinar Yoko Ono. En el congreso se destruyeron numerosas obras de arte efímero, creadas para la ocasión, desde esculturas a obras de teatro que terminaban con la escenografía calcinada.

Otro de los músicos que popularizaron el estropicio instrumental fue Ritchie Blackmore que con Rainbow se hizo famoso por su mal genio en todos los sentidos, provocando la expulsión de varios de sus compañeros, con el público al que en numerosas ocasiones despreció, con la prensa que siempre vilipendió e incluso agredió en más de una ocasión, pero sobre todo con su guitarra.

En su etapa de Deep Purple eran conocidos y esperados sus arrebatos de rabia y furia sobre su instrumento, que comenzaban por restregarlo por amplificadores, monitores o pies de micro y terminaban hechos astillas, desmembrados y víctimas de su soberbia y arrogancia.

Quizás el más conocido de estos ataques de ira lo protagonizó el 6 de abril de 1974 en el California Jam, festival celebrado en Ontario y en el que participaron bandas como Black Sabbath, Eagles y Emerson, Lake & Palmer.

Deep Purple debían de ser cabezas de cartel o al menos eso pensaba Blackmore, que lideraba la formación del Mark III, con David Coverdale, Ian Paice, Jon Lord y Glenn Hughes, pero la organización estimó más oportuno que cerraran el festival Keith Emerson y los suyos. Blackmore no supo aceptarlo y en la interpretación de «Space Truckin'» desarrolló una de las orgías apocalípticas más violentas que se han podido ver en un escenario. Durante más de siete minutos se dedica a destruir todo el *backline*, comenzando por la guitarra que lanza al aire para que aterrice en el suelo sin ningún pudor, pero además ordenó a un *roadie* que quemara el amplificador de la guitarra.

Ritchie Blackmore

El empleado, quizás algo nervioso, vertió más líquido inflamable de la cuenta, por lo que tras el incendio del cabezal de amplificador, se produjo una explosión y llamarada de fuego que inundó medio escenario alcanzando los monitores. Blackmore, en su propio aquelarre diabólico, comenzó a arrastrar las pantallas de su Marshall y lanzarlas al foso del público, cabezales y todo lo que pillaba de por medio, sin ningún tipo de responsabilidad y poniendo en peligro a miembros de equipo de producción y las primeras filas del auditorio. Todo este atropello nihilista está documentado en el vídeo del concierto y donde se puede ver la actitud endiosada de Blackmore, el desprecio hacia sus compañeros y al público.

Blackmore siguió esgrimiendo ese show de devastación a lo largo de los años con Rainbow, pero jamás con tanta inquina como en el California Jam, todo más controlado y en ocasiones aburrido y anodino. El último momento icónico del arte de la destrucción sería el 7 de abril de 1975 en el *Palais De Sports* de París, en el concierto final de la gira de Stormbringer, fecha en que había anunciado que abandonaría Deep Purple. Como despedida sometió a su guitarra a otra sesión de tortura, a la que en esta ocasión se sumó Ian Paice destruyendo su batería, al pensar que ese sería el final de la formación, pero estaba equivocado, tan sólo falleció el Mark III, pero quedaba bastante por contar en Deep Purple.

Una de las imágenes más simbólicas y emblemáticas sobre el arte de la destrucción, descartando la quema de la guitarra de Hendrix que ya hemos visto, la tenemos en la portada del álbum *London Calling* de The Clash, remarcando una vez más la importancia de los fotógrafos en la historia del rock, auténticos héroes de un mundo endemoniado que, sufriendo las penurias más degradantes que podamos imaginar, luchan y se dejan el pellejo para inmortalizar un momento efímero, que en no pocas ocasiones es histórico y puede pasar delante de sus ojos u objetivo sin avisar para que se preparen.

Eso es lo que estuvo a punto de ocurrirle a Pennie Smith, fotógrafa británica especializada en fotografía musical, cubriendo a lo largo de su historia giras de grupos como Led Zeppelin, The Rolling Stones, The Who, U2, Morrissey, The Stone Roses, Primal Scream, Manic Street Preachers, Radiohead, Blur, Oasis o The Strokes entre otros. Igualmente ha realizado sesiones fotográficas para portadas de discos y en numerosas ocasiones ha sido portada de grandes publicaciones como *New Musical Express* o *Q*.

El 21 de Septiembre de 1979 Pennie Smith se encontraba en The Palladium en Nueva York, cubriendo la gira americana de The Clash, The Clash Take the Fifth. Según la crítica especializada desplazada al evento, la banda británica ofreció una gran actuación, siguiendo la tónica general del tour, incluso Joe Strummer destacó años más tarde que considera ese concierto como uno de los mejores de la banda, pero al parecer Paul Simonon, bajista del grupo, no tenía la misma percepción de la realidad y estaba muy disgustado sin comprender muy bien el motivo.

Al finalizar el último tema del *setlist*, «White Riot», Simonon se esquinó hacia su lugar del escenario y comenzó a golpear contra el suelo su bajo. Pennie, supuestamente porque esa noche estaba algo cansada del trajín de la gira, no se había acomodado en el foso de fotógrafos y se ubicó en el lateral del escenario, justo a pocos metros de donde Simonon maltrataba su instrumento.

De esa casualidad, fortuna o intuición, nació una de las fotos más icónicas del rock y seguramente la más representativa de la generación punk. Pennie apenas tuvo tiempo de enfocar bien, todo ocurría muy rápido y la adrenalina del momento y el saber que tienes a un click un pasaje irrepetible le hizo disparar varias capturas sin apenas encuadrar el campo de visión y mucho menos la focal.

La fotografía donde podemos ver a Simonon intentando abrir una zanja en el escenario con su bajo, no era de las que Pennie quería usar, precisamente porque está ligeramente desenfocada, pero la banda no negoció un fotograma sustituto y terminó siendo la portada de *London Calling*, homenajeando con su iconografía el primer álbum de Elvis Presley.

Paul Simonon tratando de abrir una brecha en el escenario con el bajo.

El bajo que Paul Simonon destrozó en Nueva York era un Fender Precision, un instrumento de por sí muy valioso, pero al cual el músico había añadido ciertos cambios como un golpeador nuevo y ajustado a su forma de tocar, y elementos de diseño que incluían calaveras y en el cuerno superior una pegatina con la palabra «Pressure». Siempre lamentó la rotura del instrumento que hoy se encuentra expuesto en el Rock & Roll Hall Of Fame, como una de las reliquias más preciadas de la historia del rock. La fotografía de Pennie Smith recibió el premio como Greatest Rock 'n' Roll Photograph of All-Time, otorgado por la revista Q en el año 2002 y en enero de 2010 fue emitida como sello por el Royal Mail británico.

Trabajo para un lutier

Nirvana hicieron un arte de descuartizar los escenarios con todo lo que iba dentro incluido. Kurt Cobain gustaba de utilizar guitarras más bien baratas, no se sabe si como un método de rebeldía y protesta o simplemente por inercia de sus años de penurias económicas. La única guitarra importante que destrozó fue una Fender Stratocaster de edición japonesa que fulminó a porrazos en las sesiones de grabación de *Nevermind*. Al parecer en la sesión de grabación del tema «Endless, Nameless» que cierra el disco y donde la banda se propuso hacer una jam a modo de directo, Cobain somete a todo tipo de vejaciones al instrumento, con el resultado de casi siete minutos de sonido ensordecedor e innecesario, con una retroalimentación disforme y que cierra el mayor éxito comercial del grupo.

La guitarra fue reparada para la gira de presentación de *Nevermind*, pero sirvió de poco el esfuerzo de los lutieres, puesto que en uno de los primeros conciertos, en Chicago, y durante el mismo tema del disco, Cobain entró en trance triturador y despellejó el instrumento en una especie de eutanasia consentida. Actualmente la guitarra está expuesta en el Museo EMP en Seattle.

Durante su corta carrera musical, Nirvana esgrimieron numerosos shows donde Cobain comenzaba a golpear todo lo que estaba al alcance del mástil de su hacha y se sumaba el resto de la banda, sobre todo Dave Grohl, que desarrolló un manual perfecto de derribo de la batería que ya hubiera querido para él el propio Keith Moon. Cobain, como en todo lo que hizo en su carrera y posiblemente vida, no era convencional a la hora de boicotear el *backline*, incluso infringiéndose lesiones en su ejecución. Podría lanzarse de espaldas sobre la batería o arremeter con la cabeza un amplificador, esgrimir un pie de micro como si fuera una espada láser o hacer planear su guitarra por encima de las cabezas de sus compañeros. Todo en pro de la estética punk que ofertaba la banda.

Slash, guitarrista de Guns'n'Roses, es un reputado coleccionista de guitarras además de un afamado instrumentista. Él sabe muy bien lo que es su pasión y lo que es realmente el espectáculo, por lo que compró una serie de guitarras, réplicas baratas de las Gibson Les Paul que utilizó en *Appetite For Destruction*, para poder destrozarlas de gira. Algunas de esas guitarras pasaron a ser de su colección personal por el gran sonido que sacaban.

Slash, guitarrista de Guns'n'Roses.

Caleb Followill, vocalista y guitarra rítmica de Kings Of Leon, destrozó su guitarra tras un concierto en el que el sonido no era del todo nítido. Caleb fue calentándose, quejándose del desastroso audio que padecía, hasta que en un arrebato de ira comenzó a destrozar la guitarra contra el suelo. Sus compañeros de banda lo detuvieron, primero porque no formaba parte del espectáculo y segundo porque era una guitarra Gibson ES-325 Vintage de un enorme valor, sentimental y económico. Gibson se ofreció a reparar la guitarra, que tuvieron que reconstruir casi en su totalidad. Caleb Followill fue obligado por la banda a ingresar en una clínica de desintoxicación por su alcoholemia.

Otros amigos de la destrucción son Paul Stanley de Kiss, que durante mucho tiempo destrozaba su guitarra a ritmo de «Rock and Roll All Nite». Trent Reznor de Nine Inch Nails, destrozaba los teclados y todo el *backline* durante sus giras de los noventa, hasta que llegó un punto que le resultaba una monotonía espantosa y me imagino que lo suficientemente costosa como para pensárselo.

Paul Stanley de Kiss.

Marilyn Manson acostumbraba a terminar sus conciertos derribando la batería con el pie de micro, indicativo de que no habría más bises. Todo era muy modosito y cuidado, pues la batería apenas recibía desperfectos, salvo el consiguiente parche roto, pero sin embargo, desplegaron el fantasma de la destrucción en su actuación en los MTV Awards de 1997 con el tema «The Beautiful People», derribando toda la barrera de amplificadores y la batería, mientras Manson se dedicaba a ensañar el culo a los espectadores.

Win Butler de Arcade Fire se disgustó enormemente en 2007, cuando la banda interpretaba «Interventio» en el programa de televisión Saturday Night Live y se le rompió una cuerda. Desahogó su ira destrozando la guitarra en directo, supongo que pensaría «mejor que me recuerden por romper la guitarra que porque suene mal». Stevie Ray Vaughan acostumbraba a lanzar cuidadosamente su guitarra al suelo y desde allí la zarandeaba al tiempo que le rompía las cuerdas. Un show efectivo y poco peligroso para el instrumento hasta que en 1985, en un concierto en Atlanta se emocionó más de la cuenta y terminó rompiendo el conector y parte del clavijero. Una vez cometido el pecado, intentó disfrutar arrastrando la guitarra por el duelo y golpeándola, aunque de forma no muy cariñosa.

Billie Joe Armstrong de Green Day, protagonizó un vídeo viral al destrozar su guitarra y no dejar títere con cabeza a base de insultos e improperios contra la organización del festival iHeart Radio de Las Vegas. Al parecer le exigieron por el *telepronter* que parara su actuación, que les quedaba sólo un minuto para seguir el *timing* en un evento que era retransmitido por televisión y donde los espacios publicitarios eran sagrados. Billie lució su personalidad más agresiva y punk, por lo que fue alabado y odiado por igual.

Pero si tenemos que destacar un músico dentro del hipotético ranking de maltratadores de instrumentos, ese es Matthew Bellamy de Muse, quien ostenta el récord Guinness de mayor número de guitarras destruidas, con el asombroso número de 140 unidades arrasadas durante la gira Absolution de 2003.

No debemos olvidarnos que en nuestro país, más concretamente en Barcelona, Los Salvajes importaron el verdadero rock tras una estancia en Alemania, época que daría para

Matthew Bellamy de Muse

un libro turbio y oscuro, ya que Gaby Alegret y los suyos, han sido una auténtica leyenda, pero menospreciada en la historia musical de la piel de toro. Ficharon por EMI con la intención de hacer de ellos los Rolling Stones españoles, ya que estaban los Mustang, también de Barcelona, que eran los equivalentes a The Beatles.

Los Salvajes hicieron versiones de los Stones como «Paint In Black» como «Todo Negro», «(I Can't Get No) Satisfaction» como «Satisfacción» o la maravillosa adaptación de «19th Nervous Breakdown», aquí llamada «La Neurastenia», pero tenían mucho más que ver con

The Who, posiblemente de ahí el nombre. Los Salvajes, en plena dictadura franquista, destrozaron su equipo en los directos, no sin problemas con la autoridad y los «grises», la policía nacional franquista. La banda acostumbraba a llevar amplificadores Marshall de atrezzo, que destrozaban a base de golpes, provocando una reacción bárbara en el público que se comportaban como auténticos montaraces. En alguna ocasión rompieron los amplificadores en la vorágine de adrenalina y tuvieron que repararlos, por lo que acudieron a Felip Colominas, técnico que desde un local de Poble Sec, Barcelona, diseñó una línea de amplificadores para Los Salvajes que pasaron a llamarse Sinmarc (Sin Marca) y que configuraron la mejor empresa española de amplificadores de la historia, extrayendo un sonido particular que se conoce como «Sonido Mosca».

Fuera del mundo del rock, el actor Kurt Russell, durante la grabación de *The Hateful Eight* (*Los odiosos ocho*) de Quentin Tarantino, destrozó una guitarra acústica en un tremendo error de comunicación del equipo de producción. El personaje interpretado por Jennifer Jason Leigh está interpretando una canción, cuando Russell le quita el instrumento y lo hace añicos, sin saber que se debía sustituir por una guitarra falsa. Se trataba de un instrumento cedido por Martin Guitar Museum, una guitarra Martin de 1870 con 145 años de antigüedad que fue irrecuperable. Desde ese hecho el museo ha prohibido la cesión de instrumentos.

No sabría decir si la destrucción de instrumentos en directo es en cierta manera una expresión artística o se trata de una parte insustancial del espectáculo; si se busca algo más allá del mero impacto visual y comercial, pero ha sido, es y será parte del circo del rock'n'roll. Lo que sí tengo claro es que es un vicio muy caro, al alcance de muy pocos y que es de nuevo una demostración del nihilismo de las rockstar… ni más ni menos.

La leyenda de Mia Zapata

Hemos dicho anteriormente en este libro que las conspiraciones son tales porque nadie las ha verificado, es decir, que si se demuestran que son ciertas, dejan de serlo y pasan al capítulo de los crímenes. Esto es lo que pasó con el terrible y sádico asesinato de Mia Zapata, vocalista principal de la banda de punk rock The Gits, que durante algo más de una década fue una de las más aterradoras conspiraciones de finales de siglo, pero por una serie de acontecimientos que veremos a continuación, ya en este siglo se descubrió al asesino, o a quien fue acusado de serlo, ya que nunca confesó su culpabilidad.

Es por eso que no hemos incluido el caso en el primer capítulo, aunque constituye una leyenda urbana en toda regla, por el impacto que tuvo en la sociedad musical de Seattle, por la serie de teorías conspiranoicas que se erigieron a su alrededor y porque convirtieron a Mia en un icono de la lucha contra la violencia sexista.

Pero quién fue Mia Zapata

Mia Zapata nació en Louisville, Kentucky, hija de dos creadores de contenidos de plataformas televisivas que desde pequeña la educaron en todo tipo de expresiones artísticas, sobre todo porque teniendo una personalidad retraída y muy tímida, se dieron cuenta que era un método de empoderamiento personal.

En 1984, terminados sus estudios secundarios, se matriculó en la universidad privada Antioch College en Yellow Springs, Ohio, cursando Ciencias Artísticas y Bellas Artes. Fue allí donde conoció al guitarrista Joe Spleen, el bajista Matt Dresdner y el batería Steve Moriarty, con quien creó en 1986 la banda The Gits.

Dos años más tarde grabaron una demo llamada *Private Lubs*, que en 1996 se editó con el nombre de *Kings & Queens*, con la que comenzaron a tener cierta popularidad local y se ganaron una buena reputación a base de conciertos. Mia sobresalía del resto de la banda, pues aunque el sonido del grupo era netamente punk rock, la extraordinaria voz de la cantante procedía de la escuela de clásicos del jazz, blues y soul como Bessie Smith, Billie Holiday, Jimmy Reed, Ray Charles, Hank Williams o Sam Cooke entre otros, de hecho era habitual terminar sus actuaciones con algún tema de Bessie Smith, que en ocasiones interpretaba *a capela*, y es portentosa la versión que grabaron en su segundo álbum del «A Change Is Gonna Come» de Sam Cooke.

Atraídos por la floreciente escena grunge de Seattle, se trasladaron a la ciudad de los sueños en 1989, pero desgraciadamente no obtuvieron una buena acogida, por lo que Mia terminó trabajando de camarera en un bar de dudosa legalidad y el resto de la banda con trabajos mal pagados, mientras que ocuparon una casa abandonada que llamaron The Rathouse.

Editaron varios singles en diferentes sellos minúsculos, que no tuvieron repercusión en la prensa, más preocupados en destacar las esencias de la generación grunge, sobre todo tras la explosión de Nirvana en 1991 con el *Nevermind*.

The Gits actuaron compartiendo escenario con la banda femenina 7 Year Bitch, englobada dentro del movimiento Riot Grrrl, por lo que al contar The Gits con la arrebatadora presencia de Zapata, era habitual que comenzaran a aparecer en artículos del movimiento feminista.

Una mujer respetada en la escena

En 1992 se autoeditan su álbum debut, debido al poco interés de las indies locales; *Frenching The Bully*, que es como se llamó el trabajo obtuvo un notable éxito entre la comunidad musical, contrastando con la falta de atención de la prensa y la industria, básicamente porque se alejaban del sonido netamente grunge que imperaba.

The Gits, punk rock acelerado que mezclaban con grunge y música negra.

Mia, que procedía de una familia acomodada y que sin embargo renunciaba a los placeres comunes del dinero, esgrimía un discurso anticapitalista que hizo mella en una comunidad de artistas que intentaban a su manera ir en contra del sistema.

Pertenecía a varios grupos de opinión y asociaciones artísticas de diversas disciplinas, lo mismo podría liderar una sesión poética como reventar con su poderosa voz una jam session.

Zapata se codeaba intelectualmente con miembros de bandas como Nirvana, Pearl Jam, Love Battery, The Posies o Soundgarden, al mismo tiempo que comenzaba a destacar como *frontwoman* im-

Mia Zapata

pactante, preludio de una próxima explosión de notoriedad. Muchos agentes implicados en la escena efervescente eran de la opinión que The Gits sería una de las bandas que seguirían la estela de éxito de Nirvana, Pearl Jam y Soundgarden.

La muerte acecha en cada esquina

La noche del 6 de julio de 1993, Mia Zapata estaba tomando unas copas y asistiendo a un slam de poesía urbana con unos amigos en el Comet Tavern, local habitual de tertulias literarias del barrio de Capitol Hill de la ciudad. Según el informe policial Zapata marchó del local sobre la medianoche para quedar en el apartamento de su exnovio, Robert Jenkins. Él vivía en un loft a pocas manzanas del Comet, pero al parecer no se encontraba en casa cuando Mia llegó, por lo que visitó a una amiga que vivía en el mismo edificio de apartamentos.

Siempre según el informe de las autoridades, permanecieron juntas hasta las dos de la madrugada, cuando Mia marchó, desconociendo la anfitriona dónde se dirigió. Esa fue la última vez que se vio a Zapata con vida.

A las 3:20 de la mañana, una prostituta que regresaba a su casa por Central Area, que se encuentra a más de dos millas del Comet Tavern y la casa de su amiga, vislumbró el cuerpo de una mujer arrojado en un callejón vacío entre la basura.

Se trataba de Mia Zapata, de 27 años de edad, que había sido brutalmente atacada, golpeada, violada y estrangulada con los cordones de su sudadera, perteneciente al merchandising oficial del grupo. La violencia demostrada por el agresor demostraba ensañamiento y una perversión fuera de cualquier raciocinio posible.

La policía no pudo identificarla, aunque se desconoce, pues no se refleja en el informe, si la chica no tenía documentación, ni nada que acreditara su identidad, estaba deteriorada o simplemente se la habían sustraído.

La banda estaba grabando los temas de lo que sería su segundo álbum, *Enter: The Conquering Chicken*, algo sumamente importante como para que una persona como Mia faltara a la cita al día siguiente. Llamaron a la policía, pero es sabido que antes de denunciar una desaparición deben de pasar un buen número de horas o al menos eso es lo que les informaron, mientras tanto puede haber sido cualquier cosa lo que la impidió asistir a la sesión de estudio, una relación esporádica, una borrachera, drogas, una huida de la ciudad voluntaria, cualquier excusa era buena para no levantar el culo del asiento.

Los compañeros de Mia llamaron a todos los hospitales de la ciudad preguntando por Mia, ofreciendo la descripción física de ella. Hasta que el batería, Steve Moriarty, sugirió llamar a la morgue y ante la negativa del resto de la banda, lo hizo él mismo. El chico que estaba de guardia en el depósito, fan de la música en vivo y que había visto a la banda en varios conciertos le dijo: «Lo siento mucho, pero tengo aquí a tu cantante, Mia Zapata. Debería venir alguien para identificarla».

Consternación, rabia, consecuencias

Se desconoce qué pasó en los más de 80 minutos que transcurrieron desde la salida del apartamento de su amiga, hasta que la prostituta la encontró estrangulada. En la escena del crimen no aparecían huellas, restos de pelo o sangre ajena a la víctima, el arma con la que la golpeó, incluso la violación no dejó restos de semen en la mujer.

Con esos indicios la policía no encontró ninguna vía de investigación posible y se ciñó según marca en manual, a que en la mayoría de
casos el agresor es del entorno más familiar de la víctima.

Se barajaron posibilidades de que fuera Robert Jenkins, antigua pareja de Mia, que al parecer no se encontró en casa cuando ella fue a
visitarlo, se interrogó y acosó al resto de miembros de la banda, así
como a los amigos que estuvieron la noche del asesinato con ella en
Comet Tavern, pero ninguna opción fue más allá de una persecución
a base de palos de ciego.

Una de las teorías de la conspiración que nacieron, hizo mucho
daño al colectivo nocturno de taxistas y durante bastante tiempo corrió
el rumor que el asesino era un chofer que había encochado aquella noche a Mia, por lo que el trabajo nocturno se vio reducido drásticamente. Al mismo tiempo la policía, haciendose eco del rumor y sin nada
mejor entre manos detuvo a todos los taxistas que tenían antecedentes
policiales, aunque no fueran responsables de agresión o violación, pero
tampoco sacaron nada en claro.

Otra de las teorías más divulgadas es que Mia no llegó a abandonar
el edificio de apartamentos, por lo que el asesino debía ser un residente
del mismo, pero esa teoría se desmontó por el hecho de que el cuerpo
apareciera a dos millas de distancia y en tan sólo 80 minutos de diferencia.

Los compañeros de banda realizaron varias actuaciones con la intención de recaudar fondos para contratar a un detective privado, a
dichas actuaciones se sumaron músicos de las principales bandas de
Seattle, entre ellos componentes de Nirvana, Soundgarden y sobre
todo Joan Jett que actuó con la banda, sustituyendo a Mia Zapata bajo
el nombre de Evil Stig, que al revés es Gits Live.

Se contrató al investigador privado Leigh Hearon, que siguiendo
varias líneas de investigación, aportó el testimonio de un hombre que
la noche del crimen escuchó un grito desgarrador de una mujer, pero
se comprobó que estaba muy lejos de donde se encontró el cuerpo de
Mia y se descartó.

La escena musical de Seattle sufrió una catarsis colectiva y creció el
miedo a que el asesino estuviera atacando a la figura femenina, como

si de un brote misógino se tratara, más teniendo en cuenta que Zapata era identificada como militante del movimiento Riot Grrrl.

Valerie Agnew, batería del grupo 7 Year Bitch, y una de las mejores amigas de Mia, al mismo tiempo que la pareja sentimental de Steve Moriarty, el batería de The Gits, impulsó la iniciativa Home Alive. Varios artistas de la escena de Seattle comenzaron a reunirse para intentar aportar soluciones al problema de violencia sexista existente en la comunidad, desde abusos de menores, violencia conyugal, acoso sexual y violaciones, siendo el caso de Mia el más notorio por su popularidad. De esas reuniones nació Home Alive, asociación que apelaba por una serie de medidas de autodefensa femenina que pasaban por clases de defensa personal, mentalizar a las mujeres para marcar los límites a sus decisiones, esgrimiento el primer eslogan de «No Means No» (No es No), implantar un protocolo para que ninguna mujer volviera sola a casa de noche, e incluso promover vías de escape a posibles agresiones, además de apoyo psicológico y terapéutico si ya se habían producido.

Valerie Agnew y sus compañeras de 7 Year Bitch, editaron en 1994 su segundo álbum llamado *¡Viva Zapata!* en honor y tributo a su amiga, mientras que con el colectivo Home Alive promovieron la iniciativa de un disco recopilatorio para recaudar fondos para la organización. La avalancha de solicitudes para participar desembocó en un trabajo doble llamado *Home Alive. The Art Of Self Defense*, en el cual colaboraron numerosas formaciones para dar apoyo a la iniciativa, bandas como Fastbacks, Supersuckers, Love Battery, The Posies, Jello Biafra, Exene  Cervenka, Heart, The Presidents Of USA, Tribe 8, todos ellos encabezados por las tres bandas más importantes de la escena de Seattle, Nirvana, Pearl Jam y Soundgarden. La propia Mia Zapata aparecía en una canción en solitario y más tarde acompañada por The Gits, mientras que la banda volvía a colaborar con Joan Jett, activista y uno de los miembros más importantes de Home Alive.

Una década de olvido

Ni las investigaciones policiales, ni las llevadas a cabo por el detective Leigh Hearon, consiguieron esclarecer mínimamente los hechos, por lo que el caso de Mia Zapata fue quedando en el limbo administrativo de los casos archivados sin poderse cerrar, mientras que en la memoria colectiva de Seattle y más en particular de la escena musical, se fue transformando en una leyenda urbana con miles de desenlaces e interpretaciones, posiblemente la más curiosa y estrafalaria de todas ellas fue servir de argumento paterno para impedir que las jóvenes se decantaran por la tendencia musical; «Acabarás como Mia Zapata, violada en algún callejón», «Si sales a altas horas de la noche de un local de conciertos, te pasará lo que a Mia», «Esa vida sólo te conduce a una violación y la muerte», y muchas más por el estilo.

Sin embargo, en diciembre de 2002, el caso da un giro sorprendente. El Laboratorio de Crimen de la patrulla del estado de Washington, decide hacer una prueba de ADN en unos restos de saliva archivados en la investigación inicial. Realizan un estudio de reacción en cadena de polimerasa, es decir los populares PCR, utilizados desde 2020 a nivel mundial para detectar la Covid-19 o Coronavirus, una técnica vigente desde 1986 y desarrollada por el ingeniero bioquímico americano Kary Mullis, quien recibió el Premio Nobel de Química por su trabajo y desarrollo posterior de la técnica, el mismo año que asesinaron a Mia Zapata, 1993.

En las pruebas se descubrió ADN que no era de Zapata, por lo que tenían localizada la identidad genética del asesino, aunque se desconocía su identidad física. Se tardó casi un año en encontrar en todas las bases de datos ADN que coincidiera, pero finalmente se localizó a Jesús Mezquia, un pescador de Florida con antecedentes de robo y agresión, pudiéndose comprobar que residía en Seattle en las fechas del asesinato.

Él siempre negó los hechos y en ningún momento del juicio se reconoció culpable, pero fue condenado a 36 años de cárcel el 25 de marzo de 2004, casi once años después del asesinato de Mia Zapata.

Mia Zapata siempre será un mito, una leyenda, un punto de apoyo contra la lucha contra la violencia sexista, los que la conocían afirmaron que jamás intentó ser el centro de atención, pero lo conseguía sin proponérselo, era una de esas personas que nacen sabiendo que serán una estrella y que brillarán con luz propia. Para Steve Moriarty, quien está preparando un libro sobre ella, a la auténtica Mia se la puede conocer en sus canciones, como en «Social Love», un tema que parece que presagiaba su final.

«Well I don›t need your social love, no
I feel misread enough
And what repels me
Is the fact that you're smiling
Walking on by, walking on by
Yeah when it hits me
See it still gets kinda heavy
Yeah when it's laying there over
It's wide open and read»

«Bueno, no necesito tu amor social, no
Me siento lo suficientemente mal leído
Y lo que me repele
Es el hecho de que estas sonriendo
Caminando, caminando
Si cuando me golpea
Mira, todavía se pone un poco pesado
Sí, cuando está tirado allí
Está bien abierto y leído»

IV. EL GRAN CIRCO DEL ROCK AND ROLL

Este gran circo genera innumerables leyendas, algunas de ellas que se fecundan en los despachos, en la antesala del infierno, allí donde se mueven los hilos de todo el tinglado. En algunos casos esos movimientos nos dejan relatos fascinantes, con todos los ingredientes para el éxito narrativo: traición, engaño, corrupción, robo, maldiciones, suplantaciones y demás aberraciones.

El contrato más corto del mundo

Sex Pistols son una de las bandas más efímeras de la historia del rock, tan sólo dos años y medio de vida parece poco para la barahúnda que significaron. Cuatro singles editados y un álbum llamado *Never Mind The Bollock, Here The Sex Pistols,* les otorgó el beneplácito de la historia al considerarlos padres del punk británico, algo que podríamos discutir pero no es el objetivo de este libro. Son muchas las voces que acusan a Malcolm McLaren de ser el conspirador que engendró al monstruo, el culpable del aquelarre que desataron y único responsable de su destrucción acelerada. No discutiremos sobre lo certera que es esa afirmación, pero tampoco defenderemos a un personaje polémico donde los haya.

Sex Pistols, un grupo que expresaba de manera cruda y espeluznante su inconformismo y odio hacia el status quo imperante.

Ser malo es bueno

McLaren se regía por un eslogan que aprendió de su abuela, responsable de su educación: «Ser malo es bueno. Ser bueno es simplemente aburrido». De joven, tras hastiarse de la educación y abandonar los estudios, se sumergió en el movimiento Internacional Situacionista, combinado intelectual formado por artistas de vanguardia, la mayoría militantes del dadaísmo y surrealismo, además de pensadores pseudo políticos desahuciados del marxismo antiautoritario de principios del siglo XX. McLaren se unió al grupúsculo británico King Mob, que promovía la anarquía cultural a base de acciones tildadas en ocasiones de ridículas como pintar la casa del poeta Wordsworth con las palabras «Coleridge Lives» y colgar pavos reales en Holland Park, Londres. Lo significativo de la militancia en King Mob fue que McLaren asumió el estilo de acción del grupo anarquista en la promoción de futuras bandas de rock.

En 1971, con la ayuda de su amigo de la escuela de arte Patrick Casey, McLaren convirtió toda la planta baja de unos locales comerciales en Let It Rock, donde reparaba ropa original, vendía discos de rock y realizaba pequeños trabajos de imprenta subversiva, con su socia y novia Vivienne Westwood.

En 1975 McLaren pasó a ser el mánager de The New York Dolls, a quienes conoció un par de años antes en una feria de moda en Estados Unidos. La banda estaba en pleno proceso de desintegración, destrozados por

Vivienne Westwood

las drogas y con un Johnny Thunders que no era ni una mala sombra de lo que había sido, pero McLaren precipitó al grupo a un final anunciado, además en un tiempo récord, hecho que se convertiría a la larga en una seña de identidad.

The New York Dolls fueron los primeros en vestirse de mujeres y en jugar con la androginia.

The New York Dolls realizaron una minigira de cinco conciertos por la ciudad de los rascacielos, en locales de un aforo medio, para la que McLaren diseñó unos trajes de cuero rojo para los músicos, que actuaron con un fondo de escenario inspirado en la Unión Soviética, presidido por un enorme icono del comunismo, la hoz y el martillo. La intención era levantar una polvareda escandalosa que aportara promoción y la atención de los medios hacia la banda, pero no resultó. En un país que nunca ha superado su animadversión a todo lo que suene o huela a comunismo, la jugada fue un completo desastre y generó más intranquilidad en el futuro de la formación así como aumentó las tensiones entre los músicos que decidieron separarse al poco tiempo. McLaren regresó al Reino Unido, mientras que The New York Dolls decidieron intentarlo de nuevo, pero la buena voluntad sólo les dio para terminar compromisos, hasta que el 30 de diciembre de 1976 ofrecieron su último show en Max's Kansas City.

Instrumentos robados

McLaren le había echado el ojo a una banda que pululaba a menudo por Let It Rock, aunque sus gustos iban más encaminados a la escena mod que poco o nada le interesaba. Los tres imberbes, menores de edad, atendían a los nombres de Wally Nightingale que se enredaba con la guitarra, Steve Jones que poco más o menos que berreaba, afirmar que eso era cantar podría resultar un eufemismo y Paul Cook que golpeaba la batería como quien patea un buzón de correos. Strand, nombre del grupo, hicieron correr el rumor, más tarde convertido en leyenda, de que los instrumentos que tocaban los habían robado y repartido al azar, pero todo parece más bien una excusa barata para disculpar su escaso dominio de los mismos.

En enero de 1974 McLaren ya dirige los destinos de Strand y corre con el alquiler de su primer local de ensayo, pero a cambio introduce en el grupo como bajista a Glen Matlock, un joven estudiante de arte que trabajaba de dependiente en la tienda de McLaren y Westwood.

Cuando en noviembre marchan a la aventura americana ya han bautizado la tienda como Sex, cambiando el estilo, centrándose en una línea de ropa basada en el sadomasoquismo y denominada anti-moda.

Tras la experiencia de The New York Dolls y su regreso a Londres, se centra en la banda y en cómo moldearla a su gusto, cambiando en primer lugar el nombre Strand por Sex Pistols en clara referencia a su propia tienda. En segundo lugar mostró una inquina enfermiza hacia Wally Nightingale, hasta el punto de amenazar al resto del grupo que los dejaba si no lo despedían, cosa que hicieron sin rechistar.

Cuenta la leyenda que se quedó impresionado con un joven irlandés, John Lyndon, cliente habitual de Sex y que llevaba el pelo de color verde y una camiseta de Pink Floyd con los ojos de los músicos tachados y en el logo la palabra «Hate». Pienso que esa reflexión debe ser parte de la leyenda, porque no imagino nadie que pueda ser tan ingenuo de fichar a un cantante por esos dos motivos, pero así lo cuenta el propio McLaren, aunque hay otra versión que apunta que lo escuchó cantar borracho el tema «I'm Eighteen» de Alice Cooper acompañando a una gramola del local y que mientras el resto de la banda se burlaba del chaval, él quedó prendado.

Fuera como fuese Lyndon pasó a ser, no sólo el vocalista de la banda, sino también su líder, adoptando el nombre de Johnny Rotten, apelativo que sacó Jones en referencia a su falta de higiene bucal y la halitosis permanente que desprendía. Inmediatamente se demostró que la química entre Rotten y Matlock no funcionaba y el bajista estiró la cuerda intentando demostrar que se necesitaba un segundo guitarra, porque Jones no cubría todo el espacio sonoro necesario. *Melody*

Johnny Rotten

Maker publicó un anuncio que rezaba: «Se busca guitarrista joven. No mayor de 20 años. No peor aspecto que Johnny Thunders», pero todos los que auditaron resultaron ser un desastre espectacular, salvo el joven Steve New que entró y salió en menos de un mes, al parecer porque sobrepasó el estatus para el que había sido requerido, simplemente hacer ruido.

Rotten y Matlock se repartieron las tareas de composición, el primero como letrista mientras que el bajista se encargó de las melodías. La rivalidad desaparecía en los conciertos porque la personalidad arrolladora de Rotten podía con todo.

Bienvenidos al caos

Entre él y McLaren instauraron la filosofía de la violencia y se dice que tenían un acuerdo tácito de que todos los conciertos debían de tener una bronca con alguien de la audiencia. *New Musical Express* les proporcionó su primera crónica, acompañada con una pequeña charla con Johnny Rotten que dejó una de sus joyas para la posteridad: «En realidad no estamos en la música. Estamos en el caos». Efectivamente sus actuaciones estaban dominadas por el caos y parecía que Sex Pistols fuera la chispa que hizo estallar por los aires el barril de pólvora que era ese sector de la juventud que se dio en llamar escena punk. Sex Pistols y su pequeña corte de «anti-fans», seguidores que les seguían a

todos los conciertos, se transformaron en una nueva forma de guerri-
lleros antisistema, y alentados por el mánager se preocupaban más por
crear desorden y escándalos violentos que por la música.

Rotten, en una demostración palpable de narcisismo exasperante,
cambiaba las letras cuando se le ocurría o simplemente no cantaba,
lanzaba onomatopeyas o gruñidos. Esta manifiesta anarquía profesional chocaba de frente con Matlock, que era el único que tenía inquie-
tudes musicales, enfrentándose con McLaren para intentar poner remedio a la situación sin encontrar respuesta ni interés por arreglarlo.
De hecho, la gran estrategia del mánager para conseguir conciertos
era ofrecerlos gratis o por una miseria económica, por lo que la banda
estaba sumergida en la más patética de las ruinas. Con la premisa de
embajadores del antisistema, marcharon de gira a París, donde sor-
prendentemente llenaron salas alternativas y recibieron un aluvión de
críticas nefastas y escandalosas por parte de la prensa. Ruido de caño-
nes que llamó la atención de la todopoderosa EMI, discográfica que
representaba todo aquello contra lo que Sex Pistols luchaba.

Estos son mis principios. Si no le gustan, tengo otros

La compañía puso sobre la mesa una jugosa oferta comercial a McLaren, quien se hizo el Groucho Marx con aquello de: «Estos son mis

Malcolm McLaren cambió
la historia cultural del último
cuarto del siglo xx.

principios. Si no le gustan, tengo otros»...
La leyenda dice que el mánager firmó el
contrato sin ni siquiera negociar los términos ni consultar al grupo, en un arrebato de egoísmo capitalista descomunal
o una ceguera ocasional marcada por el
símbolo de la libra esterlina. Ahí se des-
cubrieron los planes de Malcolm McLaren, que no eran otros que ganar la mayor
cantidad de dinero en el menor tiempo
posible. Los siguientes movimientos fueron crear el primer festival punk de Londres, llamado Anarchy In The U.K, igual
que uno de los temas compuestos por Ro-

tten y Matlock. Sex Pistols se presentaban como cabezas de cartel con The Clash, Buzzcocks y The Damned, haciendo de bandas consorte, además del debut de Siouxsie and The Banshees con Sid Vicious a la batería.

McLaren presentó un contrato a la banda para poder representarlos frente a EMI, que los músicos firmaron sin leer la letra pequeña y cedieron sin saberlo todos los derechos de autor y explotación al mánager, de todo lo compuesto durante los siguientes cinco años. El 26 de octubre de 1976 se editó el single «Anarchy In The U.K / I Wanna Be Me», pero al mismo tiempo se filtró a la prensa que EMI había pagado 40.000 libras sólo por la ficha, una cifra récord que provocó la indignación de la industria musical, bandas como Queen, Pink Floyd, The Rolling Stones o músicos como Eric Clapton, Paul McCartney o David Bowie, arremetieron contra la firma del contrato, muchos músicos de EMI amenazaron con largarse de la discográfica, sin embargo la compañía siguió con sus planes pensando que Sex Pistols era la nueva gallina de los huevos de oro.

¡Sucio hijo de puta!

El 1 de diciembre de 1976, la banda Queen tenía previsto acudir al programa Today de Thames Television, pero la cita fue suspendida por Freddie Mercury a última hora, por acudir a su dentista. EMI, obligada a cumplir el compromiso con la cadena, mandó a Sex Pistols en su sustitución. El programa estaba presentado por el veterano periodista Bill Grundy, quien gozaba de una gran fama de polémico, excéntrico y borrachín, que le había impedido escalar más profesionalmente. La banda se presentó completamente borracha y con un grupo de anti-fans, que entraron con ellos en plató. Grundy, que al parecer se encontraba en un avanzado estado etílico, se dedicó a atacar a la banda por su apariencia, por el jugoso contrato que habían firmado y por todo lo que se le ocurría. La banda, sobre todo Jones y Rotten, se dedicaron a decir improperios e insultar al presentador, que en un descalabro total intentó tener una cita en antena con Siouxsie Sioux, en una de los peores momentos de la historia de la televisión británica. Una entrevista que a día de hoy, sigue sin tener desperdicio y es una auténtica leyenda del punk.

Bill Grundy en la famosa entrevista a los Sex Pistols.

GRUNDY: (Dirigiéndose a la cámara) Son punk rockers. ¿La nueva moda y les dicen héroes? No son los agradables ni limpios Rolling Stones ... veo que están tan borrachos como yo ... pero están limpios en comparación. Son un grupo llamado The Sex Pistols, y estoy rodeado de todos ellos.

JONES: ¡En acción!

GRUNDY: Solo déjanos ver a The Sex Pistols en acción. Vamos niños.

Se muestra un vídeo de Sex Pistols en concierto.

GRUNDY: Me dijeron que ese grupo recibió 40,000 libras de la compañía discográfica. ¿No parece eso ser ligeramente opuesto a su visión antimaterialista de la vida?

MATLOCK: No, cuantos más mejor.

GRUNDY: ¿En serio?

MATLOCK: Oh sí.

GRUNDY: Bueno, dime más entonces.

JONES: Lo hemos gastado, ¿no?

GRUNDY: No sé, ¿de verdad?

MATLOCK: Sí, todo se fue.

GRUNDY: ¿En serio?

JONES: ¡Abajo el alcohol!

GRUNDY: ¿En serio? ¡Buen señor! Ahora quiero saber una cosa.

MATLOCK: ¿Qué?

GRUNDY: ¿Hablas en serio o solo estás tratando de hacerme reír?

MATLOCK: No, todo se fue. Ido.

GRUNDY: ¿En serio?

MATLOCK: Sí.

GRUNDY: No, pero me refiero a lo que estás haciendo.

MATLOCK: Oh sí.

GRUNDY: ¿Hablas en serio?

MATLOCK: Mmm

GRUNDY: Beethoven, Mozart, Bach y Brahms han muerto.

ROTTEN: Todos son héroes nuestros, ¿no? (con una cara de poseído que produce miedo).

GRUNDY: En serio … ¿qué? ¿Qué estaba diciendo, señor?

ROTTEN: Son personas maravillosas.

GRUNDY: ¿Lo son?

ROTTEN: ¡Oh, sí! Realmente nos excitan.

JONES: ¡Pero están muertos!

GRUNDY: Bueno, ¿y si excitan a otras personas?

ROTTEN: Esa es solo su mierda dura (lo dice en voz baja y mirando al suelo).

GRUNDY: ¿El qué?

ROTTEN: Nada. Una palabra grosera. Próxima pregunta.

GRUNDY: No, no, ¿cuál era la palabra grosera?

ROTTEN: Mierda.

GRUNDY: ¿Fue realmente? Buen cielo, me das miedo a la muerte.

ROTTEN: Oh, de acuerdo, Siegfried.

GRUNDY: (Volviéndose hacia los anti-fans que están detrás de la banda.) ¿Chicas, qué hay de ustedes detrás?

MATLOCK: Él es como tu padre, Inni, ¿este *geezer*?

GRUNDY: ¿Estás, er?

MATLOCK: O tu abuelo.

GRUNDY:(A Sioux) ¿Estás preocupada o solo te diviertes?

SIOUX: Divirtiéndome.

GRUNDY: Ah, eso es lo que pensé que estabas haciendo.

SIOUX: Siempre quise conocerte.

GRUNDY: ¿De verdad?

SIOUX: Sí.

GRUNDY: Nos veremos después, ¿de acuerdo?

Sioux hace un gesto de asombro descolocada y Inni a su lado se burla.

JONES: Sucio idiota. ¡Viejo sucio!

GRUNDY: Bueno, sigue adelante, jefe, sigue adelante. Vamos, tienes otros cinco segundos. Di algo escandaloso.

JONES: ¡Sucio bastardo!

GRUNDY: Adelante, otra vez.

JONES: ¡Sucio hijo de puta! (Risas del grupo)

GRUNDY: ¡Qué chico tan listo!

JONES: Qué puto putrefacto.

GRUNDY: Bueno, eso es todo por esta noche. El otro rockero, Eamonn, y no digo nada más sobre él, regresará mañana. Les veré pronto (mirando a la pantalla), espero no volver a verles más (dirigiéndose a la banda). Sin embargo, buenas noches.

Tan sólo 2 minutos 26 segundos de auténtica bazofia catódica que provocaron una reacción en cadena que nadie pudo ni supo parar. Los teléfonos se fundieron por las críticas de la audiencia, que vieron como un grupo de borrachos disfrazados como putas en carnaval insultaban, decían tacos y se tocaban los genitales en la cámara.

La prensa soltó ríos de tinta sin desperdicio: «La suciedad y la furia» fue el titular de *Daily Mirror*, siendo uno de las cabeceras más amables. El incidente se trató en la Cámara de los Comunes, que fue el detonante para que la cadena suspendiera a Grundy, admitiéndole al cabo de un tiempo, pero su carrera ya estaba destrozada.

EMI quiso sacar provecho de la polémica porque en sólo dos minutos habían conseguido que todo el Reino Unido conociera a Sex Pistols, pero no contó con la hostilidad de los trabajadores de la empresa, que se negaron a empaquetar, plastificar ni hacer ningún trabajo relacionado con la banda. El 22 de diciembre de 1976 EMI rescindió el contrato retirando y destruyendo las miles de copias de *Anarchy In The UK*.

Repetir el mismo error lucrativo

A McLaren le llamaron prácticamente todas las compañías discográficas interesadas por la banda, pero al mismo tiempo el efecto dominó del escándalo provocó que Ramones y Talking Heads se negaran a incluirlos en su gira mundial conjunta y no ahorrando todo tipo de comentarios despectivos hacia ellos. Más del ochenta por ciento de los conciertos contratados terminaron por suspenderse y la banda estuvo a punto de separarse. Sin embargo la ambición de McLaren no lo permitió y en un movimiento sorprendente convence al grupo para que expulse a Matlock en medio de la grabación de lo que sería su único álbum.

El 28 de febrero de 1977 Matlock se marcha de la banda y Rotten coloca a un amigo suyo, Sid Vicious, quien apenas sabe tocar el bajo, pero le ayuda a mantener el liderazgo de Sex Pistols.

El mánager volvió a repetir la jugada y firmó con A&M, que era la compañía que más dinero ofrecía. Curiosamente el contrato se firmó en privado entre la discográfica y Malcolm McLaren el 9 de marzo de 1977, mientras que al día siguiente a las 7 de la mañana, en una mesa de caballete ubicada en el exterior del Palacio de Buckingham, se realizó una firma simbólica entre la compañía y los componentes del grupo.

A los pocos días se organizó una fiesta en las oficinas de A&M para celebrar el contrato realizado, en la cual la banda degeneró en un escandaloso desastre de terribles consecuencias. Vicious, sin venir a cuento se lio a mamporros con Bob Harris, productor del disco que estaban grabando, el resto de la banda esnifando coca sin ningún disimu-

Sid Vicious, un hombre con una infancia marcada por la adicción de su madre, una conflictiva relación con su novia Nancy y la huella que dejó en los Sex Pistols.

lo, bebiendo a morro de las botellas, vomitando encima de los invitados y lanzando groserías a diestro y siniestro, mientras que al final de la misma, volvió a parecer Vicious con un retrete roto en las manos y herido en la pierna al haberlo destrozado, chorreando sangre por las lujosas oficinas.

Bandas del sello como Supertramp o Peter Frampton amenazaron con marchar de A&M si Sex Pistols continuaban en el mismo, pero no fueron necesarias más protestas, el escándalo de la fiesta llevó a los directivos de la compañía a rescindir el contrato por 75.000 libras esterlinas de forma fulminante. Un contrato que tan sólo duró seis días desde su primera firma, siendo posiblemente el contrato más corto de la historia.

McLaren había conseguido que su banda fichara y fuera despedida de dos sellos importantes, por los que cobró una buena cantidad de dinero, del cual los músicos sólo vieron las migajas, porque mientras ellos se dedicaban a cantar contra el sistema y el capitalismo desmesurado, no se fijaron que el enemigo lo tenían dentro… como seguiría demostrándose en el futuro, pero eso es otra historia.

The Verve, sinfonía de una injusticia

El mundo del rock es una vorágine de canibalismo deshumanizado, que en ocasiones arrasa con todo lo que pilla a su paso, sin importarle las personas y mucho menos la música, la cultura, el arte.

Las tramas corruptas del negocio dan para crear un nuevo género literario, que bien podría compartir parcela con la novela negra ya que tiene todos los ingredientes. Tramas, corrupción, chantaje, robos, engaños, sexo, crímenes, conspiración y el punto más coincidente es que todos los actores son indignos y malvados, no hay nadie inocente.

Los protagonistas de esta historia son las bandas británicas The Verve y The Rolling Stones, configurando una de las injusticias más depravadas y corruptas de la industria musical, un relato de inmoralidad y falta de escrúpulos exasperante, un ejemplo plausible de que lo legal en muchas ocasiones es inmoral, que la justicia como pauta de conducta siempre protege al poderoso.

Una banda conflictiva

Nuestro protagonista principal es Richard Ashcroft, representante de la generación musical británica de los noventa, aquella que se construyó y mimó por la egocéntrica prensa musical inglesa, endiosada y prepotente. Edificando de la nada un movimiento musical denominado britpop, que fue definiendo a medida que creaba una escena heterogénea, donde los músicos eran peones de un enorme tablero de ajedrez sobre el cual cultivaban estrategias *New Musical Express*, *Mojo*, *Melody Maker* o *Q*, a modo de dioses del Olimpo.

El primer bulo que habría que desmentir es que el britpop nunca fue un género musical, ya que no existía ningún tipo de conciencia de estilo, moda o sonido. Culturalmente, sirvió para alterar las hormonas de una juventud que buscaba desesperadamente héroes sobre los que reflejarse y se los sirvieron en bandeja sobre un halo de prepotencia anglosajona, descomedida, ordinaria y tosca, teniendo como máximo exponente de referencia a los engreídos hermanos Gallagher, líderes de Oasis. Con ello no vamos a menospreciar algunas de las bandas que se arroparon bajo el ala de la prensa y la etiqueta, pero que poco o nada tenían en común. Grupos como Blur, Suede, Elastica, The Stone Roses, Ocean Colour Scene, Supergrass, Pulp, Kula Shaker, The Charlatans o The Verve, dibujaban un abanico tan amplio como antagónico, pero que aportaron una nota de color al panorama impostado.

Richard Ashcroft era el líder de Verve, banda de psicodelia pop que formó junto con el guitarrista Nick McCabe. Irrumpieron en la escena en agosto de 1990 y rápidamente se ganaron el beneplácito de la prensa y de un sector de público sibarita. Ficharon por el sello independiente Hut Records y editaron de forma vertiginosa tres sencillos y un EP que funcionaron muy bien en círculos del nuevo catecismo musical.

En 1993 editaron *A Storm In Heaven*, álbum debut que tuvo una gran acogida en los medios que no se terminó de reflejar en el público. Ese

Richard Ashcroft, líder de Verve.

mismo año giraron junto a The Smashing Pumpkins por Europa con el Siamese Dream Tour.

Cuando su popularidad iba en aumento apareció el primer problema legal. Demandados por el sello Verve Records por daños morales, al ser una discográfica especializada en jazz, tuvieron que comenzar a figurar como The Verve. Así firman un álbum de rarezas y singles no incluidos en el debut, *No Come Down* en 1994, que fue un gran salto de popularidad y les abrió el mercado americano, participando en el prestigioso festival Lollapalooza y realizando un tour que les sumergió en un mar de descontrol y drogas que terminó pasando factura.

Tras un par de meses después del lanzamiento de *A Northern Soul* en 1995 la banda se separó. Las sesiones de grabación habían sido caóticas debido al consumo de drogas y al enfrentamiento entre Ashcroft y McCabe, enfrascados en una disputa permanente por el control del grupo, que abandonó la psicodelia y se acercó a un sonido netamente alternativo.

Durante 1996 la banda se volvió a juntar, pero sin el guitarrista, que fue sustituido por Simon Tong, amigo de Ashcroft, quien había logrado el control absoluto del grupo. En 1996 McCabe regresó y la banda se transformó en quinteto, unificando dos guitarras y dotando a su sonido de una consistencia especial. En verano editan su tercer disco, *Urban Hymns*, el cual contiene el single «Bitter Sweet Symphony», que entró directamente en la lista de singles británicos en el #2 y se mantuvo durante tres meses en lista, encumbrando al grupo al punto más alto de su carrera. Sin embargo, como si fuera una burla del destino, el título de la canción, «Sinfonía agridulce», se convirtió en realidad.

«Because it's a bittersweet symphony, this life
Try to make ends meet
You're a slave to money, then you die
I'll take you down the only road
I've ever been down
You know
The one that takes you to the places
Where all the veins meet

No change, I can change
I can change, I can change
But I'm here in my mold
I am here in my mold
But I'm a million different people
From one day to the next
I can't change my mold
No, no, no, no, no»

«Porque esta vida es una sinfonía agridulce.
Intentando llegar a fin de mes,
tratando de encontrar algo de dinero y luego mueres.
Te llevaré por el único camino
que he recorrido
Ya sabes el que te lleva a los lugares
donde se juntan todas las venas, sí.
Sin cambios, no puedo cambiar,
no puedo cambiar, no puedo cambiar,
estoy aquí en mi molde,
estoy aquí en mi molde.
Soy un millón de personas diferentes
de un día para otro
No puedo cambiar mi molde,
no, no, no, no, no, no, no».

Los buitres reclaman su comida

The Verve compraron una secuencia de cinco notas del tema «The Last Time» de The Rolling Stones, pero en una versión que realizó Andrew Oldham Orchestra en 1966, dentro de un álbum llamado *The Rolling Stones Songbook*. Se trataba de un proyecto en el cual Andrew se rodeó de numerosos músicos, incluso de miembros de The Rolling Stones, él no tocaba ningún instrumento y simplemente realizaba tareas de producción, para grabar versiones instrumentales del catálogo stoniano. Andrew fue el descubridor de The Rolling Stones y personaje artífice de su éxito, pero también les manipuló a su coveniencia.

Fue el productor de los primeros discos de la banda sin tener ni idea de música y mucho menos de producción y editó una serie de discos con versiones del grupo, que pasaron con más pena que gloria por la historia de la música, pero que le reportó buenos beneficios en cuestión de royalties.

Ashcroft montó el tema «Bitter Sweet Symphony» sobre el sampler de esas cinco notas compradas, a cambio de ceder el 50% de las regalías obtenidas de por vida. El éxito del single, que vendió más de un millón de copias en el Reino Unido y medio millón en Estados Unidos, llamó a escena a otro personaje que ya hemos visto en el libro, Allen Klein, quien fuera mánager de Sam Cooke. Klein terminará con la posesión, de forma oscura, de todos los derechos sobre su obra. Ya advertimos que también jugó sucio con The Beatles y The Rolling Stones, siendo el dueño absoluto de los derechos de esta última banda desde sus inicios hasta 1970.

La ambición de Klein no tenía límites y presentó una demanda contra The Verve por dos motivos, el primero porque consideraba que se habían utilizado más notas de las pactadas y el segundo porque la banda pidió permiso a Decca Records, discográfica que tenía los derechos de explotación, pero no a ABKCO, compañía de su propiedad que creó para gestionar los derechos de Sam Cooke y que era la propietaria de la gestión de los derechos de la canción.

La poderosa compañía ABKCO se podía permitir un juicio largo y costoso, mientras que Ashcroft no, además Klein amenazó con pedir la retirada cautelar del mercado de todas las copias de «Bitter Sweet Symphony», lo que hubiera supuesto la desaparición del álbum *Urban Hymns*, ep's y evidentemente el single. Ashcroft forzado en desventaja a una conciliación extrajudicial propuso ceder parte de su 50% de derechos de autor, puesto que la otra mitad ya estaba cedida en el acuerdo de compra, pero Klein se negó a aceptar reclamando el 100% de los derechos.

De esta forma, Ashcroft desapareció de los créditos del tema que se otorgó íntegramente a Jagger y Richards, sin tener en cuenta que la letra de la canción era del vocalista de The Verve. La totalidad de los derechos del tema eran gestionados por Klein, aunque también salieron beneficiados los Stones, con un ingreso económico conside-

Andrew Oldham.

rable, pero sin tener voz ni voto en todo el proceso.

Por si esto no fuera suficiente, en 1999 los demandó otro buitre del negocio musical, Andrew Oldham, quien aseguró que las notas sampleadas eran de su propiedad, por lo que Ashcroft tuvo que renunciar al 100% de su porcentaje de beneficios por las ventas del tema, quedando a finales de siglo desposeído de la autoría de su tema, sin derechos de autor y sin royalties por la venta del mismo.

Ashcroft entró en una oscura depresión que afectó a la continuidad de la banda, que terminó por separarse en 1999, aunque en el año 2007 se volvieron a reunir, pero sin tener un éxito tan rotundo. Además tuvo que ver cómo se cedía el tema para un anuncio publicitario, algo que siempre se había negado a ceder y no pudo impedirlo. Lo más ridículo de esta situación es que «Bitter Sweet Symphony» fue nominada a un Grammy como mejor canción de rock, pero fueron Mick Jagger y Keith Richards los presentados al premio.

Durante más de 20 años Ashcroft ha presentado en sus conciertos el tema argumentando que «esta es la mejor canción que han compuesto los Rolling Stones». Ciertamente, «Bitter Sweet Symphony» ha sido el éxito más importante de The Rolling Stones en el Reino Unido desde la publicación de «Brown Sugar».

Tras el fallecimiento de Allen Klein, los managers de Ashcroft retomaron las negociaciones con ABKCO con los propios Jagger y Richards, quienes terminaron cediendo la autoría del tema a Ashcroft en 2019 y la restitución desde ese año de su 50% de derechos de autor. Richards en 1999, en pleno proceso judicial, fue consultado por el tema por la prensa británica y dijo: «Nosotros estamos fuera de juego aquí. Es una mierda de abogados. Si The Verve pueden escribir una canción mejor, deberían quedarse con el dinero».

Una injusticia de más de 20 años provocada por la ambición de dos personajes oscuros de la historia del rock que pudo incluso haber sido peor, pues el tema «The Last Time» de The Rolling Stones está influido por la canción «This May Be The Last Time», compuesta y grabada por el grupo de góspel The Staple Singers en 1966. Sobre ella pesa la sombra del plagio por lo que la cola por demandar podría haber sido más extensa.

La verdad sobre «Hotel California»

«Hotel California» es el nombre del quinto álbum de la banda americana The Eagles, grabado entre marzo y octubre de 1976, en los Criteria Studios de Miami y los Record Plant de Los Ángeles. El disco se editó el 8 de diciembre de 1976 a través del sello Asylum, presentando por primera vez al guitarrista Joe Walsh procedente del grupo James Gang. El trabajo contiene el tema que le da título y que además condiciona todo el disco, ya que según sus creadores, todos los temas del mismo derivan de la canción «Hotel California».

Bernie Leadon, guitarrista que mantenía la esencia del sonido Eagles, ya que procedía de las tres bandas pioneras del country rock,

El sonido inicial de Eagles llegó a ser sinónimo del country rock del sur de California.

Hearts & Flowers, Dillard & Clark y Flying Burrito Brothers, había abandonado la banda tras la edición del anterior disco, One Of These Nights, debido a las tensiones que llevaban tiempo fluctuando en el seno del grupo, que lo dirigían según él a un camino de rock comercial que no era admisible.

Las relaciones fueron tan virulentas que cuentan que, cuando Leadon decidió dejar The Eagles, lo hizo derramando una jarra de cerveza sobre la cabeza de Glenn Frey, al que consideraba máximo exponente de la deriva que tomaba el grupo, hecho altamente peligroso e irresponsable, ya que estaban ensayando y Frey tenía la guitarra enchufada con el consiguiente riesgo de electrocutarse.

Leadon ingresó en una clínica de desintoxicación, hasta que en 1977 reapareció para iniciar una irregular carrera en solitario, que terminó en 2013 reuniéndose con la banda para realizar el History of the Eagles Tour.

Recepción y éxito

El álbum recibió críticas muy positivas, aunque bien es cierto que en algunos casos se les acusó de abrazar un rock angelino muy comercial. Inmediatamente se coló en el # 4 del Billboard 200 de Estados Unidos, pasando a encabezar el chat a finales de enero de 1977 quedándose en la cima durante ocho semanas, lo que se tradujo en un certificado de Disco de Platino a una semana de su lanzamiento. El 20 de agosto de 2018 se certificó como 26 X Platino con más de 26 millones de copias vendidas sólo en EE.UU., calculando que en el resto del planeta puede haber alcanzado el doble de ventas.

Hotel California

Dentro del álbum brillaba con luz propia el tema «Hotel California», que fue lanzado como segundo single en febrero de 1977 a pesar de la negativa de la compañía por la extrema duración del mismo, sus seis minutos y medio era un tremendo hándicap para alcanzar el éxito.

Sin embargo la canción se ha convertido en la composición más popular de la banda y está considerada como uno de los mejores temas de la historia del rock, al mismo tiempo que el solo de guitarra que contiene está reconocido como uno de los mejores que se han grabado jamás.

«Hotel California» alcanzó el #1 del Billboard 100 y repitió posición en Canadá, siendo el primero y más rotundo éxito internacional de The Eagles. En numerosos países fue uno de los temas más escuchados, alcanzando el #2 en Francia y Suiza, el #3 en España, acomodándose en el Top Ten de países como Alemania, Austria, Países Bajos,

Noruega y Nueva Zelanda. Además, el tema consiguió el Grammy al mejor disco del año en 1978.

Estadísticamente «Hotel California» se escucha en más de 200 ocasiones diariamente en la radio británica, se dice que en Estados Unidos suena en alguna estación de radio cada diez minutos, y sin ir muy lejos es uno de los temas de rock que más se puede escuchar en la FM española. «Hotel California» cuenta con más de 600 millones de reproducciones en Spotify, en el momento de estar escribiendo este libro.

Cuenta la leyenda...

The Eagles tenían una rutina de composición que jamás se saltaban; era Don Felder el que sacaba todas las melodías de canción y prácticamente la totalidad de los riffs. Era algo que había aprendido de su compañero Bernie Leadon, quien le dijo: «Graba todas las ideas en cintas y se las pasas a ellos para que las escuchen y piensen lo que puede salir de ellas». Eso es lo que pasó con «Hotel California», Felder grabó

las cintas pero no terminaron de entusiasmar al resto del equipo que vieron que se trataba de un tema muy latino con aires de reggae, tanto es así que el título que rezaba en el lomo de la casete era «Mexican Reggae», por lo que quedó olvidado hasta que comenzaron a componer el nuevo álbum.

Según Bill Szymczyk, productor del disco, se realizaron numerosas grabaciones en diferentes tonos y registros hasta que el resultado convenció a Felder, Glenn Frey y Don Henley. No en vano Henley fue el compositor de la letra, intentando separar ese tono latino

Don Felder se unió a los Eagles como guitarrista en 1974, en el momento que la banda grababa el álbum *On the border*.

que desprendía el tema y buscando por primera vez una temática que no fuera clara. Hasta la fecha los textos de The Eagles habían sido sencillos y meridianamente claros, casi cinematográficos, sin dejar pie a la especulación o la diversidad de interpretaciones.

El solo de guitarra tardaron en grabarlo dos días, puesto que intentaron con improvisaciones entre Felder, Frey y Walsh, pero ninguna de ellas terminaba de satisfacerles; entre otras cosas porque Henley quería las guitarras marcadas en la demo. El problema es que esa cinta tenía un año y paradero desconocido. Finalmente resultaron ser dos minutos y medio de intercambio de diálogos entre guitarras, en un estilo muy southern rock, que acompañan el tema hasta el final del mismo, en uno de los momentos más mágicos de los setenta.

«Hotel California» ha tenido numerosas interpretaciones que configuran una de las leyendas del rock más populares, que incluso por más que sean desmentidas por sus protagonistas, todo el mundo sabe que son la realidad. Pero antes de adentrarnos en ellas, vamos a conocer la letra de la controversia:

«On a dark desert highway
Cool wind in my hair
Warm smell of colitas
Rising up through the air
Up ahead in the distance
I saw a shimmering light
My head grew heavy and my sight grew dim
I had to stop for the night
There she stood in the doorway
I heard the mission bell
And I was thinkin' to myself
'This could be heaven or this could be hell
Then she lit up a candle
And she showed me the way
There were voices down the corridor
I thought I heard them say
Welcome to the Hotel California
Such a lovely place (such a lovely place)
Such a lovely face
Plenty of room at the Hotel California
Any time of year (any time of year)
You can find it here»

«En una carretera oscura del desierto, viento frío en mi cabello
Cálido olor a colitas que se eleva por el aire
Más adelante en la distancia, vi una luz brillante
Mi cabeza se volvió pesada y mi vista se oscureció
Tuve que parar por la noche.
Allí ella estaba parada en la puerta;
Escuché la campana de la misión
Y estaba pensando para mí mismo
"Esto podría ser el cielo o podría ser el infierno"
Luego encendió una vela y me mostró el camino
Había voces en el pasillo,
Pensé que les escuché decir
Bienvenido al Hotel California
Un lugar tan encantador (un lugar tan encantador)
Qué cara tan encantadora.
Hay mucho espacio en el Hotel California
En cualquier época del año (cualquier época del año) puedes
encontrarlo aquí
Su mente está retorcida por Tiffany, ella tiene las curvas de
Mercedes
Ella tiene muchos chicos lindos que llama amigos
Cómo bailan en el patio, dulce sudor de verano
Algunos bailan para recordar, algunos bailan para olvidar
Entonces llamé al Capitán,
"Por favor tráeme mi vino"
Él dijo: "No hemos tenido ese espíritu aquí desde mil novecientos
sesenta y nueve"
Y aún esas voces están llamando desde lejos
Me despierto en medio de la noche
Solo para escucharlos decir
Bienvenido al Hotel California
Un lugar tan encantador (un lugar tan encantador)
Qué cara tan encantadora.
Lo viví en el Hotel California»

Definitivamente el texto es muy ambiguo y da para verter especulaciones diferentes y de todos los colores y aromas. Eso fue lo que terminó pasando, se creó un glosario de exégesis a cual más complicada y descabellada, por lo que ningún oráculo pudo convencer a los acólitos de la conspiración satánica de que todo era producto de su imaginación.

El fantasma del «Hotel California» y otras historias

Una de las primeras interpretaciones apunta a que Don Henley contó una experiencia vivida en primera persona. A finales de los sesenta y primeros de los setenta era habitual hacer viajes iniciáticos en busca de la verdad absoluta o el karma, intentando descubrir cuál era el destino predispuesto. Estos viajes, ni que decir tiene, estaban cargados de droga y todo tipo de sustancias que mejoraban la percepción de la mente.

Según esta teoría, Henley, creador de la letra, realizó un viaje de esas características a México, encontrando un hotel precioso llamado California, donde una mujer exuberante le ofrece una copa en el bar del hotel. Una vez dentro escuchó voces que le gritaban que entrara, que era bienvenido. Según esta teoría a Henley le costó escapar del Hotel California y de la mujer que lo atrapó. La versión más extendida es la que relaciona el tema con un ritual satánico. Se dice que el hotel es un centro de satanistas, donde se reunían para cometer sus sacrificios y sacrilegios. Esta teoría tiene muchas pistas o eso dicen.

La primera de todas es que «Hotel California» se refiere al 6114 California St. de San Francisco, donde se en-

Anton LaVey.

cuentra el edificio bautizado como la Casa Negra por Anton LaVey, quien ubicó la recién creada Iglesia de Satán entre 1966 y su muerte en 1997. En ella redactó la biblia satánica en 1969, año que se menciona en la canción. La mujer que los recibe bien podría ser una sacerdotisa de Lavey, que los invita a entrar en el mayor centro satánico del país, las voces que le gritan la bienvenida son apóstoles de la Iglesia y el detalle de que no tuvieran vino desde 1969, lo achacan al hecho de que ese año fue cuando LaVey creó la biblia satánica y dejaron de contar con su espíritu, aunque otros más intrépidos aseguran que desde ese año no cuentan con la sangre de Cristo, en interpretaciones que van desde la sangre de vírgenes cristianas a la de sacerdotes católicos. Sacrificios que se describen en el tema, pero que no pueden matar a la bestia, en clara alusión a The Beast, símbolo de Satanás o como algunos aportaban el espíritu de otro ocultista conocido, Aleister Crowley. El protagonista del tema intenta escapar ante la visión del sacrificio fallido pero no puede,

Aleister Crowley.

porque como bien dice el tema, el hotel puede ser el cielo o puede ser el infierno. Puedes ingresar cuando lo desees, pero jamás puedes irte.

Pero hay quien da un paso adelante y configura un pacto con el Diablo, o mejor dicho con Anton LaVey. Según esta teoría The Eagles pactaron con el Papa Negro crear una oda a Satán, que sería este tema, a cambio de que les brindara un éxito sin precedentes y que les sobreviviera, lo que evidentemente ha pasado con «Hotel California».

Como no podía faltar, cualquier conspiración satánica debe de tener mensajes ocultos, grabados por la técnica de *backmasking*, la cual consigue que escuchemos los supuestos mensajes al reproducir el disco en sentido contrario, que dicho sea de paso os aconsejo que no hagáis porque lo único que vais a conseguir es rayar el vinilo o estropear la aguja del tocadiscos.

Según esta teoría la frase «This could be Heaven or this could be Hell» (Esto podría ser el cielo o podría ser el infierno), al reproducirla al revés se escucha, «Yeah, Satan. How he organized his own religion. Yeah, well he knows he should. How nice!» (Sí, Satán. Cómo organizó su propia religión. Sí, él sabe bien que lo haría. ¡qué maravilla!), que de ser cierto estaría más encaminada a describir a LaVey que al propio Satanás. Y es que *Hotel California* es un disco marcado por la figura del creador de la Iglesia de Satán, desde la leyenda de su canción principal al *artwork* del disco, tanto en su portada como en la fotografía interior.

Se dijo que la foto de portada es una reproducción del Hotel California de México, aquel dónde estuvo Henley y se inspiró en el tema, pero que rizando el rizo, también sería el mismo hotel donde LaVey redactó el borrador de la biblia satánica. La fotografía interior muestra a la banda en el centro del hall del hotel mirando a cámara, con un montón de personajes alrededor disfrutando de una fiesta o cóctel. Pero hay datos inquietantes, puesto que hay quien asegura ver un murciélago durmiendo boca abajo en el portalón del fondo de la foto y justo encima de él, en los ventanales del piso superior se dibuja una figura humana, con capa negra, calvo y con perilla, que evidentemente todos identificaron como Anton LaVey.

La triste y aburrida realidad

En primer lugar habría que aclarar que el Hotel California existe y se encuentra en la localidad de Todos Santos en la Baja California de México, pero Henley asegura que jamás estuvo allí. Otras fuentes aseguran que el Hotel California es como se conocía a una clínica de desintoxicación de Los Ángeles, por la que habían pasado numerosas personalidades del mundo del rock y es de ahí de dónde llegó la inspiración del tema. No obstante, a día de hoy se sigue conociendo como Hotel California a la cárcel de Cook County de Chicago, pero aquí la cosa está más clara. La puerta principal de la institución penitenciaria está en la Avenida California y tras el éxito del tema en 1976, los mismos reclusos y familiares de estos la comenzaron a llamar así.

En realidad la foto de la portada del disco es del Hotel Beverly Hills del 9641 de Sunset Boulevard, establecimiento muy concurrido por las celebridades de la época. La foto interna de la carpeta se hizo en un lugar diferente, el Hotel Lido de Hollywood, del 6500 Yucca St, Los Ángeles. Las especulaciones sobre la aparición de Anton LaVey en dicha foto son eternas y nunca nadie las ha desmentido o confirmado, pero si entras en la web actual del hotel, que guarda la estructura íntegra del hall, tan sólo cambiando el color de la pintura que ahora apuesta por el blanco, te das cuenta que lo que antaño fue un murciélago durmiendo, no es otra cosa que un farolillo que sigue estando colgado en el mismo lugar.

La temática de la canción parece ser que trataba de reflejar el caótico mundo del rock'n'roll de mediados de los setenta. The Eagles habían dado un salto de estatus definitivo y comprobaron de primera mano la decadencia de la industria musical, que se basaba en dominar a las bandas con sexo, drogas y poder ficticio. Henley intentó reflejar esa sensación en un tema de una forma tan ambigua que dio paso a miles de interpretaciones.

Pero el pacto con el Diablo podría ser su contrato discográfico, las voces que escuchaba eran las de otros que habían sucumbido anteriormente, la sensual mujer que le invita a entrar es sin duda la propia industria y cuando se da cuenta de la trampa es tarde, podrás entrar, pero jamás podrás salir. Todo ello con cocaína, mucha cocaína, demasiada cocaína…

El Hotel California acabó con el vuelo de las águilas

El éxito apoteósico de *Hotel California* trajo consigo muchas tensiones en el seno de la banda, que tardó mucho en estar preparada para volver a entrar en estudio a grabar. Debido a la presión de no poder superar la obra cumbre, las diferencias de criterio musical y sobre todo porque los nuevos temas les parecían pobres pasaron tres años entre *Hotel California* y *The Long Run*. Casi dos años de gira continua agotaron a Randy Meisner, el bajista, castigado por el estrés y con numerosas úlceras estomacales al final de la gira. La historia terminó de la peor manera posible, a puñetazos con Glenn Frey, lo que significó su marcha.

El 24 de septiembre de 1979 se publicó *The Long Run*, maltratado rápidamente por la crítica por no estar a la altura de *Hotel California*, pero en realidad es un gran disco, más encaminado al hard rock y que comercialmente funcionó, pero tensó más las relaciones entre los músicos que no se soportaban.

Todo llegó a su punto más cómico y trágico el 31 de julio de 1980, en su actuación en Long Beach, California; un evento benéfico para recaudar fondos para la reelección del senador por California Alan Cranston. Durante la actuación, Don Felder y Glenn Frey, sin ningún tipo de disimulo, se estuvieron insultando por el micro y amenazándose mutuamente con machacarse al final del concierto, algo que desgraciadamente sucedió y se conoce como la «Larga Noche de Wrong Beach». Esa noche la banda se separó, pero para cerrar su contrato discográfico se tuvo que grabar el magnífico doble directo *Eagles Live*.

La separación duró 14 años y el regreso no estuvo exento de polémicas y disgustos, demandas entre los miembros del grupo incluidas, hasta que encontraron un chivo expiatorio de todos sus problemas: El auténtico Hotel California.

El auténtico Hotel California

Al cabo de los años, los miembros de The Eagles interpusieron una demanda judicial contra el auténtico Hotel California, debido a que se estaba aprovechando y publicitaba todas las leyendas que hemos visto. El Hotel California está situado, como ya hemos visto, en la localidad mejicana de Todos Santos, en la Costa del Pacífico y es el principal atractivo turístico de una población de 4.300 personas. El hotel se construyó en 1947 por un inmigrante chino afincado en Todos Santos llamado Wong Tabasco. Abrió sus puertas en 1950 como pequeña casa de hospedaje y gasolinera de carretera. Desde siempre se llamó Hotel California, salvo un pequeño periodo de tiempo que pasó a denominarse Hotel Misión Todos Santos.

Con el éxito del disco de The Eagles y la expansión de las leyendas, comenzaron a visitar el hotel fans curiosos y todo tipo de fauna rockera, incluso algunos artistas como Bon Jovi terminaron alojándose en el establecimiento. La dirección del hotel nunca explotó la leyenda, pero tampoco la desmintió, hasta que al parecer, intentó registrar el nombre en la oficina de patentes y marcas de California, por lo que se interpuso una demanda mercantil por parte de la empresa gestora del grupo.

Dicha demanda se resolvió en enero de 2018 con un acuerdo entre las dos partes. De todas formas, el Hotel California sigue perteneciendo a la memorabilia del rock y sus leyendas urbanas, aunque también es popular por destilar un exquisito tequila llamado Hotel California, que ha recibido numerosos premios internacionales y que la banda no pudo impedir que exportara a Estados Unidos.

Independientemente de la leyenda de la canción y el disco, el hotel tiene una aureola mística interesante y ha sido investigado por parapsicólogos, ocultistas y estudiosos de magia y esoterismo. Se dice que deambulan espíritus y en alguna ocasión se ha podido apreciar a un niño atravesando las paredes de una habitación… pero eso es otra leyenda. Quizás sea cierto que tal y como dice la canción, puedes entrar cuando quieras, pero no podrás salir.

La mujer fantasma de Black Sabbath

Una de las portadas más inquietantes y angustiosas de la historia del rock es, sin lugar a dudas, la del disco debut de Black Sabbath. Con una fotografía de Keith McMillan, artista polifacético que inició su carrera como bailarín del Royal Ballet británico bajo las órdenes de la gran diva Dame Margot Fonteyn, siendo compañero de figuras como Rudolf Nureyev y Robert Helpmann. Abandonó su prometedora carrera en la danza para alistarse en el ejército de Su Majestad, y tras el servicio, dedicarse de pleno a la fotografía afianzándose como un estupendo narrador visual del mundo de la danza y el teatro. Por su objetivo también han pasado personalidades como Tom Jones, Keith Richards, Roy Orbison, Mick Jagger, John Lennon y Yoko Ono.

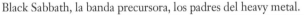
Black Sabbath, la banda precursora, los padres del heavy metal.

McMillan recibió el encargo de la compañía discográfica Vertigo para crear una foto inquietante para una banda nueva que debuta con un sonido pesado, con textos borrascosos, lúgubres e incluso mezclados con algo de brujería y misticismo.

Para la fotografía se escogió un histórico molino de agua del siglo XV llamado Mapledurham Watermill y situado en el condado de Oxfordshire a orillas del Támesis, el mismo edificio que se utilizó en el film bélico *The Eagle Has Landed*, protagonizado por Michael Caine en 1976.

La portada reflejó perfectamente el objetivo deseado, bajo un paisaje triste, tétrico e incluso fúnebre. Tomada desde la orilla opuesta del Támesis, se buscó un claro donde el otoño dejara ver la devastación de la maleza, configurando un ambiente desalentador. McMillan, quien firmó la obra como Marcus Keef, forzó el color en el revelado, al utilizar una película de baja sensibilidad y revelar como si se tratara de otra mucho más amplia, al mismo tiempo que se aprovechó la luz indirecta del amanecer para lograr el contexto adecuado. La tonalidad de colores que surgió del forzado complementó el efecto dramático de la escena, pero aquí comienza la leyenda.

El fantasma de Mapledurham

Keef aseguró que cuando lanzó las fotos de la sesión no había nadie alrededor del bodegón natural que había buscado, pero que en el laboratorio fue apareciendo una figura de mujer que se volvía nítida a medida que pasaba el tiempo de exposición a los químicos. La noticia corrió como la pólvora y fue utilizada por Vertigo como una parte más de la promoción que tenían preparada para el lanzamiento del grupo. Sus planes pasaban por vender Black Sabbath como una versión más *light* y menos satanista de los americanos Coven, que habían tenido problemas por sus relaciones con la Iglesia de Satán, en una época donde el terror por los crímenes de Charles Manson se instauró en Estados Unidos.

Vertigo generó una perfecta campaña de promoción que presentó en sociedad a la banda como un grupo de tendencias fantasmagóricas, ocultistas y posiblemente con reminiscencias demoníacas, pero no

El histórico molino de agua llamado
Mapledurham Watermill.

mucho, sólo lo justo para vender en un momento en el cual el sueño hippie ya se había desvanecido.

La superstición y la imaginación de la gente puso el resto, agrandando la leyenda. Se dijo que en el árbol que se encuentra a la derecha de la figura de mujer, aparecen claramente dos siluetas que pertenecen a un ángel y un demonio luchando. Dicho sea de paso, un servidor se ha dejado la vista en intentar encontrar tan singular combate de boxeo y jamás lo he logrado ver… debe ser falta de fe. Otra de las alucinaciones colectivas encontraron que la misteriosa mujer aguantaba un gato negro contra su pecho, afirmación complicada de rebatir ya que el forzado del revelado produce imágenes muy granuladas que pierden nitidez en ocasiones.

Hubo quien identificó a la mujer misteriosa como Jane Southworth, una de las tres muchachas del pueblo de Samlesbury en Lancashire, que fueron acusadas por una niña de 14 años de practicar la brujería, sacrificios de niños y canibalismo, juzgadas en los juicios de Lancaster en agosto de 1612. En aquellos juicios se condenó a muerte a casi una veintena de mujeres acusadas de *maleficium*, es decir, hacer el mal por medio de brujería, colgándolas y quemando sus restos después. Jane Southworth y algunas de las acusadas fueron declaradas inocentes, pero siempre se sospechó que eran las líderes del aquelarre.

La prensa también se sumó a la bacanal misteriosa y el periodista Pete Sarfas escribió un artículo en el que afirmaba que la mujer de la portada era el fantasma de una chica llamada Louise que falleció ese mismo año, al caer con su coche al Támesis y sin que se hubiera podido recuperar el cuerpo hasta la fecha. Se supone que esa misma figura fue vista en otras ocasiones, siempre anunciando desgracias o malos presagios, que en este caso debía de ser la edición del disco Black Sabbath.

Vertigo, para rizar el rizo, publicó el disco en 13 de febrero de 1970, día que en la tradición anglosajona es sinónimo de mala suerte y desgracias, pero que en la Wicca es el día ideal para adorar a las brujas. El número 13 en numerología está relacionado con la muerte. Los auténticos aquelarres se realizan con 12 brujas y el 13 está destinado a Satanás. La mitología nórdica indica que 12 de sus dioses, realizaron una cena a la que se presentó Loki, dios del fuego y la mentira, quien asesinó a Baldur, dios de la felicidad, la luz y la reconciliación. Una historia similar encontramos en la mitología cristiana con la última cena, doce apóstoles y Jesucristo, que tampoco terminó muy bien o eso dicen. En la tradición cristiana, el viernes 13 de octubre de 1307, un gran número de Caballeros Templarios fueron torturados y quemados por la Santa Inquisición, acusados de cometer crímenes contra la cristiandad. Además la superstición obliga a mucha gente a decir 12 + 1 en lugar del número 13. En Madrid no existe la línea 13 de autobuses. En Francia no hay número 13 como dirección de una vivienda. En la mayoría de los rascacielos americanos no existe la planta 13 y en Italia han eliminado el 13 de la lotería nacional.

Pero el disco no tuvo mala suerte, escaló rápidamente al #8 de la lista de álbumes del Reino Unido y al #23 del *Billboard* americano, donde vendió más de un millón de copias. Está considerado como el primer disco de heavy metal de la historia y es uno de los discos más venerados del rock.

Desmontando la leyenda

50 años después de la famosa portada, la revista *Rolling Stone* publicó una extensa entrevista con el fotógrafo Keith McMillan y con la modelo Louisa Livingstone, la misteriosa mujer que aparece en la carpeta del álbum.

McMillan detalla que encontró a Livingstone a través de una agencia de modelos de Londres: «Era fantástica, pequeña y muy entusiasta. Necesitaba a alguien pequeño porque eso engrandecía el paisaje. Ella consiguió que el resto pareciera más grande».

Livingstone tenía tan sólo 18 años y no era consciente de dónde se estaba metiendo: «Recuerdo que tuve que levantarme a las cuatro de la mañana. Estaba helada. Recuerdo cómo echaban hielo seco al agua, pero hacía tanto frío que no funcionaba por lo que utilizaron una máquina de humo. Pero era una de esas mañanas inglesas de frío y viento».

Ante la visión del gato negro que ella cogía contra su pecho, lo tiene claro: «Creo que es la forma de cómo tenía mis manos porque hacía mucho frío. No había gato, me acordaría».

Lo curioso del caso es que la banda era completamente ajena a esta historia y no tenían ni la más remota idea de cómo la discográfica pretendía sacar al mercado a Black Sabbath, que visto lo visto, no les fue nada mal, a pesar que a su supuesta bruja o fantasma no le guste la banda a la que representó: «Black Sabbath no es mi tipo de música. Me sabe mal decirlo porque seguramente no es lo que la gente espera escuchar. Cuando me mandaron el disco, lo escuché y seguí mi camino».

Es lo bueno de las leyendas urbanas, que la imaginación siempre supera la realidad.

La portada de *Rolling Stone*

Conseguir una promoción adecuada en el circo del rock 'n' roll depende casi siempre de lo inflada que esté la cartera y lo que se quiera invertir en ello, pero soltar billetes no asegura una adecuada difusión aunque sí una gran presencia en medios que no siempre conlleva notoriedad. No obstante, todo ello se complica cuando no existe el vil metal para satisfacer las necesidades del entramado mediático y es ahí donde se pone en juego la imaginación de los encargados de marketing o en algunos casos de las propias bandas, cuando los pudientes son más bien escasos.

No es necesario acudir a extremos o comportamientos radicales, tal y como hizo la banda de Los Ángeles The Long Rangers, que incapaces de llamar la atención de los medios de comunicación y creyendo que eran dignos de ella, secuestraron la KPPX Station, emisora local dedicada al rock 'n' roll. Los tres componentes de The Long Rangers entraron en la *KPPX* armados hasta los dientes, reteniendo al DJ Ian «The Shark» y obligándole a poner su maqueta. Chazz (Brendan Fraser), Rex (Steve Buscemi) y Pip (Adam Sandler) terminaron en la cárcel, pero consiguieron una de las campañas de publicidad más salvajes que han existido y su disco *Live In Prison* alcanzó el triple platino, todo

ello en una de las películas más divertidas de la filmografía rock: Airheads.

Pero no hace falta recurrir al
mundo del celuloide o terminar con
una metralleta en la mano encaño-
nando a un dj. La banda americana
Dr. Hook & The Medicine Show
consiguieron en marzo de 1973 ser
la portada de la revista *Rolling Stone*,
una de las promociones más golo-
sas y complicadas de lograr, tras una

Dr. Hook & The Medicine Show.

historia hilarante y completamente descabellada, que parece más un
cuento de hadas o una cinta cinematográfica de serie B.

Quiénes eran Dr. Hook & The Medicine Show

El núcleo duro lo formaron tres componentes de la banda america-
na sureña Chocolate Papers, George Cummings, Ray Sawyer y Billy
Francis, que tras recorrer durante varios años la zona septentrional de
Estados Unidos con cierto éxito, alcanzando una gran reputación en

directo, deciden abandonar, sobre todo
porque su vocalista Ray Sawyer toma la
decisión de abandonar la música y marchar a las montañas para llevar una auste-
ra vida de leñador.

Corría el año 1967 cuando Sawyer
marchó hacia una vida bucólica y tuvo un
accidente automovilístico donde perdió
un ojo y le hizo recapacitar su decisión:

Ray Sawyer cantante de Dr.
Hook & The Medicine Show.

«Debo haber tocado en todos los clubes
desde Houston hasta Charleston hasta que decidí que me estaba volviendo loco por el exceso de frijoles y música, y lo dejé. Al ver una película donde John Wayne se dirigía a Portland para ser un leñador me
decidí. En el camino, mi auto derrapó en la carretera y el accidente me
dejó con el parche en el ojo que ahora uso. Recuperado, corrí directamente hacia los frijoles y la música y prometí que aquí me quedaría».

Fue al regresar a la vida de urbanita cuando se formó Dr. Hook & The Medicine Show, idea desesperada de última hora de su amigo Cummings, al tener que hacer un cartel para su primer concierto o no tocaban en el club que les había contratado sin todavía apelativo alguno. Cummings hizo el cartel sin consultar a nadie y acordándose del parche que lucía Sawyer y del Capitán Garfio (Hook), archienemigo de Peter Pan, bautizó así a la formación que adoptó sin miramientos la nueva denominación.

Al llamarse Dr. Hook por el parche del ojo de Sawyer, muchos pensaron que se trataba del líder de la banda, cargo que ocupaba en realidad Dennis Locorriere, músico de New Jersey que comenzó de bajista y vocalista principal, cuando Sawyer era segundo cantante y percusionista. Si a la banda le preguntaban quién era en realidad el Dr. Hook, esperando que la respuesta fuera Sawyer por el parche, siempre contestaban que el verdadero Dr. Garfio era el conductor del autobús, aunque el más listo de todos fue Locorriere al registrar el nombre en propiedad, si bien jamás actuó como un déspota y permitió a Sawyer utilizarlo desde que se separó de la banda en 1988 hasta el año 2015, cuando falleció a los 85 años a consecuencia de una enfermedad desconocida. Durante esos años hubo dos bandas Dr. Hook en la carretera; por un lado giraba Dr. Hook & Ray Sawyer y al mismo tiempo Dr. Hook, con Locorriere al mando.

El camino del éxito

La suerte se cruzó con los destinos del grupo cuando Ron Haffkine recibe una de sus demos. Haffkine trabajaba como director musical en la última película de Harry Kellerman titulada *Who Is Harry Kellerman and Why Is He Saying Those Terrible Things About Me?* (¿Quién es Harry Kellerman y por qué dice esas cosas terribles sobre mí?), con Dustin Hoffman de protagonista y decide que Dr. Hook es la banda ideal para entrar a formar parte de la banda sonora del film. El grupo graba dos temas escritos por el poeta Shel Silverstein, quien a partir de ese momento trabajó como letrista de la agrupación. El tema principal de la película, «The Last Morning» y «Bunky and Lucille», fueron los temas escogidos, siendo esta segunda canción grabada con la banda tocando en directo en el *Fillmore East*, antes de una actuación de Grateful Dead, con el público que iba a asistir al concierto y el mismo día que murió Jimi Hendrix. El film tuvo críticas desastrosas pero Columbia se fijó en ellos y se firmó un contrato que unió al grupo con Ron Haffkine como A&R y a Shel Silverstein como letrista habitual.

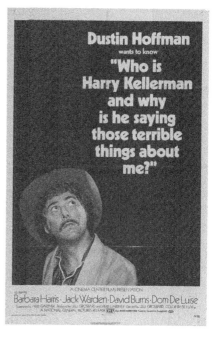

En 1971 se lanza su debut discográfico llamado *Dr. Hook* y el single «Sylvia's Mother», una balada rock a medio tempo, que entra rápidamente en las listas llegando al #5 en el ranking de singles del *Billboard*, pero el álbum se estanca en el #45, sin tener la repercusión deseada, aunque vendió más de un millón de copias.

En el disco se aprecian las dos vertientes del grupo, radicalmente diferenciadas. Por un lado su enorme poder para hacer baladas y temas facilones destinados a las emisoras de radio, mientras que la otra cara es mucho más gamberra, descontrolada y en ocasiones cercana al mal gusto. Tan sólo los dos primeros temas del álbum abren un abismo descomunal en el sonido, la baladística «Sylvia's Mother», no tiene nada que ver con «Marie Laveaux», dedicada a la Reina Vudú de Nueva Orleans, donde las voces se vuelven guturales, berrean, gritan y se asemejan a bárbaros asilvestrados.

Esos dos puntos de vista no abandonarían jamás a Dr. Hook & The Medicine Show, que años más tarde recortó su nombre por ser más comercial, siendo la faceta romántica y cercana a la fiebre de la música disco, la que le aportó más alegrías en los setenta, sobre todo con el éxito del tema «When You're In Love With A Beautiful Woman», tema que de por sí ya tiene su propia leyenda.

Cuando la banda grababa su disco de 1978, Pleasure and Pain en Muscle Shoals Sound Studio, Alabama, se presentó sin avisar el cantautor country Even Stevens para ofrecer un tema a la banda, siendo expulsado inmediatamente y tratado como un lunático. Stevens esperó estoicamente hasta que el productor Ron Haffkine tuvo que ir al baño, colándose de nuevo y encerrándole en los servicios, vamos, secuestrando en modo *Airheads*, pero armado con una guitarra simplemente. En el encierro le cantó una versión primitiva de «When You're In Love With A Beautiful Woman» y Haffkine quedó maravillado al instante, enseñando el tema al resto del grupo que la grabó inmediatamente. El tema alcanzó el #6 de la lista de singles del *Billboard*, pero incluso tuvo más éxito en Gran Bretaña donde se posicionó durante tres semanas en el #1 y en el resto de Europa, incluyendo España, donde fue carne de discoteca y un rotundo éxito.

The cover of *Rolling Stone*

Tras la repercusión del primer álbum, la banda sabía que para mantener y mejorar su status quo, debía obtener el beneplácito de los medios de comunicación. Las estaciones de radio eran muy importantes, pero en la década de los setenta la prensa musical escrita era imprescindible, hecho que ahora pueda parecer descabellado. En 1972 la revista *Rolling Stone* contaba con sólo cinco años de experiencia, pero su peso dentro del negocio era tal que una buena cobertura podría encumbrar a una banda, al igual que si se lo proponían podrían destrozarla irreversiblemente. Aunque lo habían intentado durante la gira, no despertaron el interés de la redacción de la revista, ni siquiera cuando «Sylvia's Mother» funcionaba en las listas. Nadie sabe de quién fue la idea, el caso es que propusieron a Shel Silverstein que escribiera una canción para llamar la atención de *Rolling Stone* y comprobar si de esta manera les consideraban interesantes o seguían ignorándolos.

Silverstein escribió un tema a medio camino entre la parodia y la crítica a las rockstar y los medios que las encumbran, poniendo el foco de atención en la revista *Rolling Stone* y en su codiciada portada:

«Well, we're big rock singers
We got golden fingers
And we're loved everywhere we go (that sounds like us)
We sing about beauty and we sing about truth

At ten-thousand dollars a show (right)
We take all kinds of pills that give us all kind of thrills
But the thrill we've never known
Is the thrill that'll gitcha when you get your picture
On the cover of the Rollin' Stone
want to see my picture on the cover
(Stone)Wanna buy five copies for my mother (yes)
(Stone)Wanna see my smilin' face
On the cover of the Rollin' Stone (that's a very very good idea)
I got a freaky ole lady name a cocaine Katy
Who embroideries on my jeans
I got my poor ole grey haired daddy
Drivin' my limousine
Now it's all designed to blow our minds
But our minds won't really be blown
Like the blow that'll gitcha when you get your picture
On the cover of the Rollin' Stone
want to see our pictures on the cover
(Stone) want to buy five copies for our mothers (yeah)
(Stone) want to see my smilin' face
On the cover of the Rollin' Stone
(talking) Hey, I know how
Rock and roll»

«Bueno, somos grandes cantantes de rock.
Tenemos dedos dorados
Y somos amados donde quiera que vayamos (y nos gusta)
Cantamos sobre belleza y cantamos sobre verdad
A diez mil dólares por espectáculo (correcto)
Tomamos todo tipo de pastillas que nos dan todo tipo de
emociones.
Pero la emoción que nunca hemos conocido
Es la emoción que te atrapa cuando ves tu foto
En la portada de la *Rolling Stone*
quiero ver mi foto en la portada
(Stone) Quiero comprar cinco copias para mi madre (sí)

(Stone) ¿Quieres ver mi cara sonriente?
En la portada de *Rolling Stone* (es una muy, muy buena idea)
Tengo una extraña señorita llamada cocaína Katy
¿Quién borda en mis jeans?
Tengo a mi pobre papá de cabello gris
Conduciendo mi limusina
Ahora todo está diseñado para volar nuestras mentes
Pero nuestras mentes realmente no se volarán
Como el golpe que te atrapa cuando ves tu foto
En la portada de la *Rolling Stone*
quiero ver nuestras fotos en la portada
(Stone) quiere comprar cinco copias para nuestras madres (sí)
(Stone) quiero ver mi cara sonriente
En la portada de la *Rolling Stone*
(hablando) Hola, sé cómo
Rock and roll
Ah, eso es hermoso
Tenemos muchas pequeñas groupies adolescentes de ojos azules
Que hacen cualquier cosa que decimos
Tenemos un genuino gurú indio
¿Quién nos está enseñando una mejor manera?
Tenemos todos los amigos que el dinero puede comprar.
Entonces nunca tenemos que estar solos
Y seguimos enriqueciéndonos pero no podemos obtener nuestra imagen
En la portada de la *Rolling Stone*
Voy a ver mi foto en la portada».

A pesar de las reticencias de Columbia Records, ante ciertos contenidos de la letra, «Tomamos todo tipo de pastillas que nos dan todo tipo de emociones», «Tengo una extraña señorita llamada cocaína Katy» y «pequeñas *groupies* adolescentes... Que hacen cualquier cosa que decimos», la banda se mantuvo firme e impusieron el tema como primer single de su segundo álbum, *Sloppy Seconds*. La compañía claudicó y editó el tema a finales de 1972, que comenzó un ascenso paulatino hasta que el 17 de marzo de 1973, cuando «The Cover Of The Rolling Stone» alcanzó el #6 del *Billboard*.

Sin embargo el magacín musical no se dio por aludido y siguió ignorando a una banda que todavía no había conseguido nada importante para ellos, provocando la ira del grupo que pedía a gritos su portada durante los conciertos, animados por el público en lo que se había convertido en una estupenda campaña de promoción.

Ron Haffkine se reunió con Jann Wenner, editor de *Rolling Stone*, al que convenció que en esencia lo que estaba haciendo Dr. Hook era un grandioso comercial sobre la revista, algo que jamás podrían hacer los ídolos que ellos encumbraron en sus numerosas portadas. «Lo

que estamos haciendo es una gran publicidad a este trapo de letras, algo que nadie ha hecho jamás». Wenner seguía pensando que el grupo no merecía la portada de su magacín, pero transigió con la demanda de Haffkine.

El número 131 de *Rolling Stone*, publicado el 29 de marzo de 1973, presentó la banda en la por-

Jann Wenner, editor de *Rolling Stone*.

tada, pero no publicó una fotografía porque todavía no se la habían ganado, por lo que ordenó publicar una caricatura. Tampoco estampó el nombre, que no sale ni en la lista de protagonistas del número, y sin embargo sí que reza la frase: «Whats Their names. Make the cover» (Cuáles son sus nombres. Haced la portada). En el interior encontramos un artículo modesto del joven reportero de 15 años Cameron Crowe, quien consiguió su primera portada. Cameron fue uno de los mejores redactores de *Rolling Stone*, escritor, guionista y director de cine, que contó en su biografía en el guion de *Almost Famous* (Casi famosos).

En el Reino Unido el tema fue prohibido por la cadena BBC al incluir una referencia a *Rolling Stone*, una marca comercial registrada, e ir en contra de la política de la empresa, tal y como habían hecho en el pasado con el tema «Lola» de The Kinks, quienes cambiaron Coca Cola, del single original, por Cherry Cola y pudieron ser radiados. Dr.

Hook se negaron a cambiar el tema más emblemático de su carrera y fueron vetados, por lo que CBS Records, discográfica de la banda en Europa, contrató una línea telefónica donde sonaba el tema las 24 horas del día, convirtiéndose en otra estupenda campaña de promoción. Algunos DJ de la BBC emitieron el tema, pero gritando por antena Radio Times (revista propiedad de la emisora) en cada ocasión que la banda cantaba *Rolling Stone*.

Dr. Hook, que recortaron su nombre en 1975, siempre fue una banda alocada, que gustaba de hacer bromas pesadas y tomarse lo compromisos de promoción a guasa; era típico presentarse a las ruedas de prensa entre los periodistas y comenzar a gritar y montar follón porque la banda no se presentaba. El desprecio por la industria les llevó a situaciones comprometidas en más de una ocasión, como cuando en 1974 se declararon en bancarrota. Con diferentes cambios a lo largo de su carrera, la banda sigue en activo actualmente, más por la nostalgia que por las aportaciones musicales. El último disco editado hasta la fecha, el 11 de febrero de 2020 como *High and Dry* (Live 1974), incluye un concierto de la mejor época, en el cual colocan más de cuatro minutos de acoples, ruidos, gritos y bullicio insoportable en mitad del tema «The Cover of The Rolling Stone». Siempre fueron irreverentes, pero demostraron que se puede vencer al negocio y en ocasiones lo importante no es el dinero... aunque jamás vieron su foto en la portada de *Rolling Stone*.

La leyenda de Jazz Sabbath

Las leyendas urbanas son escasas en la era de internet, la velocidad informativa y la abundante desinformación de las redes ha dejado paso a las *fake news*, que generalmente son mal intencionadas con el objetivo de hacer daño a un tercero. Dos conceptos completamente antagónicos donde el segundo no es de nuestro interés. Sin embargo, en pleno 2020 se creó una leyenda urbana que supuso un soplo de imaginación agradable, retomando por unas semanas las historias de antaño, donde la inocencia y la imaginación conseguían lo inimaginable… pero pongámonos en situación.

El secreto mejor guardado

Jazz Sabbath fue una banda que se formó alrededor de 1968, en torno al pianista Milton Keanes, una especie de niño prodigio a lo Steve Winwood, que estaba llamado a ser uno de los músicos más brillantes de su generación y a marcar las pautas a seguir en décadas venideras. Jazz Sabbath estaban liderando la vanguardia del nuevo movimiento del jazz que surgía en el Reino Unido, arropado por las primeras influencias de la psicodelia y con un marcado virtuosismo e inclinación al sonido duro.

Grabaron su primer disco bajo un secretismo espectral, pues su compañía discográfica, *Rusty Bed Springs Records*,

Jazz Sabbath, una de las mejores historias de ficción creadas en la historia del rock.

había apostado muy fuerte por ellos a sabiendas de que los dividendos serían suculentos, pues se trataba de un disco castigado a coronar las listas, no sólo de jazz, si no de rhythm and blues y pop. El esperadísimo álbum debut homónimo debía haberse publicado el viernes 13 de febrero de 1970, pero jamás vio la luz, hasta ahora.

Según se ha sabido, el álbum fue secuestrado por su propio sello discográfico «cuando se supo que el miembro fundador y pianista Milton Keanes fue hospitalizado con un ataque cardíaco masivo que lo dejó luchando por su vida». La compañía discográfica tomó la decisión de archivar el álbum y cancelar el lanzamiento programado por respeto y la incertidumbre financiera de lanzar un álbum debut de una banda sin su líder musical.

Cuando Milton despertó del coma en septiembre de ese mismo 1970, descubrió con estupor que una banda de Birmingham se hacía llamar Black Sabbath y que habían editado su primer disco el día que estaba previsto la edición del álbum de Jazz Sabbath, pero lo peor es que los temas habían sido robados y grabados en un estilo denominado hard rock. Según Milton, el guitarrista de esa formación, un tal Tony Iommi, había estado unos días probando con ellos en el local, pero su estilo no cuajó y se marchó a formar parte de una formación de rock blues llamada Jethro Tull que tenía el compromiso de grabar un programa de televisión para la BBC, producido y presentado por The Rolling Stones. Iommi pudo aprenderse todos los temas y terminar grabándolos con su banda en lo que era un caso clarísimo de usurpación y robo de propiedad intelectual.

Tony Iommi está considerado uno de los guitarristas más importantes e influyentes en la historia del rock.

Milton Keanes intentó contactar con Rusty Bedsprings Records, pero la discográfica había desaparecido en los meses que él había estado hospitalizado y el propietario estaba cumpliendo condena en la cárcel por desfalco económico. Los álbumes del debut de Jazz Sabbath, que estaban preparados para su lanzamiento, fueron destruidos en un aparatoso incendio que sufrió el almacén en junio de 1970, y sólo se pudieron salvar algunas bobinas con grabaciones de algunos conciertos entre 1968 y 1969, fechas en las que estaban rodando los temas que incluirían en el álbum.

La investigación aseguró que «los masters del álbum se perdieron en el fuego, pero en realidad estaban fuera del almacén y acumularon polvo en las bóvedas del sótano del estudio de grabación durante muchos años, destinados a no ver nunca la luz».

La fortuna quiso que a finales de 2019, casi medio siglo después, el nuevo propietario del edificio donde estaba el estudio de grabación, encontrara los masters de la grabación mientras limpiaba los escombros para inaugurar una tienda de mascotas veganas. En las latas encontradas estaban las bobinas originales de 1969 en perfecto estado, así como las diapositivas con el grafismo del álbum.

Milton Keanes declaró a la prensa musical británica el pasado mes de febrero de 2020: «Estas cintas ahora se han remezclado y finalmente se escucharán. El álbum demostrará que la banda de heavy metal adorada por millones de fans en todo el mundo no es más que un grupo de charlatanes musicales, robando la música de un genio hospitalizado postrado en cama». En el disco Keanes cuenta con el apoyo de parte de la industria y compañeros de profesión, que han ayudado a elaborar un documental para reivindicar el legado de Jazz Sabbath y su derecho a que se conozca la verdad. Un documental de 15 minutos presentado por el actor Robert Powell y en el que aparecen Neil Murray ex-Whitesnake, Mike Bordin de Faith No More, Jordan Rudess de Dream Theater, Mikkey Dee de Motörhead, Marky Ramone o el productor Kevin Churko, quien trabajó con Ozzy Osbourne. El documental lo podéis visionar en https://youtu.be/IKmeKtkiX3E

Y en medio de esta historia… Ozzy Osbourne, ¡cómo no!

Una auténtica historia de leyenda o una leyenda urbana en toda regla, ya que cuesta creer que Black Sabbath pudiera llegar a hacer una jugada tan sucia y rastrera como la descrita. Lo verdaderamente curioso es que Ozzy Osbourne ha participado de alguna forma en la creación de esta leyenda, puesto que dio permiso a que se realizara. Todo es una idea de Adam Wakeman, extraordinario pianista hijo de Rick Wakeman, con quien ha grabado varios discos como *Wakeman and Wakeman*, además de trabajar con Annie Lennox, Travis, The Company of Snakes, Will Young y Atomic Kitten. Grabó el álbum 13 con Black Sabbath y los dos últimos de Ozzy Osbourne, Scream y Ordinary Man.

Adam Wakeman publicará el disco *Jazz Sabbath* donde incluirá los temas «Fairies Wear Boots» / «Evil Woman» / «Rat Salad» / «Iron Man» / «Hand Of Doom» / «Changes» / «Children Of The Grave», todos de Black Sabbath. Tanto la leyenda urbana generada, como el documental publicado, constituyen una de las campañas de promoción más inteligentes, astutas y divertidas de la industria musical.

Adam Wakeman

V. EXORCISMOS, MENTIRAS Y BLASFEMIAS

Para finalizar este viaje al mundo de las fábulas del rock, nos detendremos en un variopinto paisaje de estaciones, las cuales dejan en evidencia que existen miles de mitos sin desvelar, quizá de menor jerarquía, pero cargados de mitología y bulos, como debe de ser.

Dakota, la casa del diablo

Las leyendas de la música tienen personajes muy dispares, pero no hay muchas ocasiones en las que el protagonista sea un edificio, una construcción artificial que se presupone sin alma ni personalidad, pero que en el caso del Edificio Dakota, es el principal intérprete de una de las maldiciones más suculentas que podemos invocar.

Se trata de un edificio lujoso de apartamentos que se encuentra al noreste de la calle 72 y Central Park West, en el barrio de Manhattan en Nueva York. Se construyó entre 1880 y 1884 por el abogado y especulador inmobiliario Edward Clark, quien labró una gran fortuna al defender a Isaac Merritt Singer, inventor de la máquina de

coser, inmerso en un pleito de
patentes con Elias Howe, creador de la máquina de pespunte.
Singer pagó los honorarios con
acciones del pequeño taller de
máquinas Singer que en menos
de un año recibió beneficios
de un millón de dólares, por lo
que Clark y Singer fundaron
Singer Sewing Machine Company. Clark se dedicó a la espe-

Edificio Dakota

culación inmobiliaria y a edificar construcciones que parecían locuras
a los ojos de la gente, como un torreón de sesenta metros de altura de
estilo gótico a orillas del lago Otsego, llamado Kingfisher Tower.

En octubre de 1880 comenzó la construcción de un edificio de
apartamentos conocido como «La locura de Clark», al estar retirado
del núcleo urbano y no poder contar con los servicios mínimos como
agua y luz eléctrica. Precisamente la distancia entre el edificio y la ciudad de Nueva York fue lo que provocó el bautizo como Edificio Dakota, puesto que se decía que tardabas tanto en llegar como si fueras al
Estado de Dakota. Edward Clark no pudo ver terminado su construcción, puesto que dos años antes de concluir las obras falleció de fiebre
palúdica, una extraña infección que transmiten ciertos mosquitos a los
animales y que es raramente contagiosa para el ser humano. De esta
forma comenzó a circular el rumor de que el edificio estaba maldito y
había destruido a su propietario.

Historial de incidencias

Con la expansión de la ciudad de Nueva York, el hormigón llegó hasta
el Edificio Dakota, que ya tenía todos sus apartamentos adjudicados
antes de finalizar su construcción. Se puso de moda entre la alta sociedad neoyorquina, lo que provocó la proliferación de lujosos edificios alrededor y la especulación situó las puertas de Central Park a los
pies del nuevo barrio de poderosos, ricos y famosos residentes. Dakota
guardaba una personalidad propia destacando entre las nuevas cons-

trucciones, con un estilo marcado por el renacimiento alemán, con techos prominentes con buhardillas estilo francés, que contrastan con el *skyline* general de la zona, de edificaciones más altas y planas. Por él han pasado banqueros, políticos, escritores, dramaturgos, actores y músicos, dejando, en algunos casos, un rastro de leyenda negra que no ha mermado el interés por el edificio, aunque en algunos casos el final de las fábulas fuera trágico.

Los terrenos sobre los que se construyó el edificio, fueron antaño territorio de una antigua colonia británica, en la que se estableció una comunidad que seguía los designios del Sendero de La Mano Izquierda (Left Hand Path), y sobre la que pesaban acusaciones de realizar ritos satánicos, sacrificios execrables y aquelarres ocultistas bajo el maleficio de la magia negra.

Un núcleo de adoradores de Satanás, que según la leyenda, provocaría una maldición sobre el terreno que se mantendría vigente durante siglos. Es curioso que la Sociedad de Fenómenos Psíquicos de Nueva York (American Society for Psychical Research), la organización de investigación psíquica más antigua de los Estados Unidos, se creara el año que finalizaron las obras del edificio Dakota y que tras varios intentos infructuosos de instalarse en él, terminaran por situarse en el 5 West 73rd Street, sito enfrente del Dakota.

A principios del siglo xx se instaló en uno de los apartamentos del Dakota el famoso ocultista británico Aleister Crowley, quien supuestamente realizó rituales de magia negra y espiritismo para invocar a miembros de la comunidad Left Hand Path y recibir sus enseñanzas y energías. Sin embargo, estudiosos de Crowley aseguran que éste descubrió que el Dakota estaba situado en una gran intersección de Líneas Ley, corrientes de energía que se distribuyen por todo el planeta a modo de red y que comunican los núcleos de potencia y fuerza, una geometría sagrada para la religión druídica de Gran Bretaña. Al mismo tiempo creía que el Dakota era un importante epicentro ufológico en Estados Unidos e intentó comunicarse con seres indefinidos de otros mundos. Fuera como fuere, se cree que Crowley despertó de nuevo la maldición y dejó el Dakota contaminado por fuerzas parasicológicas, fenómenos desconocidos que provocaron una serie de acontecimientos en el futuro que argumentó la creencia de un edificio poseído.

Terrorífico currículum

El compositor ruso Pyotr Ilyich Tchaikovsky consiguió, de forma extraña, el
permiso para residir en el Dakota a finales de 1881, casi tres años antes de que
se terminaran las obras. Aunque el ala del
edificio donde se encontraba su apartamento estaba terminada, el resto del blo-
que estaba inacabado y sin suministros
básicos. Al parecer, Tchaikovsky buscaba
el aislamiento absoluto para trabajar en la
obra «Trío de Piano en La Menor», dedicada a su amigo Nikolai Rubinstein, que
falleció en París el 28 de marzo de 1881.

Pyotr Ilyich Tchaikovsky

Durante su estancia dejó constancia en varias ocasiones que escuchaba
ruidos por las noches, gritos y olores muy fuertes, que bien se podrían
atribuir a obreros que se quedaban a pernoctar a escondidas o a la
maldición del edificio.

La actriz Judy Holliday se instaló en el apartamento #77 del Dakota, tras el éxito del film *La Costilla de Adán* en 1949. Un año después fue
investigada por el FBI por actividades comunistas, dentro de la caza
de brujas protagonizada por el senador
Joseph McCarthy. Pasó un terrible calvario durante tres años hasta que, para librarse del acoso gubernamental optó por
delatar a compañeros que tenían inclina-
ciones izquierdistas. Falleció de cáncer
de garganta a los 43 años de edad. Los
empleados de las reformas de su apartamento aseguraron que durante las obras
vieron el cuerpo semi transparente de
una mujer rubia pasearse por el edificio.

Lo mismo ocurrió con Boris Karloff,
que pasó una larga temporada siendo in-
quilino del Dakota. Tras su muerte en

Judy Holliday, ocasional residente
también del edificio Dakota.

1969 a los 81 años de edad, y a pesar que ésta le sobrevino en Inglaterra, donde se había trasladado en 1959, se recogieron numerosos
testimonios que aseguraban haber visto su figura deambulando por el
edificio, generalmente por parte de empleados de limpieza y manteni-
miento, aunque la pareja de diseñadores

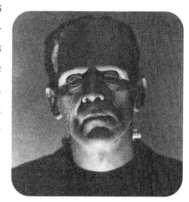

Frederick y Suzanne Weinstein, abando-
naron su apartamento a las pocas semanas
de alquilarlo, argumentando que durante
las noches se escuchaban ruidos extraños,
fuertes olores y que finalmente habían
visto una silueta, que identificaron claramente con el monstruo de Frankenstein,
personaje que hizo popular Boris Karloff.
Lo que parece cierto es que Karloff, aficionado al ocultismo, espiritismo y esoterismo, organizó numerosas sesiones de

Boris Karloff caracterizado
como Frankenstein.

espiritismo, ouija y brujería en su apartamento, por las que desfilaron
grandes nombres del panorama cinematográfico de Hollywood. Lo
demás pasa a engrosar la leyenda del edificio.

Gerald Brosseau Gardner, conocido como Scire, sumo sacerdote
de la religión pagana Wicca, además de antropólogo y arqueólogo, se
alojó durante un tiempo en el Dakota, al parecer para encontrar las
fuerzas de las Líneas Ley que Crowley había descubierto. A Gardner
se le invitó a marchar del edificio puesto que sus rituales ocultistas
sembraron la preocupación entre los vecinos, que en más de una ocasión manifestaron que sobrepasaron la legalidad, con ingesta de drogas, orgías y sacrificios que si bien podrían ser de animales, dejaban un
fuerte hedor a putrefacción en los apartamentos colindantes.

Entre noviembre de 1947 y marzo de 1948 Gardner estuvo en el
Dakota, aunque también visitó Nueva Orleans y Memphis entre otras
ciudades para estudiar el vudú afroamericano. En ese periodo pasaron
por el apartamento del Dakota numerosos ocultistas y brujos, así como
personajes conocidos del mundo del espectáculo como Sammy Davis
Jr., conocido aficionado a las ciencias ocultas y que se hizo popular por
telonear a Frank Sinatra con Will Mastin Trio. Uno de los famosos
ocultistas que frecuentaban el apartamento era Karl Germer alemán

afincado en Nueva York, que se proclamó
en el Dakota Jefe Externo de la Orden de
Ordo Templi Orientis, organización ocultista de la cual Crowley era el máximo responsable.

Judy Garland fue otra celebridad que
pasó largos periodos en el Dakota. Una
mujer con una historia extraordinaria, estrella de Hollywood de niña y con una vida
demacrada por los malos tratos, adicciones
y sin saber asumir su papel de adulta. Su
truculenta trayectoria pasa en varias oca-

Judy Garland

siones por clínicas de desintoxicación y sanatorios mentales, incluso
por fallidos intentos de suicidio. Uno de esos intentos se produjo en
el Dakota, donde fue descubierta a tiempo por el servicio de limpieza,
en la bañera y con heridas infringidas con un cristal en sus muñecas.
Garland falleció en junio de 1969 en Londres, a consecuencia de una
sobredosis accidental de barbitúricos, aunque siempre planeó la sombra
del suicidio.

La semilla del Diablo

En 1967, la novela de terror *Rosemary's Baby* de Ira Levin, vendió más
de cuatro millones de ejemplares, convirtiéndose en la novela de sus-
pense más vendida de la década. Inmediatamente, Paramount compró
los derechos del libro para hacer una adaptación cinematográfica (en
Hispanoamérica, *El bebé de Rosemary*; en España, *La semilla del Diablo*),
en lo que fue una de las filmaciones más malditas de la historia del
cine, en una encrucijada donde convergen dos leyendas negras, la de
Rosemary's Baby y la del Edificio Dakota.

La configuración del elenco de profesionales del film fue ardua
complicada, comenzando por el director que debía ser Alfred Hitch-
cock, pero por diferencias económicas el proyecto pasó a manos de
William Castle, productor y director de películas de terror de serie B
como *Escalofrío* o *La mansión de los horrores*. Al final, por preferencias de
Robert Evans, productor de Paramount, se contrató al director polaco

Roman Polanski, quien había obtenido cierto éxito con *El Baile de los Vampiros*. Polanski se involucró en el proyecto de forma obsesiva y enfermiza, asumiendo en primer lugar el guion en solitario y así mantener el control absoluto sobre el film.

El casting supuso un baile de nombres continuo, por donde danzaron Steve McQueen, Tony Curtis, Paul Newman o Jack Nicholson, seleccionando al final a Robert Redford para el papel del protagonista masculino, Guy Woodhouse. De nuevo, problemas conceptuales entre Paramount y el actor, terminaron deslizando el papel hacia John Cassavetes, actor y director de cine independiente que aceptó por motivos económicos, para poder financiarse su próximo largometraje *Faces*.

El papel de la protagonista femenina, Rosemary, debía de ser para Jane Fonda, pero tras varios retrasos en el comienzo del rodaje, le impidieron aceptar por coincidir con la filmación de una nueva entrega de la heroína espacial Barbarella.

Polanski presionó para que la protagonista fuera su mujer, la modelo Sharon Tate, pero finalmente el papel lo consiguió Mia Farrow, joven actriz de aspecto frágil y lánguido que se hizo popular con la serie *Peyton Place*. Farrow, de 22 años, estaba casada con Frank Sinatra, quien quería que compartiera cartel con él en su próxima película.

Mia Farrow en un fotograma de *La semilla del diablo*.

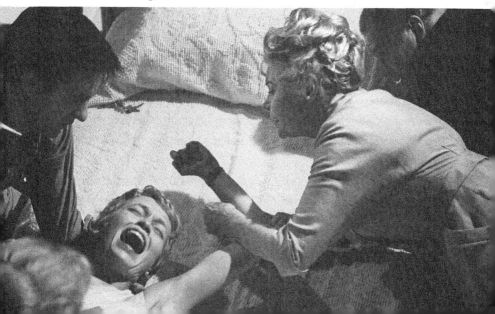

La historia narra la terrible experiencia de una pareja de recién casados al llegar a su nuevo hogar en el Edificio Bramford de Nueva
York, en una trama de terror psicológico, cargado de miseria humana y grandes dosis religiosas y ocultistas. Polanski escogió el edificio
Dakota para representar al Bramford, debido a la larga lista de sucesos
oscuros sucedidos en el mismo y en especial, todo lo que había leído
sobre Gerald Brosseau Gardner, en quien se inspiró para la creación
de algún personaje.

Contrató como asesor de temas esotéricos y satánicos a Anton
Szandor LaVey, conocido ocultista que se hacía llamar El Papa Negro
y creador de la Iglesia de Satán. LaVey no solamente es asesor del film,
sino que tiene un pequeño papel representando a Satanás, en una escena sórdida de una posesión infernal.

El rodaje estuvo marcado por problemas y retrasos importantes,
casi todos ellos provocados por un Polanski obsesionado con la perfección, que obligaba a repetir las escenas decenas de veces. Tuvo enfrentamientos violentos con Cassavetes por motivo de su afición a la improvisación que no permitía, y se puso a casi todo el equipo de rodaje
en contra por su despotismo y explotación, llegando a definirlo como
un maltratador psicológico.

El primer gran problema llegó cuando Frank Sinatra se presentó
en el rodaje a por su mujer, pues los retrasos del rodaje comenzaban a
solapar su nuevo film, *The detective*. Cuentan de Sinatra se puso muy
violento con Polanski, llegando a agredirle verbal y físicamente, que
según él era «un polaco inútil, incapaz de encontrar su propio trasero». Sinatra le exigió a Mia Farrow que abandonara la película y se
fuera con él, pero ésta, por miedo a las consecuencias económicas de
un abandono optó por seguir. A los pocos días los abogados de Sinatra
aparecieron en el rodaje y le entregaron los papeles del divorcio a Mia
Farrow, que entró en un estado de depresión profundo durante el resto
del rodaje.

Polanski, aprovechó el desorden psíquico de Farrow para adueñarse de su personalidad, maltratándola sistemáticamente para conseguir
una mayor comunicación con el personaje de Rosemary, que se encontraba en una encrucijada entre la locura y el terror. Polanski, sabiendo
que era vegetariana, la obligó a comer hígado crudo en una escena que

se grabó en infinidad de tomas; en otra ocasión la obligó a cruzar la calle 72, delante del Dakota, sin parar el tráfico y en hora punta, alegando que nadie iba a atropellar a una embarazada (el personaje estaba en avanzado estado de gestación), nadie del equipo quiso grabar la escena, por lo que el propio Polanski siguió a Farrow con la cámara al hombro.

El maltrato psicológico continuó, no avisándola de situaciones que iban a producirse, para lograr plasmar la reacción real de una Farrow que cada día estaba más deteriorada, tanto física como mentalmente, y bajo los efectos de gran cantidad de antidepresivos.

El rodaje también fue interrumpido en numerosas ocasiones por manifestaciones de protesta de organizaciones religiosas, que sabiendo que estaba basado en el libro de Ira Levin, consideraban que era una herejía y que promulgaba el satanismo y el pecado, así como la adoración al Demonio. *Rosemary's Baby* se estrenó el 12 de junio de 1968 con un éxito apabullante de crítica y público, con una taquilla de más de 33 millones de dólares para un film cuyo presupuesto apenas pasaba de los dos millones, pero fue entonces cuando comenzó su verdadera maldición.

Krzysztof Komeda, compositor de la banda sonora, se precipitó por un barranco a los pocos meses del estreno, quedando en estado de coma durante cuatro meses, hasta que falleció en abril de 1969 a los 37 años.

John Cassavetes salió del rodaje con una fuerte hepatitis y con problemas graves de alcoholismo. Las secuelas le afectaron gravemente durante el resto de su vida, hasta que en 1989 falleció de cirrosis hepática los 59 años de edad.

Quien peor parte se llevó fue Roman Polanski, pues el 9 de agosto de 1969, su esposa Sharon Tate, embarazada de ocho meses y medio, fue asesinada junto a unos amigos en su residencia de Los Ángeles. Polanski estaba en Londres preparando el rodaje del film *El Día del Delfín*, que jamás realizó, pero hasta que no se descubrió que los asesinatos fueron responsabilidad de Charles Manson y su séquito, Polanski fue el principal sospechoso del crimen, lo que provocó su huida de Estados Unidos. Actualmente no puede pisar Estados Unidos ni el Reino Unido porque pesan sobre él varias acusaciones de violación, abusos de menores y acoso sexual.

El final trágico

El 23 de agosto de 1980, en las oficinas de la Sociedad de Fenómenos Psíquicos de Nueva York que, como hemos visto antes, está situada enfrente del Edificio Dakota, el prestigioso médium y parapsicólogo Alex Tanous, estaba concediendo una entrevista a Lee Spiegel del programa *Fenómenos Inexplicables* de la *NBC*, donde habló de predicciones y fenómenos paranormales. Spiegel le pidió una predicción que pudiera ser del interés de los radioyentes y Tanous aseguro: «Lo que voy a predecir es que un famoso astro del rock sufrirá una muerte prematura e insólita, y esto puede ocurrir desde este momento en adelante. Digo una muerte insólita porque hay en ella algo raro, pero afectará a la conciencia de muchas personas debido a su fama». Tanous no quiso decir ningún nombre, pero por su actitud parecía ser sabedor del mismo; simplemente aseguró que el músico a pesar de ser muy popular, no había nacido en Estados Unidos. La entrevista fue emitida por la NBC el 8 de septiembre de 1980, aunque algunas fuentes aseguran que su emisión fue el 5 de diciembre. El 8 de diciembre Mark David Chapman asesinó a tiros a John Lennon en la puerta de entrada del Edificio Dakota, delante de su mujer Yoko Ono, en una de las muertes más cuestionadas del rock. El despacho de Alex Tanous tenía una vista privilegiada de la entrada del Edificio Dakota y su predicción fue totalmente acertada, una muerte prematura, insólita y que marcó a todo el planeta. Es curioso que un edificio con una historia maldita como la que posee, siga siendo atractivo para gente adinerada, que posiblemente atraída por el morbo o la exclusividad del lugar, aparcan los temores o dudas que cualquier ser razonable pudiera albergar.

Desde hace décadas, el Edificio Dakota tiene unas reglas muy estrictas sobre la admisión de inquilinos y propietarios, los cuales deben ser aprobados por mayoría absoluta por la junta de propietarios creada para tal menester. Algunos de los nombres que han sido rechazados son: Melanie Griffith y Antonio Banderas, así como los músicos Gene Simmons, Billy Joel y Carly Simon… quién sabe si no les han salvado de un susto monumental.

James Brown, un monstruo maltratador

James Brown tenía muy mala fama entre los músicos que habían tocado en su banda, pues era extremadamente exigente y podía llegar a
ser un maltratador psicológico. Era muy obsesivo con la perfección
de sus show y no permitía ningún error, maltratando a la banda hasta
que se sabían al dedillo sus exigencias. En más de una ocasión cuando
terminaba un concierto, si no estaba satisfecho con el nivel alcanzado,
él se marchaba de la sala y obligaba a los músicos a ensayar de nuevo el
set completo para el show del día siguiente, fueran las veces que fueran
necesarias, aunque eso supusiera no poder descansar.

Lo más curioso es que tenía un sistema de castigos económicos muy
definidos para las actuaciones. Cuando algún músico se equivocaba, se
salía de tono, tempo o simplemente sonaba más flojo de lo marcado,
levantaba la mano y señalaba con los dedos. Un dedo en alto eran
cinco dólares de multa, dos dedos diez dólares y así sucesivamente. Si
mientras levantaba la mano señalando con los dedos la sanción, erguía
el otro puño, la sanción era para todo el grupo. Si tenemos en cuenta
que a principios de los sesenta, un músico de James Brown podría cobrar unos 40 dólares por actuación, podemos deducir que en más de
una ocasión salían del recital sin cobrar. Los músicos aguantaban este

James Brown, exigente con sus músicos hasta el extremo de considerarse un maltratador
psicológico.

régimen de castigos porque la agenda de James Brown era de las más intensas de los cantantes de soul.

Pero, ¿por qué aguantaba su familia, que era sometida a un régimen terrorífico de tiranía por parte del Padrino del Soul? Según contó Yamma Brown, una de las cuatro hijas del cantante, en el libro *Cold Sweat*, Brown ejercía maltratos físicos y psicológicos a su esposa Deidre Deedee Jenkins.

Brown culpaba a su cónyuge de todos los males que podrían ir surgiendo en su día a día, si los ensayos habían sido desastrosos, si se habían vendido pocas entradas del show, si el público había sido frío, si no le gustaba su actuación, si le había parado la policía, si le habían llamado negro, por cualquier motivo ajeno a la intervención de su mujer, descargaba su ira al llegar a casa a base de puñetazos, patadas y golpes de todo tipo, mientras que sus hijas pequeñas se escondían debajo de la cama aterrorizadas, hasta que pasaba la tormenta James.

«Las palizas siempre empezaban con sonidos horribles. La encerraba en su habitación y primero llegaba el estruendo de la voz de mi padre y después sonaba lo que parece un trueno por toda la casa: mi madre golpeando con mi madre las paredes». Nunca le puso la mano encima a sus hijos, pero el curriculum de maltratador y violento fue creciendo exponencialmente a su fama como uno de los artistas negros más importantes del pasado siglo.

James Brown escribió más de un millar de canciones, vendió más de medio millón de discos en vida, cifra que se disparó tras su fallecimiento, se le conocía como el «trabajador más duro del mundo del espectáculo», por la intensidad de sus actuaciones, por la violencia física y psicológica que ejercía sobre sus músicos y por ser un adicto al escenario, con más de 300 conciertos en sus años de auge y popularidad.

Sin embargo siempre le persiguió el estigma de la violencia, comenzando cuando tenía 16 años por robar coches a mano armada, castigado a una pena de entre 8 y 16 años de cárcel, de la que cumplió tan sólo tres años y un día, saliendo de prisión con la reconversión da músico certificada. Escándalos de sobornos discográficos, drogas, conducir bajo los efectos del alcohol y una ira irracional que jamás pudo controlar, le obligaron a estar detrás de las rejas en varias ocasiones. Sin embargo la violencia en el seno familiar persiguió y desmoronó

227 V. Exorcismos, mentiras y blasfemias

todos sus matrimonios, cuatro en total. Las acusaciones más graves fueron las argumentadas por su tercera y cuarta esposa. La primera, Ariednne Rodriegues, recibió tal paliza que fue condenado a seis años de prisión por intento de asesinato, más una orden de alejamiento de más de una milla. La cuarta mujer, Tommy Rae, le acusó de secuestro, violación, palizas indiscriminadas y en la última de ellas, que casi acaba con su vida, se demostró que la dejó inconsciente a base de puñetazos y una vez que perdió el sentido, la arrastró por toda la casa, escaleras incluidas, mientras gritaba como un auténtico poseído, hasta que los vecinos alertaron a la policía que se encontró un escenario dantesco, como si James hubiera querido pintar la casa con la sangre de Tommy.

Su herencia económica y patrimonio artístico, también vino ligado a un legado de violencia y maltratos, en este caso sobre la persona de su hija Yamma, que contrajo matrimonio con un individuo llamado Darren Lumar, cortado por el mismo patrón agresor que su padre. Yamma tenía un largo historial de maltrato con violencia por parte de su marido, pero cuando James Brown falleció, Lumar intento conseguir la firma de su hija para controlar todo el patrimonio dejado por el padrino del soul y ante la negativa de ésta y su hermana Deanna a cederle la custodia de la herencia familiar, la sometió a una paliza tan brutal que la policía la encontró medio muerta en la cocina de su casa, flotando en un charco de sangre. En el juicio contra Lumar, éste argumentó que Yamma la había agredido con un cuchillo, presentando un corte superficial en el antebrazo. Al ser Estados Unidos un país enormemente patriarcal y los estados del sur un ejemplo de supremacía blanca y machista, el agresor consiguió tras diez años de litigio, una importante suma económica como indemnización, aunque Yamma logró divorciarse del segundo animal de su vida.

James Brown siempre será un venerado autor e inigualable intérprete, así como uno de los mejores showmans de la música negra, pero no debemos olvidar que detrás de cada leyenda se puede esconder un monstruo que sigue acechando, y eso es despreciable, venga de quien venga.

El mítico Fillmore nació por casualidad

La mítica sala de concierto Fillmore East de San Francisco, dirigida por Bill Graham, era un local de música negra propiedad del empresario afroamericano Charles Sullivan. Graham alquiló el segundo piso para los ensayos de la compañía teatral Mime Troupe, de la que era mánager. Se trataba de un grupo que ejercía la sátira política en representaciones gratuitas por los parques del área de San Francisco y en numerosas ocasiones acompañaban sus espectáculos con bandas de folk. En 1965 fueron denunciados por dos obras catalogadas como impropias e ilegales, «Civil Rights» y «Jim Crow in a Cracker Barrel». Dos obras que denunciaban la segregación de los estados del Sur y la pasividad del resto del país; en especial la segunda que denunciaba las leyes Jim Crow, las cuales bajo el lema *Separate but equal* (Separados pero iguales) abogó por la segregación racial, vetando el acceso de los negros a los servicios de la administración como salud, educación, vivienda, así como impidiendo que los negros se mezclaran con los blancos en los transportes públicos, teatros, sanitarios o locales musicales. La compañía fue condenada con una cantidad importante de dinero y se les requisó todo su material escénico, pero su popularidad germinó en una serie de conciertos benéficos en el área de San Francisco que consiguió cubrir la deuda y la compra de nuevo material.

Bill Graham

Bill Graham alquiló por primera vez el Fillmore Auditorium para uno de esos conciertos benéficos, en el cual actuaron media docena de grupos locales, entre los que ofrecieron una de sus primeras actuaciones Jefferson Airplane. El éxito del evento propició que Graham comenzara a repetir la experiencia con más bandas y convirtiera el local en el epicentro de la movida psicodélica de California.

Charles Sullivan fue asesinado en agosto de 1966 y Graham pasó a ser el propietario, transformando Fillmore Auditorium en una leyenda de la contracultura americana.

Algunas de las bandas que convirtieron en leyenda el Fillmore Auditorium fueron los mencionados Jefferson Airplane, The Grateful Dead, The Steve Miller Band, Quicksilver Messenger Service, Moby Grape, The Doors, Jimi Hendrix Experience, The Byrds, Big Brother and The Holding Company, Santana, Frank Zappa and The Mothers Of Invention, Miles Davis, Rahsaan Roland Kirk, Charles Lloyd, Aretha Franklin y Otis Redding.

Little Richard se salió del guion

Little Richard, uno de los pioneros del rock and roll y personaje que inventó el concepto de rock star, protagonizó uno de los escándalos más sonados de la historia de los premios Grammy. La organización lo invitó para entregar el premio Grammy al mejor artista novel en la gala celebrada el 2 de marzo de 1988 en el Radio City Music Hall de Nueva York. El presentador de la gala por segundo año consecutivo, Billy Cristal, presentó para la entrega del premio a Little Richard y David Johansen, ex líder de los New York Dolls, quien se presentó con extravagante tupé, diana de los

Little Richard consiguió un Grammy honorífico por toda una carrera.

primeros sarcasmos de Richard: «Solía usar mi cabello así. Me quitan todo lo que tengo, me lo quitan». El público reía a carcajadas, asumiendo que se trataba de un gag del guion, pero la cara de circunstancias de Johansen apuntaba que estaba completamente fuera de lugar. Richard, poseedor del sobre del ganador se sintió con la necesidad de reivindicarse y plasmar en la ceremonia que nunca le habían concedido un Grammy, pero es que ni siquiera lo habían nominado. Después de escuchar los nombres de los nominados al premio, Richard fue a abrir el sobre y comenzó su propio espectáculo: «El ganador es... ¡Y el mejor artista nuevo soy yo!», provocando que el público se levantara de sus lujosas butacas y aplaudiera a rabiar el que ya era el mejor momento de una noche anquilosada y programada hasta el aburrimiento, pero Richard continuó fuera del guion: «Nunca he recibido nada. Ustedes nunca me dieron un Grammy y estuve cantando durante años. Soy el arquitecto del rock 'n' roll y nunca me dieron nada. ¡Y yo soy el creador!». El público lo vitoreó mostrando el respeto que no había recibido formalmente de la academia. Richard volvió al sobre y dijo «y el ganador es... ¡todavía soy yo!»... «Siendo un judío marrón de Georgia, tenía que decir la verdad».

Finalmente, mientras una voz en off le llamaba al orden del guion establecido y Johansen no sabía dónde ponerse, abrió el sobre y dio el nombre del premio, que fue para Jody Watley, quien había tenido un gran éxito de pop en 1987 con «Looking For a New Love».

Little Richard consiguió el Grammy honorífico como reconocimiento a toda una carrera dedicada al rock and roll en 1993.

Rainbow falseó una fotografía

En el mundo del rock'n'roll encontramos documentos gráficos que tienen su propia historia y que en ocasiones van mucho más allá de lo que quieren representar. Sin ir más lejos, en este libro hemos visto la leyenda que se creó alrededor de la fotografía de Jimi Hendrix quemando la Fender Stratocaster en el Monterey Pop Festival, o en el libro *Leyendas urbanas del rock* de esta misma colección, descubrimos el *background* que contenía la famosa instantánea de Johnny Cash haciendo una peineta a cámara.

En esta ocasión vamos a descubrir que hay detrás de la fotografía que aparece en el interior del álbum *Long Live Rock'n'Roll* de Rainbow.

Se trata del tercer disco en estudio de la formación liderada por Ritchie Blackmore y último del vocalista Ronnie James Dio. Las relaciones entre ambos estaban muy deterioradas y la gira de presentación de *On Stage*, el doble directo, no había hecho otra cosa que reafirmarlo. La banda grabó el disco en dos tandas de estudio, entre mayo y julio, más el mes de diciembre de 1977, dejando en manos de su sello, Polydor, el resto del trabajo.

Long Live Rock'n'Roll de Rainbow.

El disco debía llamarse «Kill The King», tema que abría la cara B del álbum, se había contratado al fotógrafo Fin Costello, quien ya había trabajado con Blackmore en el concepto artístico de *Made In Japan* de Deep Purple, para el diseño de la portada del trabajo. Costello realizó una sesión de fotos en las colinas de California, donde posaron un esqueleto vestido con una armadura medieval, intentando simular un rey asesinado en combate. La hierba crecía entre sus huesos y se enredaba en la espada que tenía clavada en el pecho. El diseño abarcaba portada y contraportada, hacia donde se desplazaban unas serpientes de cascabel y se encontraba el escudo caído, en el cual se podía apreciar un grabado con la portada el disco anterior, *Rainbow Rising*.

Cuando la portada llegó a los ejecutivos de Polydor desecharon la idea por ser poco vendible, además de encontrar un tanto desagradable y alejada de la idea de cómo querían vender al grupo, sobre todo en Estados Unidos.

La poca comunicación con la banda y la premura por la edición del álbum, que ya estaba planchado, les obligó a improvisar. Costello les había dado un boceto a carboncillo de lo que planeaba como una sesión de fotografías para prensa y publicidad, al mismo tiempo que el diseño desechado del disco, colocó una fotografía de un concierto ajeno a la banda, a modo de ejemplo sobre lo que pretendía hacer.

La fotografía en cuestión había sido realizada en una actuación de la banda canadiense Rush el 22 de mayo de 1977 en el McMorran Arena de Port Huron, Michigan, dentro del All The World's A Stage Tour. En ella se puede ver a la gran multitud de público que asistía al concierto de Rush y en el centro un grupo de jóvenes que levantaban una pancarta con el logotipo del grupo. La idea era realizar una pancarta con el nombre de Rainbow y alguna leyenda comercial, acudir a un concierto de la banda y dársela a los fans de primera final, que generalmente son los más entusiastas y efusivos, jamás se hubieran negado a someterse a una sesión improvisada de la que saldría una fotografía para el siguiente álbum de su grupo favorito.

La sorpresa fue mayúscula para Costello cuando vio que el álbum estaba finalizado con su boceto o prediseño de la campana de fotografías como portada, un triste dibujo a carboncillo sobre un fondo verde asepiado y en el interior, al desplegar la carpeta, la fotografía de Port Huron a doble cara, pero manipulada de forma ridícula. Los ejecutivos de Polydor habían ordenado girarla en horizontal, borrar la pancarta de homenaje a Rush y sustituirla por una simple frase: «Long Live Rock'n'Roll», título del primer tema del disco y a la postre del álbum completo. Pero además habían pintado de negro todas las camisetas de los fans de Rush, que lucían el merchandising oficial del tour.

La fotografía manipulada que podía verse
en el interior del disco de Rainbow.

Como cabía de esperar Geddy Lee llamó furioso a Costello por el desaguisado de la fotografía, que si bien era propiedad del fotógrafo, era con su imagen con la que habían jugado. Tras las explicaciones ofrecidas, y sabiendo que legalmente no se podía hacer nada ya que la compañía de Rush era Mercury Records, hermana de Polydor y ambas regidas por el grupo Polygram, un pleito era inviable y se conformaron con su escozor.

Sin embargo, Rush, treinta años después del incidente editó el documental *Rush: Beyond the Lighted Stage*, un documento imprescindible para fans de la banda y que en el desplegable de la caja encontrarán en toda su plenitud la foto original, sin trucajes ni borrados cutres.

Durante un tiempo se extendió la leyenda de que la fotografía del disco pertenecía a un concierto de KISS, pues Costello es el autor de la contraportada del *KISS Alive!*, donde un par de jóvenes sostienen una pancarta de la banda. En realidad, Costello puso en práctica la idea que también presentó a Polydor, pero siempre ha afirmado que son dos sesiones diferentes.

Como curiosidad, en la sesión de fotos realizada en Port Huron, aparece un jovencísimo Chad Smith, batería de Red Hot Chili Peppers, quien era fan de Rush y sobre todo de su batería, el recientemente fallecido Neil Peart.

Studio 54, del cielo al infierno

La industria musical ha construido leyendas sobre la figura de músicos, transformando en iconos populares discos, fotografías, instrumentos

y todo lo que se pone a su alcance. En este mismo libro hablamos de salas de concierto e incluso edificios legendarios, pero si tuviéramos que referirnos a una leyenda del ocio nocturno, del submundo de la cultura americana y por extensión a todo el planeta, deberíamos hacerlo sobre la discoteca Studio 54, el templo del *glamour* y el desenfreno neoyorkino

La discoteca Studio 54 en todo su esplendor.

que brilló con una luz cegadora durante un periodo de tiempo muy efímero para descomponerse en mil pedazos y desaparecer al entrar en la atmósfera de la realidad, despertando de un sueño de ambición perecedera.

Los fundadores de Studio 54 fueron dos amigos de Brooklyn llamados Ian Schrager y Steve Rubell, jóvenes judíos que procedían de familias de clase media, que les inculcaron la filosofía de la ambición, la misma que sustenta el sueño americano.

Se conocieron en la Universidad de Syracuse, donde Schrager era el presidente de la fraternidad Sigma Alpha Mu y Rubell uno de sus miembros más dinámicos. Excelentes estudiantes, sentían una enorme debilidad por pasarlo en grande y organizaban fiestas que obtenían un éxito inimaginable entre los universitarios.

Terminado su periodo académico decidieron, debido a la enorme amistad que surgió entre ellos, lanzarse juntos al mundo de los negocios, comprando a principios de 1970 la discoteca Lansdowne Street de Boston. En aquella inversión fueron poniendo en práctica los conocimientos adquiridos en años de desenfreno en la fraternidad, hasta que en 1975 compraron la Enchanted Garden, una discoteca en Douglaston, Queens.

Su trabajo en Enchanted Garden obtuvo un éxito inesperado y en menos de dos años, las colas para entrar en el club eran gigantescas, e imposibles de asumir, por lo que consideraron el salto a Manhattan, que se materializó en enero de 1977 al arrendar lo que seis semanas más tarde sería Studio 54.

El templo del libertinaje

El local escogido era un viejo teatro ubicado en el 254 de West 54th Street, entre Eighth Avenue y Broadway en Midtown Manhattan, el típico lugar donde lo más emocionante que te podía pasar era que te atracasen. Se había inaugurado en 1927 como Opera Gallo, en honor de Fortune Gallo, magnate adinerado y aburrido que lo mandó construir. El encargo lo llevó a cabo el famoso arquitecto Eugene De Rosa, sin limitaciones de presupuesto, por lo que la obra fue cuidada al detalle y se transformó en uno de los teatros más modernos y versátiles de Manhattan. Desgraciadamente, los delirios de grandeza de Fortune no se vieron compensados con el recibimiento del público y tras estrenar una versión grandilocuente de *La bohème*, cerró a las tres semanas tras un fracaso estrepitoso de público que casi lo arruina.

Desde ese momento pasó por diferentes dueños y nombres, hasta que en 1942 pasó a ser uno de los estudios de rodaje de la CBS, llamado precisamente CBS Studio 52.

En 1977, Rubell y Schrager, lo transformaron en un club de baile, cambiando el número del nombre por el de la calle en la que se ubicaba, Studio 54. Desde el principio contaron con numerosos problemas, pues los empresarios del sector de ocio nocturno, sabiendo de sus correrías y éxito con el Enchanted Garden, los consideraron un peligro por varios motivos, pero principalmente porque su estilo de oferta no

coincidía con la establecida en el sector. El corporativismo obligó a técnicos, diseñadores e ingenieros de
sonido e iluminación, a no trabajar
en Studio 54, bajo amenazas de no
volver a contratarlos jamás.

Rubell y Schrager salvaron el boicot al trabajar con el sector cinema-

Rubell y Schrager.

tográfico y teatral, que en tan sólo seis semanas habían remodelado el
antiguo teatro con decorados espectaculares como el hall repleto de
candelabros antiguos o la gran luna del centro de la pista, que con cara
femenina acercaba una cuchara de cocaína a su nariz. Se respetaron los
anticuados palcos, que tendrían un uso extravagante y formaron parte
de la fama oculta del Studio 54.

La iluminación por su parte fue diseñada por expertos ingenieros
cinematográficos, que transformaron el local en una orgía de luz fantástica e irreal, que además podía cambiar y renovarse al antojo de los
propietarios y al servicio de cualquier fantasía que se pudiera imaginar.

Los responsables de la espectacular transformación del teatro fueron Scott Bromley como arquitecto, Ron Doud como diseñador de
interiores y el trío formado por Brian Thompson, Jules Fisher y Paul
Marantz como diseñadores de iluminación. Entre todos consiguieron
que la escenografía e iluminación de Studio 54 estuviera a años luz de
cualquier otro club americano, presentándose a la ciudad como una
de las maravillas por descubrir en Nueva York, el 26 de abril de 1977.

Al mes de su apertura y seguramente instigados por las denuncias
del sector del ocio nocturno, la policía realizó una redada en el local,
precintando varias barras y multando al establecimiento por vender
alcohol sin la oportuna licencia que lo autoriza. Lo que podría haber
sido el desastre total, tan sólo fue una anécdota más en su convulsio-
nada historia, puesto que esa noche se sirvieron zumos y los camareros
y el propio Rubell, regalaron drogas a los asistentes como para que
jamás echaran en falta una copa de alcohol.

Al día siguiente y desde entonces hasta el final de su existencia,
Studio 54 se constituyó como Broadway Catering Corp. consiguiendo
una licencia para servir catering cada día que estaba abierto, salvando

la prohibición de vender alcohol, puesto que la licencia de bodas, bautizos y comuniones sí que lo permitía.

Las famosas cuerdas de terciopelo

Studio 54, desde el primer día buscó la exclusividad entre su clientela, con una política que trataba de juntar en un mismo local a las celebridades del mundo del espectáculo, moda, política y de la sociedad, con público desconocido, anónimo y con un estatus diferente. Este fue uno de los grandes reclamos del local; saber que cualquier chico o chica de barrio obrero podía estar bailando con el famoso de turno, codearse con ellos sin ningún tipo de complejo y por qué no, iniciar una carrera personal a su propio firmamento.

Pero entrar era más complicado de lo que se podría pensar en un principio, pues sus formas de seleccionar a los admitidos nunca fueron ortodoxas ni convencionales.

Mientras que Ian Schrager era heterosexual e introvertido, Steve Rubell era su antónimo, extremadamente extrovertido y gay, amante del desenfreno y el libertinaje, por lo que se dividieron las tareas, el primero cuidaría de las finanzas y el segundo del público y el espectáculo. Una de las tareas favoritas de Rubell fue seleccionar el personal de la puerta, decidir a su propio capricho quién entraba en su local, esgrimiendo unos criterios de dudosa moralidad, pero del todo efectivos. Priorizaba por encima de todo al colectivo de lesbianas, gais, bisexuales y transgénero, lo que hoy en día se conoce como LGTB.

El club fue pionero en colocar la famosa cinta de terciopelo en la entrada y era más fácil franquearla si eras chico, más bien agraciado y sobre todo nada vulgar al vestir. Rubell llegó a separar a parejas que esperaban en la puerta, dejando pasar sólo a uno de los dos, generalmente el chico y tenía una política muy estricta de prohibición de entrada a prostitutas y mujeres despampanantes.

Esas normas fueron asimiladas y esgrimidas por Marc Benecke que con 19 años se convirtió en el portero oficial de Studio 54, llegando a ser una de las personas más famosas de Nueva York y agenciándose una pequeña fortuna desde la puerta, puesto que para poder entrar la gente hacía lo que fuera y le daba lo que él pidiera, desde dinero a sexo.

El elenco de socialités

Desde el día de la apertura Studio 54 se convirtió en el paraíso de las celebridades, ofreciéndoles un lugar donde su intimidad estaba preservada y donde se podían mostrar tal como eran, dando rienda a sus fantasías más oscuras y perversas.

El elenco de socialités que fueron habituales de Studio 54 es enorme, siendo muchos de ellos asiduos e incondicionales como Andy Warhol o Truman Capote que asistían todas las noches. Por su staff pasaron políticos de antaño y futuros, como Donald Trump, habitual desde la noche de la inauguración. Modelos, actores, diseñadores, músicos y famosos, así como los poderes fácticos representados por magnates, banqueros o dirigentes de potentes medios de comunicación.

Tan sólo hace falta echar un vistazo a los nombres de los más asiduos para darse cuenta de la importancia de Studio 54 en aquellos años: Músicos como David Bowie, Mick Jagger, Diana Ross, Tina Turner, Cher, Freddie Mercury, Debbie Harry, Elton John, Michael Jackson, George Michael, Tom Jones o Lou Reed. Figuras del cine, teatro y televisión como Elizabeth Taylor, Liza Minelli, Woody Allen, John Belushi, Faye Dunaway, Farrah Fawcett, Richard Gere, John Travolta, Al Pacino o Sylvester Stallone. Intelectuales como Andy Warhol, Salvador Dalí o Truman Capote.

Famosos como Andy Warhol o Liza Minelli eran habituales de las noches de Studio 54.

Pero ser famoso no era una cláusula por la que tenías derecho a entrar, ya que fueron muchos los que se quedaron a las puertas, siendo rechazados en la cinta de terciopelo. Cuenta la leyenda que una noche se presentó Frank Sinatra con su séquito y fueron rechazados en la puerta con total impunidad. Cuando un enojado Sinatra le espetó "tú no sabes con quién estás hablando", un prepotente Marc Benecke le contestó "Sí. Con uno que nunca entrará".

Henry Winkler, famoso actor de Broadway que arrastraba desde hacía años el éxito de Happy Days, fue rechazado junto con parte del grupo de actores y actrices por ser demasiado vulgares.

Warren Beatty fue otro de los rechazados y no le sentó nada bien, por lo que terminó enzarzado a guantazos con un portero.

Quizás el caso más popular fue el del grupo Chic, que fueron invitados por Grace Jones, quien actuaba en la Nochevieja de 1977, pero cuando llegaron a la puerta fueron ignorados drásticamente. La banda marchó frustrada por el rechazo y compusieron la canción «Le Freak» que narra este hecho.

La puerta era un foco de escándalo y disturbios, con una multitud enloquecida que pretendía traspasar la cinta, pero que no siempre se tomaban con buen humor el ser rechazados. Por esa razón, había un equipo de camareros que se dedicaban a recorrer las papeleras de la zona para limpiarlas de latas y botellas que pudieran ser utilizadas como objetos arrojadizos contra los porteros. En numerosas ocasiones el servicio de frontera tras la cinta de terciopelo sufrió agresiones y amenazas, por lo que se contrató un servicio de seguridad para acompañarlos a su casa después de cada noche.

El público sabía que para poder entrar debía ser extravagante, pintoresco y se presentaban en la puerta con disfraces espectaculares, semidesnudos o realizando coreografías llamativas, lo que provocó que la propia puerta de Studio 54 fuera un espectáculo único. En numerosas ocasiones, la policía tuvo que intervenir para reducir el gentío, ya no por los que querían entrar, sino por los espectadores y curiosos que se acercaban a la Fiesta de Sodoma, tal y como se conocía el cribaje de entrada.

Incluso algunos atrevidos se colaban en el edificio contiguo y se descolgaban por el patio interior haciendo rápel con traje de fiesta, para encontrarse con una alambrada que les cerraba el paso al llegar abajo. En numerosas ocasiones tuvieron que desplazarse los servicios de urgencias para rescatar y curar a improvisados polizones que quedaron atrapados en las alambradas. Cuenta la leyenda negra de Studio 54 que en una ocasión se encontraron un cadáver colgado de las cuerdas, que no llegó a las alambradas y no presentaba heridas ni rastros de sangre, por lo que se cree que murió de inanición tras varios días colgado allí sin que nadie lo descubriera.

El secreto de Studio 54

No cabe duda que Studio 54 nació en el apogeo de la música disco, que fue de lo que se nutrió como fondo de catálogo o banda sonora, pero no radica ahí su atractivo.

El club estaba regido por la poderosa orden de «vale todo» en su máxima expresión, la permisividad absoluta, la ausencia total de reglas y sobre todo la erradicación de los imperativos morales básicos.

Studio 54 fue un oasis en medio de la gran manzana, donde la música disco se entremezclaba con la libertad sexual, el consumo de drogas de todo tipo, la moda, cierta intelectualidad decadente y una supuesta libertad de expresión del todo errónea.

Las 2.000 personas que ocupaban la pista central, realizaban un ejercicio de exhibicionismo marcado por la total indiferencia colectiva, que les llevaba a estados de éxtasis de libertad fingida, generalmente sugestionados por el consumo de drogas, alcohol e inducidos por el ambiente y la iluminación, que los alejaba de la realidad.

La sensación de libertad o libertinaje, era muy superior que el atractivo de la música, la cultura de club o el simple ocio, era un poderoso afrodisiaco individual que se escondía en las entrañas de una multitud especial, diferente, donde cualquier persona se podía sentir importante al lado de una estrella, escapando de la vulgaridad de sus vidas fuera de Studio 54.

Los palcos del antiguo teatro fueron arreglados como cómodos reservados, donde se podía ejercer libremente el sexo o cualquier fantasía que se pudiera imaginar, con la única premisa del consentimiento mutuo, algo que también era engañoso, pues el consumo de alucinógenos y otro tipo de psicotrópicos, no sólo desinhiben la personalidad, también nublan la razón y a la larga doblegan la voluntad.

Por encima de los palcos existía la sala de goma, un espacio donde todo estaba forrado de goma, caucho o escay, para que cada noche al terminar la fiesta, se pudiera lavar con un simple manguerazo, eliminando fluidos corporales y restos de polvo de estrellas en formato de cocaína y heroína.

Los más populares, la gente VIP, para preservar su intimidad, disponían de otro espacio en el sótano, relleno de colchones y en el cual las orgías y cualquier tipo de fornicación, se podían desarrollar con total confianza e intimidad.

Hay que pensar que Studio 54 vivió el clímax de la revolución sexual desarrollada tras el descubrimiento de los anticonceptivos, sumando la obsesión que Schrager y Rubell tenían por el festival de Woodstock, una nación de medio millón de personas sin ataduras, sin leyes, sin fuerza policial que los controle, completamente libre. Tampoco inventaron nada que no estuviera ya funcionando, pues Studio 54 imitó el ambiente de libertinaje que se vivió en Berlín a finales de los setenta.

El desenfreno escandaloso

Studio 54 siempre estuvo rodeado por el escándalo, y a día de hoy, más de 40 años después de su desaparición, se desconoce la mayoría de las historias que sucedieron dentro. Rubell se las llevó a la tumba y Schrager siempre ha sido reacio a comentarlas, de hecho se avergüenza de algunas cosas que se hicieron.

El mismo día de la inauguración, aparecieron varios personajes vestidos de médicos de hospital, que repartieron Quaaludes entre el público, un famoso sedante con propiedades hipnóticas, el mismo que Bill Cosby admitió haber dado a las mujeres que violó, ya que produce un efecto de anulación de la voluntad. Aquel día, como tarjeta de presentación, los que consumieron la droga, mantuvieron relaciones sexuales en la pista de baile, en una orgía de música, sexo y drogas.

La actriz Brooke Shields fue aceptada como invitada VIP de Studio 54 y resultó ser de las afortunadas que visitaron la cabina del DJ junto a Rubell, al parecer también visitando el sótano de los colchones. Todo muy normal para una noche de Studio 54, si no fuera porque en aquel momento Shields sólo tenía 13 años.

Betty Ford, mujer del ex presidente de los Estados Unidos Gerald Ford, protagonizó otro escándalo sonado al aparecer en unas fotos robadas, completamente borracha y alocada, mientras miembros de la escolta del servicio secreto la vigilaban a pocos metros. La ex primera dama estaba sometiéndose a un tratamiento contra la depresión, que obligaba a no ingerir nada de alcohol o drogas.

Aunque la peor parte se la llevó Margaret Trudeau, por aquel entonces mujer del primer ministro de Canadá Pierre Trudeau y madre de Justin Trudeau, actual primer ministro del país. Margaret, que era una habitual de Studio 54 y amiga de multitud de escándalos relacionados con su vida lujuriosa y las drogas, fue fotografiada muy ligera de ropa, sin bragas y manteniendo relaciones con dos jovencitos en uno de los palcos del antiguo teatro. Los medios de comunicación canadienses se cebaron con la noticia y resaltaron el historial escandaloso de la mujer del primer ministro, sobre todo por haber mantenido relaciones con dos Rolling Stones al mismo tiempo, Mick Jagger y Ron Wood. La situación terminó forzando su divorcio.

Escandalosas en numerosas ocasiones fueron las fotografías de una abuela de 77 años conocida como Disco Sally, que siendo clienta habitual, se benefició de las alegrías sexuales proporcionadas por camareros y jóvenes extrovertidos.

Muchos de los invitados del programa de televisión Saturday Night Live, junto con el equipo del show, ocuparon la sala de goma después de la emisión del mismo, siendo los protagonistas de escenas sórdidas y seguramente clandestinas.

A muchas celebridades se les enviaba una limusina para buscarles, cargada de drogas de todo tipo y con favores sexuales incluidos. Era una forma de asegurarse un mínimo de glamour en cada noche del club. Un camarero apodado Lenny 54 escribió unas memorias del club, donde relataba que él mismo había recogido a numerosas personalidades del espectáculo en limusina, agasajándolos con todo tipo de sustancias y algún que otro revolcón. Contaba la anécdota de que en una ocasión bajó al sótano con una condesa que tenía la fantasía de ser esposada a una cañería para mantener relaciones, pero la pareja iba tan drogada que el muchacho volvió al trabajo y se olvidó de liberarla de las esposas.

Cada noche era una fiesta lujuriosa, pero las sesiones temáticas podían ser realmente esperpénticas. Famosas son las fotografías de Bianca Jagger, por aquel entonces todavía esposa de Mick Jagger, montada en un caballo blanco en el interior de la discoteca, arrastrado por un hombre joven, completamente desnudo y cubierto el cuerpo de purpurina. En aquella época su marido, el cantante de Rolling Stones, flirteaba con la modelo Jerry Hall, también asidua de Studio 54, y la pareja terminó por divorciarse antes de que el club cerrara sus puertas.

Bianca Jagger a lomos de un caballo blanco en Studio 54.

Una grotesca noche de Halloween contó con casi un centenar de enanos contratados, que deambulaban por entre el público, la mayoría ligeros de ropa, desempeñando numerosas tareas encomendadas por el propio Rubell, que iban desde distribuidores de anfetaminas a meros objetos sexuales o de mofa.

Posiblemente, la fiesta más ridícula que se organizó en el club, tuvo como protagonista involuntaria a Dolly Parton. La actriz y cantante realizó un concierto en la ciudad de Nueva York y los propietarios de Studio 54, amantes de su música country, decidieron dar una fiesta en su honor. Contactaron con la compañía discográfica y ésta convenció a Parton que sería una estupenda promoción aparecer en el club de moda, donde se organizaba un evento en su honor. Cuando la comitiva, encabezada por la propia Dolly Parton llegó al local, comprobaron con estupefacción que habían llenado el club de animales de granja, vacas, burros, cerdos, gallinas y todo lo que uno se pudiera imaginar, transformando la escenografía en una granja peripatética, donde el público completamente drogado se subía a los animales, los maltrataba o simplemente se sentían demasiado amorosos con ellos.

El anunciado final

Con todo lo que hemos contado, no es de extrañar que la policía y las autoridades tuvieran puesto el ojo en Studio 54, pero gracias al gabinete de abogados de la empresa, siempre se habían librado de cualquier tipo de sanción e incluso del cierre. Esta situación les catapultó a la cima del mundo, con la sensación de que eran intocables, inviolables y que estaban por encima del bien y el mal. Cayendo en la vanidad y sobre todo en la fanfarronería.

En diciembre de 1978 Steve Rubell se jactó en una entrevista de que había ganado más de siete millones de dólares el primer año del club, asegurando que «sólo la mafia ganó más dinero». Compararse públicamente con el crimen organizado trajo como respuesta que los federales y la oficina del fisco cayeran sobre ellos y a finales de 1979 se produjo la redada definitiva.

Se descubrió que Ian Schrager y Steve Rubell se autorobaban y falsificaban los ingresos en un porcentaje de escándalo, declarando tan sólo el veinte por ciento de lo que se recogía en caja. Simplemente cambiaban los rollos de las cajas registradoras y retiraban grandes cantidades de dinero que desaparecían de cualquier registro. El fisco calculó que habían defraudado algo más de ocho millones de dólares por ese método.

Pero lo más patético es que llevaban una contabilidad en negro, personal y oculta, donde detallaban todos los negocios ilegales que mantenían, por lo que ellos mismos se inculparon de vender drogas en el local, de ejercer de proxenetas al incitar a la prostitución y mantener pagos de representación en estupefacientes o sexo.

Fueron condenados a dos años y medio de cárcel y el club cerró a principios de 1980, a los 33 meses de su apertura. Una vida muy corta y efímera para un local que se convirtió en algo menos de tres años en el centro del universo libertino.

Pero si no hubiera sido el fisco el encargado de cerrar Studio 54, lo hubiera hecho el SIDA, que en 1980 ni se sabía que era, pero que estudios posteriores aseguran que sólo en 1977 hubo más muertes por sida que en 1990, cuando la enfermedad estaba en pleno apogeo. Muchos de los clientes asiduos del club desaparecieron por culpa del VIH, incluso Steven Rubell falleció en 1989 a consecuencia de complicaciones derivadas del SIDA.

Studio 54 fue la última explosión volcánica de la revolución sexual que se inició en los sesenta con la llegada de la píldora anticonceptiva y se perdió a principios de los ochenta con la irrupción del SIDA. Se trató de un sueño de libertad pervertido, una pesadilla de libertinaje, pero no hay duda que se trató de un oasis de plenitud y excesos para una minoría privilegiada. Todo ello enmarcado en una ciudad, Nueva York, que estaba inmersa en una depresión económica insufrible.

La noche anterior a entrar en prisión para cumplir su condena organizaron la última fiesta bajo el lema «Un baile para los últimos días de Pompeya». Esa noche faltaron muchas celebridades habituales, por miedo a ser identificadas en posibles investigaciones paralelas, pero los más allegados no fallaron a la despedida, que se produjo cuando Diana Ross y Liza Minnelli cantaron junto a Rubell «My Way».

Ian Schrager y Steve Rubell cumplieron sólo 13 meses de condena, tras delatar a los propietarios de otros clubs que habían evadido impuestos durante los últimos años. Siempre ha existido la sospecha que entregaron a las autoridades federales miles de documentos, fotografías y vídeos de lo que aconteció en Studio 54 y con sus protagonistas, pero eso parece ser que se quedará para engrandecer la leyenda.

George Harrison salvó la vida de Brian

Monty Python fue un colectivo teatral formado por Graham Chapman, John Cleese, Terry Gilliam, Eric Idle, Terry Jones y Michael Palin, que obtuvieron un enorme éxito en 1969 con el programa televisivo de la BBC Monty Python Flying Circus. Se trataba de 45 episodios de comedia surrealista y disparatada que elevaron a la compañía a la categoría de fenómeno televisivo, transformándolos en un icono de la cultura pop de los setenta. Es fácil encontrar expertos que afirman que los Python eran a la televisión lo que The Beatles a la música, y de hecho ambos sentían admiración mutua, sobre todo George Harrison que se declaró fan de *Flying Circus* y de sus creadores.

Cuando acabó la serie en 1974, Monty Python se embarcó en el rodaje de su primer largometraje llamado *Monty Python and the Holy Grail* (en nuestro país se estrenó con el título de *Los caballeros de la mesa cuadrada y sus locos seguidores*). Aunque ya habían producido un film en 1971 llamado *And Now for Something Completely Different*, no dejaba de ser una recopilación de gags de *Flying Circus*, un trabajo destinado al mercado americano que todavía no había visto la serie. *The Holy Grail* era una parodia de la leyenda del rey Arturo y sus caballeros y se convirtió en todo un éxito en taquilla, tanto en Inglaterra como en Estados Unidos, donde fue la película inglesa más taquillera hasta la fecha. El film se pudo rodar gracias a las aportaciones económica de bandas de rock como Pink Floyd, Jethro Tull y Led Zeppelin, que colaboraron en la producción y que dejan claro la relación que tenían los Python con la escena musical británica.

En una rueda de prensa celebrada en Amsterdam por el estreno del film, un periodista les preguntó por el título de su nueva película, a lo que Eric Idle respondió en tono jocoso: «Jesus Christ. Lust for Glory». De esa broma nació la idea de hacer una parodia de la historia de Jesucristo, pero al preparar el guion se dieron cuenta que el personaje no daba juego para la parodia y pensaron en un protagonista que es confundido con Jesús y se ve empujado a una serie de situaciones absurdas. Monty Python ridiculizan las historias bíblicas, así como cualquier

Monty Python, los reyes indudables de la incorrección en la comedia.

otra religión, que han sido vilipendiadas en sus películas y obras de teatro, si bien es cierto que en esta ocasión realizan un escarnio considerable con las narraciones del *Nuevo Testamento*.

El film que se llamaría *Life of Brian* (*La vida de Brian*) fue comprado por EMI Films y contaba con un presupuesto de cuatro millones de libras. El rodaje estaba preparado para comenzar en Monastir, Túnez, por la posibilidad de filmar en escenarios naturales y en el set que se montó para la película *Jesús de Nazaret* que Franco Zeffirelli había rodado en 1977. Pero a última hora el guion cayó en manos de Lord Delfont, presidente de EMI y persona de claras convicciones cristianas que se escandalizó al leerlo, ordenando la retirada inmediata de la compañía de la producción, acusándola de blasfemia y argumentando que sería poco rentable cubrir la cantidad de demandas y denuncias que recibiría publicar una película con ese contenido.

Monty Python intentó conseguir desesperadamente la financiación en Inglaterra y Estados Unidos, pero el rechazo al guion era unánime y por las mismas razones puritanas. Finalmente, Mike Medavoy de United Artists se comprometió a financiar la mitad del proyecto.

Tras intentos inútiles por conseguir la otra mitad de la financiación, Eric Idle, recordó que The Beatles se habían declarado fans de Monty Python y que de los cuatro de Liverpool, George Harrison siempre había expresado su admiración por los cómicos. La desesperación y el hecho de no perder nada en el intento, llevó a Idle a presentarse en casa de Harrison para solicitarle ayuda. Según parece, Harrison no necesitó ni leer el guion y no le preocupó que la idea de los Python pudiera aportar problemas con asociaciones católicas y conservadoras, por lo que dio una respuesta afirmativa a sus demandas. Él estaba sumergido en la meditación trascendental y en concreto procesaba la religión Hare Krishna, pero desde que The Beatles se separaron no había encontrado un grupo en el que desarrollar sus necesidades artísticas y poder trabajar con cómicos a los que admiraba pudo más que cualquier contrariedad que se presentara.

George Harrison y su gerente Denis O'Brien crearon la compañía Handmade Films, inicialmente para pedir financiación para la producción del film, para lo que Harrison tuvo que hipotecar sus propiedades inmobiliarias en Inglaterra. El rodaje se pudo realizar como estaba previsto en Túnez y Harrison hace un cameo en el film.

Cuando *Life of Brian* se estrenó en Estados Unidos se produjo una ola de manifestaciones de protesta a la entrada de los cines. En dichos alborotos participaban monjas con pancartas, reverendos de diferentes iglesias y asociaciones católicas, defensores de la moralidad americana y grupos de extrema derecha. Sin embargo, la taquilla respondió de otra manera y la cinta fue un éxito absoluto de taquilla, superando la anterior película de Python.

Escrita en Barbados y financiada «in extremis» por
George Harrison, *La vida de Brian* fue prohibida
en solo dos países (Irlanda y Noruega).

En el Reino Unido la principal campaña de oposición al estreno del film la comandó Mary Whitehouse, activista religiosa y ultraconservadora que presidía la Asociación Nacional de Visores y Oyentes (NVALA), cuya labor era presionar a los medios de comunicación, así como la industria cultural y de entretenimiento para eliminar contenidos catalogados como blasfemos por la religión católica, prohibidos por las sagradas escrituras y al mismo tiempo, aprovechar y desterrar contenidos feministas. Whitehouse se hizo popular cuando organizó una campaña para prohibir la difusión en radio del tema «It's Now Or Never» de Elvis Presley por obsceno y pornográfico. También presionó a la BBC para que cancelara la película *Magical Mistery Tour* de The Beatles, por incitación a la pederastia por la frase «has sido una niña traviesa» en uno de los temas, y por satánica debido al tema «I Am The Walrus». Aunque en esas dos campañas fracasó, no siempre era así y consiguió que no se reprodujera el videoclip de «Schol's Out» de Alice Cooper, por su apología del anarquismo, o que no se pinchara el tema «John I'm Only Dancing» de Bowie, por apología de la homosexualidad. Roger Waters la nombra en el tema «Pigs» del álbum *Animals*, describiéndola como uno de los cerdos controladores: «Rata de la ciudad orgullosa de la casa / con los labios apretados y los pies fríos / tratando de mantener nuestros sentimientos fuera de la calle».

La vida de Brian fue acusada de blasfema, maldita y pornográfica, apoyada por la, también conservadora, asociación Festival Nacional de la Luz. La película fue rechazada por la BBC y la cadena ITV, prohibida en numerosos ayuntamientos, además de estar proscrita durante ocho años en Irlanda y un año en Noruega, lo que originó una curiosa campaña de publicidad en Suecia bajo el eslogan «Una película tan divertida que se prohibió en Noruega», con un considerable flujo turístico de noruegos para ver la cinta.

La vida de Brian fue un éxito sin precedentes y salvó al cine británico de una crisis descomunal, abriendo el camino a otras producciones de cine independiente. En poco más de un año había triplicado su presupuesto en beneficios, lo que provocó que George Harrison y su productora Handmade Films continuaran produciendo películas, hasta que en 1991, con una producción de 27 largometrajes, George Harrison perdió la ilusión por el cine y cerró la productora, que fue comprada por Paragon Entertainment y sigue en la actualidad tras varios cambios de propietarios.

Sin George Harrison, su afición al cine y a Monty Python, no hubiéramos disfrutado de una de las comedias más brillantes de la historia del celuloide. Si hubiéramos cantado miles de veces «Always Look on the Bright Side of Life» cuando los problemas nos agobian, tal y como hicieron los marineros del destructor *HMS Sheffield*, que durante la Guerra de las Malvinas, cantaron el tema mientras esperaban el rescate de su navío, gravemente dañado por los misiles Exocet argentinos, o la banda británica Iron Maiden no hubiera despedido durante décadas a los fans de sus conciertos con la canción.

Cuando Harrison organizó la última cena de Handmade Films ofreció un discurso donde dijo: «Gracias por venir. Ahora váyanse a cagar. En serio, quiero agradecerles particularmente a los Python por haberme metido en esto. Es un placer fingir estar en la industria del cine, en esta estúpida vida de caricatura». Denis O'Brien, gerente y socio de Handmade Films y sobre todo amigo de George Harrison, comentó que el Beatle quiso producir la película porque deseaba verla en una sala de cine, por lo que esta fue «la entrada de cine más cara jamás emitida».

«Gloomy Sunday», invitación al suicidio

La mitología musical está llena de canciones con mensajes subliminales que o bien incitan al suicidio o al asesinato, más si nos adentramos en el mundo del hard rock o heavy metal y lo mezclamos con las hordas de fanáticos religiosos que ven al Diablo detrás de cada nota musical.

Sin embargo, jamás ha existido una canción que haya poseído la aureola de maldita como «Gloomy Sunday», un tema que ha sido versionado en numerosas ocasiones, pero sobre el que pesa una leyenda terrible que asegura que tras escucharla sientes una necesidad irremediable de suicidarte, aunque la escucha haya sido fortuita y no en su totalidad. Leyenda que dicho sea de paso, es una gran falacia que la ha perseguido durante su existencia, casi 90 años.

La leyenda surge de una noticia de pequeño formato que se publicó el 30 de marzo de 1936 en la revista *Time*, donde se informaba del suicidio de un zapatero de Budapest llamado Joseph Keller, quien habría dejado un poema de su puño y letra como única referencia de despedida. Se trataba de unos versos del tema que nos acomete, con el que la policía húngara construyó un caso bajo la premisa que la canción estaba relacionada con una serie de suicidios producidos en las aguas del Danubio. Se corrió la voz que los suicidas se lanzaban a las aguas con una partitura de «Gloomy Sunday» guardada en los bolsillos de los pantalones, aunque existe otra versión que indicaba que los futuros fiambres dejaban una rosa y una copia de la partitura en el puente desde el que se lanzaban a las profundidades.

La noticia despertó la morbosidad de los americanos, muy dados a divulgar alarmas sin ningún tipo de fundamento, y el 5 de abril de ese mismo año, el *New York Times* publicó un artículo donde marcaba en 18 el número de víctimas del influjo criminal del tema, además elevaba el estado de alarma al poner nombre y apellidos al primer americano que se suicidó por la canción, Floy Hamilton Jr, un crío de 13 años de Nueva York. Ya estaba el caldo cociendo y las cocinas comenzaron a servir platos calientes de la maldición de «Gloomy Sunday».

La realidad es muy diferente y aclaratoria. Hungría es uno de los países con más alto índice de suicidio del viejo continente y más si cabe en una época donde a la gran depresión que asumía al país, se le sumaba el terrible fantasma de nazismo que sobrevolaba Europa. En el caso del chico americano, se demostró con el tiempo y tras una investigación seria y desde luego nada esotérica, que se trataba de un claro ejemplo de acoso escolar.

Pero fuera como fuese, la canción ya tenía colgado el sambenito maldito y comenzó a ser conocida como «La canción húngara del suicidio» o «El Himno suicida».

La canción fue compuesta por Rezsö Seress en 1932, al parecer en un domingo lluvioso en una buhardilla de París, deprimido y hundido tras el abandono de una joven francesa con la que mantenía una relación amorosa fracasada. La leyenda cuenta que una vez terminada la partitura y la letra, se la envió a la muchacha, quien siendo diestra en solfeo no pudo resistirlo y al leerla se cortó las venas.

Quizás sea importante apuntar que no existe referencia fidedigna de que Seress hubiera estado alguna vez en París, que tuviera un amante y que esta se suicidara. Lo más plausible es que el compositor, fiel militante del Partido Comunista de Hungría, intentó plasmar en una canción la tristeza que le producía ver la expansión del nazismo en Europa, sin que los gobiernos se dieran cuenta del peligro que eso suponía, más para un comunista judío como él. La canción se llamó «Vége a világnak» («El mundo se acaba»), aunque la primera versión del tema se perdió en el tiempo y jamás fue recuperada, puesto que en 1946 Seress la registró con ese título, pero las referencias al conflicto bélico hacen pensar que el texto fue modificado.

La partitura fue a parar a manos de László Jávor, un poeta amigo que adaptó la música a un poema que había escrito en 1927 bajo el título «Szomorú vasárnap» («Domingo Triste»), y que sería la letra que se asimilaría en las versiones más conocidas de la canción.

Jávor no se suicidó, aunque así lo aseguren diferentes páginas internautas o revistas esotéricas de gran prestigio, de hecho falleció en 1956 de un ataque al corazón. Al contrario que Seress, Jávor sí que vivió en París, pero tampoco tuvo una novia rechazada que se suicidó.

Quien sí lo hizo, suicidarse, fue Seress, quien saltó de una ventana de un quinto piso sin conseguir su objetivo, pero quedó destrozado física y moralmente, por lo que cuando se recuperó de algunas de sus heridas, se colgó con un cable del techo de la habitación del hospital. No podemos buscar la explicación en la maldición de la canción, porque hay más motivos para comprenderlo, que no justificarlo. Primero hay que saber que se quitó la vida en 1968 a los 79 años de edad y tras una existencia deprimente, empobrecida y castigada primero por la violencia nazi que lo recluyó en un campo de concentración y más tarde por su propia ideología comunista, que le impidió aceptar los royalties que su canción «Gloomy Sunday», estaban produciendo en Estados Unidos, donde se había convertido en un clásico del jazz. Seress los rechazó por ser vil metal del capitalismo, al mismo tiempo que se arrastraba por la miseria y debía ganarse la vida como trapecista de un circo.

Poco antes de su muerte concedió una entrevista publicada en *Newsweek*, donde hablaba de los supuestos suicidios, lamentando que alguien pudiera ver en el tema una invitación a quitarse la vida, pero cargado de amargura por no haber sido capaz de escribir nada tan bueno en el resto de su vida.

Pál Kalmár, conocido como el Rey del Tango.

La primera versión grabada de «Vége a világnak» es de 1935 por Pál Kalmár, un cantante húngaro de comedia y vodevil conocido como El Rey del Tango, que nunca se suicidó, aunque en 1968 perdió la voz tras una operación de garganta. Un año más tarde se grabó la primera interpretación en inglés, por el cantante Hal Kemp, quien cambió la letra por un poema de Sam M. Lewis. Kemp no obtuvo el éxito deseado, pero no se le conoce desgracia o infortunio sufrido.

No fue hasta que grabó el tema Billie Holiday en 1941, que se convirtió en un clásico el jazz, del que se han regrabado decenas de versiones con diferentes textos, en la mayoría de ellos se trata de un tema que indica lo que parece un suicidio, pero al final se cambia porque todo ha sido un mal sueño. Tuvo que llegar Ray Charles para cambiar la versión y darle la vuelta, es decir, lo que comienza como un mal sueño, termina en la muerte; sería en 1969. Ni que decir que ni Billie Holiday ni Ray Charles se suicidaron.

Otra de las leyendas que se divulgaron sobre «Gloomy Sunday», reflejaba la prohibición de emisión por gran cantidad de emisoras de radio, lo cual es cierto, pero el motivo no fue la supuesta incitación al suicidio. El tema formó parte de una lista de canciones que el gobierno británico prohibió radiar durante la Segunda Guerra Mundial, porque eran potencialmente tristes y podían desmoralizar a la población y las tropas. Todo pasó concluida la contienda, salvo para la BBC, que demostró tener una burocracia interna extremadamente dura y mantuvo la larga lista de temas censurada hasta el año 2002, al parecer porque no habían recibido ninguna orden o comunicado levantando la censura.

Otros nombres que han grabado una versión de «Gloomy Sunday» son: Mel Tormé, Sarah Vaughan, Elvis Costello & The Attractions,

«Gloomy Sunday» no se hizo verdaderamente popular hasta que Billy Holiday la cantó.

Marc Almond, Chrsitian Death, Serge Gainsbourg, Marianne Faithfull, Diamanda Galás, Paul Robeson, Bjïrk, The Smithereens, Ricky Nelson, Sarah McLachlan o Sidnead O'Connor. Es relativamente sencillo tomarse una copa en un club de jazz y escuchar una versión adaptada del tema, creas o no en la leyenda, quizás sería bueno no llamar al mal fario y abstenerse de leer este último párrafo que incluye parte de la letra:

«El domingo es lúgubre,
mis horas no duermen.
Querida, las sombras con las
que vivo son innumerables
Pequeñas flores blancas
Nunca te despertarán
No, donde te ha llevado la carroza negra del dolor
los ángeles no han pensado
no regresaste jamás,
Estarían enojados
si pensara en unirse a ti?
Domingo sombrío
Domingo sombrío»

Moondog, el vikingo de la Sexta Avenida

Una de las imágenes más icónicas de Manhattan durante las décadas de los cincuenta y sesenta, era la de un hombre invidente, de casi dos metros de altura, disfrazado a modo de vikingo estrafalario, con sombrero que incluía cuernos y le tapaba parte de la cara, capas largas y ropa deshilachada, botas de caño alto y una enorme lanza puntiaguda. Los transeúntes que deambulaban entre las calles 52 y 55, lo divisaban desde la distancia y adivinaban el tumultuoso gentío que se acumulaba en la esquina con la Sexta Avenida para verlo, fotografiarlo o retratarse con él, además de escuchar sus poemas y su música, siempre interpretada con instrumentos callejeros de construcción propia.

Entre los neoyorquinos que detenían su deambular frenético se podían encontrar nombres como Charlie Parker o Benny Goodman, que admiraban sus grandiosas e incomprendidas composiciones, antes de encerrarse en los locales de jazz donde más tarde escribirían historia de la música americana. Directores de orquesta del prestigio de Leonard Bernstein, Igor Stravinsky o Arturo Toscanini, no sólo le escuchaban con admiración, sino que entablaron una respetuosa amistad, cultivada con los años y marcada por un magnetismo de genialidad sin igual.

Moondog

Pero no todo eran alabanzas de desconocidos fans o ilustres admiradores, el grueso del populacho urbanita lo despreciaba, pensaba que no era más que otro loco de la gran manzana, un chiflado que aprovechaba su paranoia para robarle unos dólares a la ciudadanía. Sufrió insultos, agresiones, humillaciones y desprecio durante más de dos décadas, pero siempre aguantó estoicamente para preservar su integridad, inteligencia y sobre todo su música, motor principal de su existencia.

Quién era Moondog

El verdadero nombre de Moondog era Louis Thomas Hardin (primo lejano del famoso forajido John Wesley Hardin), nacido el 26 de mayo de 1916 en Marysville, Kansas. Hijo de un predicador presbiteriano y la organista de su iglesia, se crió en un ambiente estrictamente religioso, encontrando en la música su vía de escape. A los 5 años tocaba una batería que se había construido con cubos de la basura, pero fue cuando su padre le llevó a una reserva Arapahoe, para que mientras él predicaba la palabra sagrada, el niño podría disfrutar de la parafernalia pintoresca de la danza del sol. Lo que no sabía es que el imberbe sorprendería al propio jefe indio Yellow Calf, por su maestría al tocar un tom tom de piel de búfalo que jamás había visto en su vida.

El 4 de julio de 1932, a la edad de 16 años, le estalló cerca de la cara una cápsula de dinamita que pensaba estaba desactivada, pero que desgraciadamente le destrozó los ojos y lo dejó ciego de por vida. Su vida cambió en muchos sentidos, primero porque tuvo que abandonar sus estudios y trasladarse a una escuela para invidentes de Iowa llamada Burnett Tuthill, donde potenciaron su gran capacidad musical como vehículo integrador de su nueva condición. Aprendió a tocar el piano, la viola, instrumentos de percusión y educó su voz en el coro de la institución.

En segundo lugar, el divorcio de sus padres y su trágico accidente, le llevaron inexorablemente a una crisis de fe, que terminó con el abandono del cristianismo y los postulados de su familia. Su hermana Ruth, la persona que más le ayudó en sus primeros años de oscuridad, le leía libros de filosofía, ciencia y mitología nórdica que lo marcaron y contribuyeron a crear su nueva personalidad.

Viaje a la Gran Manzana

Con un préstamo de su hermana de 60 dólares, se decidió por viajar a Nueva York para dedicarse de pleno a la composición musical. Se instaló delante del Carnegie Hall para poder sentir y hablar con los músicos que entraban y salían, hasta que un día lo escuchó tocar en la calle el director de la Filarmónica de Nueva York, Artur Rodzinski, y lo invitó a escuchar los ensayos de la orquesta. Aquí la leyenda nos ofrece dos relatos diferenciados; en el primero Rodzinski, emocionado por las composiciones de Hardin, le ofreció montarle una de sus composiciones con la Filarmónica, pero con la premisa de cambiarse de ropa,

Artur Rodzinski, un director polaco de ópera y música sinfónica.

pues en aquella época Hardin vestía con una túnica de monje de color marrón, nuestro protagonista se negó a cambiar de atuendo y dio por finiquitada su relación musical. Sin embargo, otro relato más plausible cuenta que Hardin no pudo reunir la enorme cantidad de dinero que suponía traducir del braille a partitura convencional una obra para más de 60 músicos.

Hardin regresó a tocar a las calles pidiendo la voluntad para poder sobrevivir. El gran número de transeúntes que se paraban a escuchar sus interpretaciones, obligó a intervenir en más de una ocasión a la policía, ya que interrumpían el paso. Se trasladó a la que sería su escenario durante décadas, la esquina de West 54th y Sixth Avenue, cerca de los clubs de jazz de Manhattan.

En aquella época se cansó que la gente le dijera que se parecía a Jesucristo y decidió que no podía representar algo en lo que no creía, llevando a cabo su gran transformación. Cambió el vestuario por el atuendo vikingo, basado en la mitología nórdica, su amor por Europa y la necesidad de protegerse la cabeza de las señales de tráfico que estaban muy bajas para un invidente de casi dos metros de altura.

Se cambió el nombre por el de Moondog, en homenaje a un antiguo perro de su propiedad, llamado Lindy, que siempre aullaba a la luna. Finalmente se proclamó «El Rey Vikingo de Nueva York».

Gabriel Oller, dueño de una tienda de instrumentos llamada Spanish Music Centre, le propuso grabar una serie de discos de 78 revoluciones que no le sacaron del anonimato y la indigencia, pero le facilitaron conocer a los cazatalentos del prestigioso sello de jazz Prestige, con el que editó varios discos. Su música minimalista y vanguardista, impresionó a un jovencito Philip Glass, que por aquel entonces estudiaba en Juilliard School Of Music junto a Steve Reich, ambos fundadores del movimiento minimalista y aseguraron que aprendieron mucho más de las enseñanzas de Moondog que de cualquier método académico que hubieran seguido. Esas enseñanzas se produjeron de forma intensiva durante algo más de seis meses, que fue el periodo en el que Glass se llevó a vivir a Moondog a su casa y junto con Reich, no hacían otra cosa que componer y tocar junto a Moondog.

Moondog fichó por Columbia, prestándole una orquesta completa para grabar una recopilación de sus composiciones, publicando lo que está considerada como su obra maestra, *Moondog* y *Moondog 2*, pero aunque era alabado por músicos de diferentes disciplinas como el jazz, el beat o la psicodelia, jamás salió de la miseria de las calles, ni obtuvo el reconocimiento del público y la prensa. Se consideraba un exiliado en Nueva York y más cercano a la música europea de compositores clásicos.

Tuvo problemas legales con el locutor Alan Freed, que utilizó su nombre sin consentimiento en su programa de radio Moondog, The Rock and Roll Show, además empleó su pieza «Moondog Symphony» como sintonía del mismo. En el juicio contra Freed, se presentaron para declarar a favor de Moondog Igor Stravinsky, Artur Rodzinski y Benny Goodman, que ayudaron a que la decisión del juez se decantara hacia Moondog, mientras que Alan Freed recortó el nombre de su programa a The Rock and Roll Show.

Janis Joplin grabó el tema de Moondog «All Is Loneliness» en el disco de 1967 Big Brothers & The Holding Company featuring Janis Joplin, y se codeó con nombres como Joan Baez, Ravi Shankar, William Burroughs, Allen Ginsberg, Andy Warhol o Salvador Dalí, pero cada vez más se sentía un extraño en una ciudad enorme que no le llegó a comprender jamás.

Alan Freed, un disc-jockey estadounidense que pasó a ser reconocido internacionalmente por promocionar música rhythm & blues afroamericana.

Por fin la vieja Europa

En 1974 dejó Nueva York y viajó a Alemania, invitado por una cadena de radio para asistir a un concierto en Recklinghausen, donde iban a interpretar una selección de sus obras. Quedó tan impresionado que decidió quedarse una temporada larga, tocando y mendigando por las calles para poder sustituir.

Una joven de 24 años llamada Ilona Goebel lo recogió un día haciendo autostop y no daba crédito que una persona tan talentosa viviera en la indigencia más absoluta, por lo que le invitó a vivir en su casa y con el tiempo se convirtió en su mánager, ayudante personal, publicista, creó una editorial para controlar sus derechos y un sello discográfico para editar su música. Moondog abandonó su apariencia vikinga y se sociabilizó en Alemania, viviendo su época creativa más prolífica, hasta que el 8 de septiembre de 1999, a los 83 años, falleció de un ataque al corazón en la ciudad de Münster.

Moondog tan sólo regresó a Nueva York en 1989, para dirigir una serie de conciertos con la Orquesta Filarmónica de Brooklyn. Dejó tras de sí, 80 sinfonías, 300 rondas, innumerables obras para piano, partituras para bandas de música y orquesta de cuerdas, cinco libros basado en su teoría de *El arte del canon*, más una pieza de nueve horas de duración, escrita para mil músicos y cantantes, una pieza llamada «Cosmos», que a día de hoy no se ha interpretado.

Moondog, un loco callejero para unos, uno de los compositores más interesantes del siglo XX para otros; una leyenda que tan sólo pidió: «Cuidad de mi música».

La maldición de «Jeremy»

Los noventa fue la década del videoclip, con la todopoderosa MTV dirigiendo los destinos del mundo musical, la industria y la prensa incluidas. El poder del videoclip eclipsó numerosos álbumes que siendo magníficos pasaron desapercibidos por no contar con un clip de imagen que los apoyara o lanzara, fue el fin del álbum clásico tal y como lo entendíamos hasta ese momento y tal y como profetizaba el primer videoclip que lanzó la MTV el 1 de agosto de 1981, «Video Killed the Radio Star» de la banda The Buggles, el vídeo no sólo mató a la estrella de la radio, en cierta manera mató el universo musical conocido.

El poder de los videoclips fue tan espectacular que influían en cualquier aspecto de la sociedad y se colocaron en el punto de mira de todo el mundo, vídeos escandalosos, vídeos acusados de incitar a la violencia, al suicidio, al asesinato, todos y cada uno de los clips fueron examinados y en una enorme mayoría cortados, apareciendo la censura o lo que es peor, la autocensura o miedo a ser repudiado.

Para terminar este libro escogemos la leyenda de un tema maravilloso, que por culpa de las mentes calenturientas que desempeñan el poder se vio anulado, censurado, amputado y arrastró tras de sí una leyenda de maldito que desde luego no se la ha merecido jamás.

El 27 de agosto de 1991 se editó uno de los discos más impactantes de la música rock, el álbum debut de Pearl Jam, *Ten*. El trabajo discográfico les catapultó a la cima del éxito, incluyendo a la banda en la generación grunge y colocando al grupo y álbum a la sombra de Nirvana y su *Nevermind*, lo que en mi opinión es un grave error, primero porque no entrarían dentro del mismo saco musical y en segundo lugar porque tanto banda como disco son infinitamente superiores.

Del álbum se publicaron cuatro singles, siendo el tercero de ellos el tema «Jeremy», basado en un hecho real de suicidio juvenil. La historia que inspiró a Eddie Vedder, vocalista de Pearl Jam, a escribir la letra del tema, la leyó en los periódicos a principios de enero de ese mismo año.

El joven de 16 años de Texas, Jeremy Wade Delle, con un largo historial del maltrato infantil y sufriendo la violencia y burla de sus compañeros, que le provocaron problemas de depresión y ansiedad, entró en clase el 8 de enero y pidió la atención del resto de la alumnos para decir: «Ya he encontrado lo que buscaba», y acto seguido se metió un revólver en la boca y se pegó un tiro.

La canción no es una narración de los hechos, más bien es un cúmulo de incógnitas y preguntas angustiadas, según el propio Vedder: «Me preguntaba por qué había sucedido. Me preguntaba por qué lo hizo, me parecía que tenía pinta de barrio acomodado de las afueras, de clase media o incluso alta».

«Jeremy» tiene dos videoclips, el primero dirigido por Chris Cuffaro encargo de la propia banda, pero que Epic Records se negó a financiar, esgrimiendo que no iban a editar un single que se basaba en un suicidio y mucho menos pagar un videoclip. Cuffaro tuvo que autofinanciarse el proyecto, grabado en blanco y negro, con medios caseros y baja producción, por lo que pasó desapercibido.

Sin embargo, el tema tuvo suficiente repercusión como para que la compañía se repensara el hecho de editarlo en single, siendo como hemos adelantado el tercero del álbum, y evidentemente, no podía existir un single sin el oportuno videoclip para la MTV, por lo que financiaron la segunda filmación.

En este caso el director fue Mark Pellington, que contrató al actor Trevor Wilson para interpretar al adolescente Jeremy Wade Delle. El vídeo mostraba al joven realizando diferentes tareas, dibujando, escribiendo, al mismo tiempo que peleando con sus padres y compañeros, sobre cortes de Eddie Vedder cantando, el resto de compañeros de la banda en estado depresivo o bailando violentamente, y durante algo más de cinco minutos salpicado de palabras y frases que reflejaban el infierno interior del chico. Al final del mismo, Jeremy entra en clase,

El primer álbum de Pearl Jam «Ten» incluía un tema inspirado en el suicidio de un joven en un instituto.

le lanza una manzana a su maestra y delante de toda la clase se mete un revólver en la boca y cierra los ojos. El cambio de secuencia nos muestra al resto de alumnos petrificados y salpicados de sangre para cerrar el vídeo mientras suena la guitarra acústica.

El single y el videoclip obtuvieron un éxito arrollador, consiguiendo cuatro premios de los MTV Vídeo Music Awards de 1992: mejor vídeo del año, mejor vídeo de grupo, mejor vídeo de heavy metal/hard rock y mejor director. Pero inmediatamente surgió la polémica y fue acusado de incitar al suicidio.

La MTV que había premiado el trabajo lo censuró y obligó a cortar la escena final donde el joven se mete la pistola en la boca, así como una previa donde la clase hace el saludo nazi con la bandera de Estados Unidos al fondo. Pero como suele ser habitual, el remedio fue peor que la enfermedad y el corte, además de pervertir el mensaje del vídeo, que no era elogiar la violencia sino denunciarla, se transformó en una imagen que daba a entender que Jeremy disparaba contra sus compañeros de clase.

Según comentó Vedder a raíz de la censura sufrida: «Probablemente, la mayor frustración que he sentido en mi vida es que a veces se malinterpreta el final como si él disparara a sus compañeros de clase», mientras que Jeff Ament, bajista de la banda declaró: «De aquí a diez años, no quiero que la gente recuerde nuestras canciones como vídeos».

En 1996, un alumno de la escuela Frontier Junior High School de Moses Lake, Washington, disparó contra sus compañeros de clase, matando a tres y dejando a un cuarto mal herido. Al ser detenido admitió que estuvo influido por la letra y el videoclip de «Jeremy».

Tras la masacre de Columbine en 1999, donde Eric Harris y Dylan Klebold, dos adolescentes con problemas de conducta y drogas, entraron en la escuela armados hasta los dientes y asesinaron a 12 personas y dejaron a 24 más con heridas de diferente gravedad, para más tarde suicidarse, el videoclip fue prohibido en televisión y desde entonces es muy difícil que algún canal lo programe.

Pearl Jam se negó a grabar más videoclips promocionales, tras la censura sufrida y la reinterpretación de su tema debido a la manipulación. Hasta 1998 no filmaron un nuevo vídeo, pero de animación, para apoyar el tema «Do The Revolution».

El pasado 4 de junio de 2020, la banda liberó en su canal de YouTube el videoclip sin censura, íntegro, en conmemoración del Día Nacional de Concientización sobre la Violencia con Armas.

Pocas veces en la historia, un videoclip ha creado tanta polémica y se ha convertido en una leyenda del mundo audiovisual.

Todo lo que has leído, lo que hemos expuesto, debe ser tomado como lo que es, una serie de leyendas urbanas, con componentes de verdad y de mentira, de imaginación y de paranoia mental. Nunca nada es lo que parece ser, ni cómo te lo contaron, porque este libro debe ser diferente al resto. Toma lo que consideres oportuno, procesa la información y cotéjala con otras fuentes, es la única manera de librarse de los bulos, las mentiras o las *fake news* que dominan nuestro mundo. Es posible que el tiempo de las leyendas urbanas haya pasado y estemos algo desfasados los que pensamos que eran grandes historias que contar o que escuchar

La ignorancia es un arma que esgrimen los necios para justificar su ineptitud, pero la ignorancia y la estupidez, se curan leyendo. Eso es una gran verdad.

BIBLIOGRAFÍA

ARNETT, JEFFREY JENSEN. *Metalheads: Heavy Metal Music and Adolescent Alienation*, Westview Press, 1995.

BOTEACH, SHUMULEY. *The Michael Jackson Tapes*. Vanguard Press, 2009

CLAPTON, ERIC. Autobiografía, Neo Sounds, 2018

COLE, RICHARD. *Stairway to heaven: Led Zeppelin uncensored*. HarperCollins, 1992

DAVIS, FRANCIS. *The History of the Blues: The Roots, the Music, the People from Charley Patton to Robert Cray*, Secker & Warburg, 1995.

DOMENECH FEDI, JOSÉ M. *La música del Diablo. Historia del blues británico*, Curbet Edicions, 2012

FINK, JESSE. *Bon Scott. The Last Highway*, Le Castor Astral, 2018

GOULD, JONATHAN. *Otis Redding. Una vida inacabada*, Neo Sounds, 2018.

GOLDBERG, DANNY. *Serving the Servant. Recordando a Kurt Cobain*, Alianza Editorial, 2019

GUINN, JEFF. *Manson. The life and times of Charles Manson*, Simon & Schuster, 2013

KING, B.B. & RITZ, DAVID. *Blues All Around Me: B.B. King The Autobiography*, World Of Books Ltd., 1997

LENAIN, THIERRY. *Un pacto con el Diablo*, Fondo de Cultura Económica, 2017

LÓPEZ POY, MANUEL. *Camino a la libertad. Historia social del blues*, Bad Music Blues, 2009

LÓPEZ POY, MANUEL. *Todo Blues*, RedBook, 2018.

MARSHALL, JIM. *Not Fade away: The Rock and Roll Photography*. Bulfinch Press, U.S., 1997

NEWKEY-BURDEN, CHAS. *Amy Winehouse. The Biography 1983 - 2011*, John Blake, 2011

RAHA, MARIA. *Cinderella's Big Score: Mujeres del Punk e Indie Underground (Live Girls)*, Perseus Book Group, 2005

RAWLINGS, TERRY. *Who Killed Christopher Robin? : the Truth Behind the Murder of a Rolling Stone*, Helter Skelter, 2005

R. CROSS, CHARLES. *Heavier Than Heaven*, Hachette Book Group, 2019

REDDINGTON, HELEN. *The Lost Women Of Rock Music. Female Musicians Of The Punk Era*. Equinox, 2012

SIERRA I FABRA, JORDI. *Cadáveres bien parecidos*, Ultramar Editores, 1987

SPITZ, MARC. *Jagger. Rebelde, rockero, granuja, trotamundos*. Alba, 2012

S. PORT, IAN. *El nacimiento del ruido. Leo Fender, Les Paul y la rivalidad que dio forma al rock'n'roll*, Neo Sounds, 2019

STOCKDALE, TOM. *Jimi Hendrix. They Died Too Young*, Parragon Book Ltd, 1995

WALL, MICK. *Led Zeppelin. Cuando los dinosaurios caminaban sobre la Tierra*, Alianza Editorial, 2019

WALLACE, MAX & HALPERIN, IAN. *Love & Death*. Atria Books, 2004

WINEHOUSE, MITCH. *Amy, my daughter*, Harper Collions Publishers, 2013

WITTS, RICHARDS. *Nico, the Life and Lies of an Icon*, Ebury Publishing, 1993.

WOHLIN, ANNA & LINDSJOO, CHRISTINE. *The Murder of Brian Jones: The Secret Story of My Love Affair with the Murdered Rolling Stone*, Blake, 1999

WOLF, DANIEL, GRAIN, S.R., TENENBAUM, DAVID & WHITE, CLIFF. *The Life and Time of Sam Cooke*, Penguin Random House, 2011

Revistas

Bad
Billboard
Disco Expres
Free Rock
Guitar player
Heavy Rock
Kerrang
Popular 1
Q Magazine
New Musical Express
Melody Maker
Mojo
Rockdelux
Rockzone
Rolling Stone
Ruta 66
Solo Blues
Uncut
Vibraciones

Internet

anonymoushackers.net
bbc.com
billboard.com

edition.cnn.com
eu.detroitnews.com
jotdown.es
latimes.com
loudersound.com/classic-rock
mautorland.com
melmagazine.com
mg.co.za
subnoise.es
time.com
udiscovermusic.com
vice.com

Playlist Spotify

Si quieres escuchar las canciones más significativas que aparecen en este libro, aquí tienes un link que te conducirá a ellas

https://open.spotify.com/playlist/3hNxhjQojwmWYiIWIbWj8W?-
si=YowMRxvVT_uPPNe_KN7W0A

La NOVELA GRÁFICA
DEL ROCK

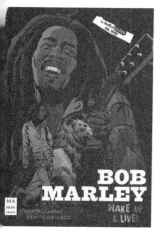

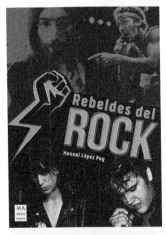